RAINER RATH

# Kommunikationspraxis

## Analysen zur Textbildung und Textgliederung im gesprochenen Deutsch



VANDENHOECK & RUPRECHT IN GÖTTINGEN

Rainer Rath

Geboren 1934, Schlosserlehre, nach einigen Berufsjahren 1956 Abitur über den zweiten Bildungsweg, danach Studium der Germanistik und Geschichte an den Universitäten Berlin (FU), Erlangen und Saarbrücken; Magisterprüfung 1963, Promotion 1970. Von 1963 bis 1971 wissenschaftlicher Mitarbeiter an einem Forschungsprojekt zur maschinellen Sprachanalyse (Leiter: Hans Eggers) an der Universität des Saarlandes, 1971 Wissenschaftlicher Rat und Professor für Germanistische Linguistik an der Universität Erlangen, seit 1973 o. Professor für Deutsche Gegenwartssprache an der Universität des Saarlandes.

*Veröffentlichungen:* Die Partizipialgruppe in der deutschen Gegenwartssprache (1971); Zur Syntax des Wetterberichts und des Telegramms (1968, zusammen mit Alois Brandstetter); zahlreiche Aufsätze in verschiedenen Zeitschriften.

*CIP-Kurztitelaufnahme der Deutschen Bibliothek*

*Rath, Rainer:*
Kommunikationspraxis : Analysen zur Textbildung u. Textgliederung im gesprochenen Dt. / Rainer Rath, – Göttingen : Vandenhoeck und Ruprecht, 1979.
(Kleine Vandenhoeck-Reihe ; 1452)

ISBN 3-525-33434-6

*Kleine Vandenhoeck-Reihe 1452*

Umschlag: Hans-Dieter Ullrich. – 
Gesamtherstellung: Verlagsdruckerei E. Rieder, Schrobenhausen

# Inhalt

# Vorwort

Die hier vorgelegte Arbeit ist aus Vorlesungen hervorgegangen, die ich vom Wintersemester 1976/77 bis Wintersemester 1978/79 an der Universität des Saarlandes gehalten habe. Der Vorlesungscharakter ist insgesamt trotz einer gründlichen Überarbeitung des Vorlesungsmanuskripts beibehalten worden. Dies zeigt sich u.a. daran, daß der Text durch viele Beispiele erläutert wird. Ich verbinde dies mit der Absicht, nicht nur Fachkollegen, sondern vor allem auch Studenten und Lehrer anzusprechen. Ihnen soll die Möglichkeit geboten werden, wesentliche Probleme der Textbildung und Textgliederung in der alltagssprachlichen Kommunikation anhand authentischen Materials zu erkennen.

Das Buchmanuskript habe ich mit meinen Mitarbeitern Gerd Antos, M.A., Klaus Müller und Ursula Ponstein ausführlich diskutiert. Dies hat zu Änderungen und Ergänzungen des Manuskripts geführt. Ich möchte an dieser Stelle den Mitarbeitern für wesentliche Anregungen und sachliche Verdeutlichungen danken. Frau Doris Kiß hat die Druckfassung des Manuskripts mit großer Sorgfalt und Umsicht vorbereitet und geschrieben. Auch ihr gilt mein herzlicher Dank.

Rainer Rath Saarbrücken, im Dezember 1978

# Zitierweise der Textbeispiele

Die in dieser Untersuchung verwendeten Beispiele stammen – bis auf wenige, besonders gekennzeichnete Fälle – aus den »Texte(n) gesprochener deutscher Standardsprache« Band I/1971, Band II/1974, Band III/1975. Alle Beispiele sind mehrfach von mir abgehört worden. Dabei bin ich öfter zu Verschriftungen des Wortlauts gekommen, die von dem der Textbände abweichen. Ich habe diese Abweichungen jedoch nur dort, wo mir dies erforderlich erschien, als solche besonders gekennzeichnet.

*Präsentation der Textbeispiele:* Ich habe den Text nach bestimmten gesprochen-sprachlichen Kriterien gegliedert, die sich von den den Textbänden zugrundeliegenden unterscheiden. Dies wird im Abschnitt »Gliederung der Sprecherbeiträge nach Äußerungseinheiten« (Seite 72, besonders auch Anmerkung 67) begründet. Entsprechend dieser Gliederung wird der Text in »Äußerungseinheiten« oder als Sequenz von »Äußerungseinheiten« präsentiert.

Als Segmentierungszeichen für die Grenzen von Äußerungseinheiten wird ein doppelter Schrägstrich (»/ /«) verwendet. Innerhalb der Äußerungseinheiten gelten die üblichen Interpunktionszeichen.

Das Zeichen ». . . .« *am Anfang* bzw. *am Ende* von Textbeispielen bedeutet, daß ein »*Sprecherbeitrag*« (siehe dazu Seite 37) unvollständig zitiert ist. In Klammern gesetzt, dient es der Markierung von Auslassungen in der üblichen Weise.

Das Klammerzeichen »( )« markiert bestimmte Anakoluthformen (»Abbrüche«, vgl. Seite 214).

Simultanes Sprechen wird, soweit seine Zitierung für den Untersuchungszweck erforderlich ist, entsprechend den Transkriptionsvorschriften des 3. Textbandes notiert: »zwei senkrechte, über zwei Zeilen reichende Balken schließen (...) *simultane Äußerungen* ein«. (Textband 3, Seite 6; Hervorhebung dort).

Das Zeichen »↗« nach Stimmerhöhung, »↘« nach Stimmsenkung und »P« für Pause werden, soweit dies erforderlich erscheint, in den zitierten Text aufgenommen. Das in diesem Zusammenhang verwendete Zeichen » + « benutze ich als Verkettungszeichen.

Außer den genannten Zeichen werden keine weiteren verwendet oder aus den Textbänden übernommen.

Den Beispielen ist die jeweilige Band-Nr. (in römischen Ziffern) und die Seitenzahl vorangestellt. Die Beispiele selbst sind durchnumeriert.

# 1 Einleitung

## 1.1 Einordnung und Zielsetzung

Die Analyse gesprochener Sprache, wie sie sich seit der Mitte der sechziger Jahre entwickelt hat, wurde zunächst im Rahmen grammatischer Fragestellungen begonnen. Sie war vorwiegend syntaktisch orientiert und im Hinblick auf die geschriebene Sprache kontrastiv angelegt. Im Zusammenhang mit der Rezeption soziolinguistischer, textlinguistischer und »pragmatischer« (Sprechakttheorie) Fragestellungen einerseits und Problemen, die sich aus dem Gegenstand selbst ergaben (z.B. Einheitenbildung), verschob sich das Interesse auf eine eher »kommunikativ« ausgerichtete Analyse der gesprochenen Sprache. In den Vordergrund trat – gegenüber rein grammatischen Fragestellungen – das Problem, wie »Verständigung durch Sprechen« (Ungeheuer) erzielt wird. Damit bekam die Analyse der gesprochenen Sprache einen neuen Stellenwert: man erkannte den systematischen Zusammenhang zwischen der Forschung über gesprochene Sprache und der Erforschung natürlicher Dialoge. Symptomatisch für die veränderte Blickrichtung war – bereits dem Namen nach – das seit etwa 1974 angelaufene Projekt »Dialogstrukturen« der Freiburger Forschungsstelle, das die ursprünglich grammatische Betrachtungsweise der gesprochenen Sprache ablöste. Die Analysen von Dialogstrukturen führten zu der Einbeziehung z.T. unterschiedlicher und auch »fachfremder« Ansätze, wie Konversationsanalyse der sogenannten Ethnomethodologie (Sacks, Schegloff, Jefferson) und der Ethnographie (Hymes, Gumperz); Interaktionstheorien psychologischer (Argyle, Watzlawick, Laing) und soziologischer Provenienz (Goffman); Weiterentwicklung der Sprechakttheorie; der Diskursanalyse (Sinclair/Coulthard); sowie soziolinguistischer Ansätze (Ervin-Tripp, Labov).[1] Als förderlich erwies sich dabei die gemeinsame Ausrichtung auf empirienahe Analysen. Die mit diesen Ansätzen herbeigeführte Umorientierung der Forschung über gesprochene Sprache zu einer Dialogforschung hat sich zweifellos für beide Teile als vorteilhaft erwiesen. Andererseits ist aber nicht zu verkennen, daß diese Umorientierung verbunden war mit einer kaum reflektierten Einschränkung des ursprünglich recht weit gespannten Gegenstandsbereichs der Forschung über gesprochene Sprache.

Bei der Ein- um nicht zu sagen Unterordnung von Fragen der Forschungen zur gesprochenen Sprache in die Dialogforschung ist aber übersehen worden, daß eine Reihe von »genuinen« Problemen gesprochener Sprache, noch keineswegs befriedigend gelöst worden sind. Dies gilt insbesondere für Probleme der Einheitenbildung (Satz [?], Äußerung [?]), der Textkonstitution, der Textgliederung, sowie für Probleme, die einzelsprachlicher Natur sind: diese und andere Fragen stehen daher im Mittelpunkt der vorliegenden Arbeit.

Der hier in den Vordergrund gerückte Aspekt der Textbildung erscheint mit dem dialogischen Aspekt vergleichbar. Beide Aspekte zusammen könnten eine relativ eigenständige Disziplin konstituieren, die – natürlich vor allem im theoretischen Bereich – durchaus »offen« bleiben müßte.[2] Ich meine überdies, daß beide Aspekte der Forschung über gesprochene Sprache systematisch aufeinander angewiesen sind: so wird die Analyse von natürlichen Dialogen ohne die Kenntnis beispielsweise der Textgliederung in gesprochener Sprache nicht auskommen, genausowenig wie umgekehrt die Analyse der Textkonstitution nicht ohne die Berücksichtigung der Dialogorganisation möglich ist. Daß sich hierbei eine Reihe von Überschneidungen ergeben, ist selbstverständlich. Dabei sind Überschneidungsmöglichkeiten insbesondere dort zu erwarten, wo die Analyse von Dialogphasen (Dialogeröffnung, -beendigung etc.) mit der Analyse *globaler* Text- bzw. Teiltextstrukturen zusammenfällt.

Wenn in der vorliegenden Arbeit fast ausschließlich auf *lokale* Textstrukturen der gesprochenen Sprache eingegangen wird (mit der »Paraphrase« als größter lokaler Textstruktur), dann deshalb, weil – wie sich bisher gezeigt hat – die Dialogforschung diesen Bereich nicht abdeckt. Dies hängt neben ihrem andersgearteten Erkenntnisinteresse vor allem damit zusammen, daß eindeutig dem prozessualen Aspekt eine Vorrangstellung eingeräumt wird gegenüber den von mir betonten strukturellen Gesichtspunkten.

Aus dem bisher Gesagten ergibt sich, daß trotz der angedeuteten engen Verbindung eine Adaption der obengenannten Theorien aufgrund des hier skizzierten Programms nicht in Frage kommen kann. Die Vorrangstellung des textbildenden Aspekts würde es nun nahelegen, *textlinguistische* Theorien für die Beschreibung und Erklärung der hier behandelten Phänomene heranzuziehen. In der Tat wird auf eine Reihe von zum Teil sehr unterschiedlichen textlinguistischen Ansätzen Bezug genommen werden. Die en-bloc-Übernahme einer der bisher entwickelten textlinguistischen Theorien erscheint aus folgenden Gründen nicht sehr sinnvoll: einerseits sind die sich selbst als »Text*grammatik*« verstehenden Ansätze – verkürzt charakterisiert – formal, grammatisch, schriftsprachlich und monologisch orientiert, so daß sie von vornherein für kommunikative Fragestellungen ausscheiden. Andererseits haben die sich als Alternative anbietenden »pragmatischen« Texttheorien bisher der empirischen Analyse mündlicher Texte sehr wenig Aufmerksamkeit geschenkt, oder greifen explizit auf eine der oben genannten (Interaktions-)Theorien zurück.

Auch die Fundierung des hier präsentierten Ansatzes in einem Kommunikationsmodell erscheint nicht weiterführend. Dies hat einen wesentlichen Grund darin, daß m.W. kein Kommunikationsmodell existiert, das wesentlich über die informationstheoretischen Modelle mit »Sender«, »Empfänger«, »Kanal« (und weiteren technischen Begriffen) hinausginge. Modelle dieser Art sind hinlänglich bekannt, ja in der linguistischen Literatur ziemlich breitgetreten.

Damit soll nicht der heuristische Wert dieser Modelle bezweifelt werden, vor allem dann nicht, wenn – wie etwa in einer neueren Veröffentlichung von Gülich/Raible (1977) – die bekannten Begriffe um kommunikationsrelevante Größen erweitert werden. Aber auch solche Modelle können die komplexe Größe »Kommunikation« kaum erklären. Sie stellen Illustrationen bekannter Grundverhältnisse dar, ohne daß eine stringente Verbindung zu den Phänomenen mündlicher Kommunikation, noch zu deren Analysen sichtbar würde. Da mein Untersuchungsziel aber gerade darin besteht, sprachliche Phänomene der mündlichen Kommunikation zu isolieren, zu klassifizieren und zu erklären, kann ich weiterhin darauf verzichten, ein Kommunikationsmodell der bekannten Art zu zitieren. Aus den genannten Gründen lehne ich die plakative Übernahme und explizite Präsentation von Theorien oder Kommunikationsmodellen um ihrer selbst willen ab.

Ohne gewisse Nachteile einer eher impliziten Darstellung zu verkennen, halte ich sie im Falle meiner Untersuchungen für angemessen. Die Darstellung von Textbildung, nämlich Gliederungsformen, ökonomischen Sprachformen, Textkonstitution, ist zugleich auch immer ein wesentlicher Beitrag zur Erklärung der gesprochenen Sprache. Ohne also generell den Wert theoretischer Betrachtungen in Zweifel ziehen zu wollen, soll in der vorliegenden Arbeit die Analyse konkreter Beispiele mit dem Ziel der Beschreibung kommunikativer Funktionen im Vordergrund stehen. Dies will ich durch den Titel »Kommunikationspraxis« zum Ausdruck bringen.

## 1.2 Zum Untersuchungsgegenstand

Den Untersuchungsgegenstand bildet nicht geschriebenes Deutsch, sondern die gesprochene deutsche Sprache als zentrales Verständigungsmittel. Ich gehe dabei von den beiden folgenden Voraussetzungen aus:

1. Der geschriebenen und der gesprochenen deutschen Sprache liegen die gleichen linguistischen Regeln zugrunde. Oder anders gesagt: geschriebene und gesprochene Sprache unterscheiden sich nicht hinsichtlich der zugrundeliegenden Kompetenz.[3]
2. Zwischen den Produkten aus dem Bereich der geschriebenen Sprache und den aus dem Bereich der gesprochenen Sprache bestehen ganz wesentliche Unterschiede.

Wenn nun das zugrundeliegende linguistische System für beide Bereiche gilt, die sprachlichen Produkte aber dennoch sehr verschieden voneinander sind, dann müssen die Unterschiede auf der Ebene der Realisierungsbedingungen beider Bereiche erklärt werden. Das heißt: Faktoren der Sprachverwendung und Faktoren der Kommunikation bestimmen die jeweiligen sprachlichen Produkte wesentlich mit. Ich erläutere diese beiden Ausgangspunkte: Nehmen wir beispielsweise einen Infinitivsatz (um der Vergleichbarkeit willen nehme ich eine Verschriftung des Gesprochenen an; die mit der Verschriftung verbundenen Probleme werde ich später diskutieren). Die Struktur des Infinitivsatzes – und zwar seine Oberflächenstruktur, denn auf die kommt es hier an – kann in der geschriebenen und gesprochenen Sprache – abgesehen von unterschiedlichem Wortmaterial – ganz verschieden sein. Ein Infinitivsatz in der gesprochenen Sprache kann z.B. durch Wortwiederholung, durch Ersparung (auch konstitutiver Teile wie dem Infinitiv selbst), durch Konstruktionswechsel, durch Abbrüche, durch abweichende Wortstellung und/oder durch Konstruktionsmischung (Kontamination) gekennzeichnet sein. In der geschriebenen Sprache tritt der Infinitivsatz gewöhnlich in genormter »grammatischer« Form auf. In beiden Fällen – gleichgültig, ob bewußt oder nicht – wird angestrebt, sich einer Infinitivkonstruktion zu bedienen. Es ist in beiden Fällen die gleiche Kompetenz, es sind die gleichen linguistischen Regeln, die angewandt werden und die den Bau des deutschen Infinitivsatzes bestimmen. Und dennoch die unterschiedlichen Erzeugnisse, wie etwa die beiden folgenden Beispiele verdeutlichen:

(a) III, 37
»... es war ja auch doch äh äh war keine gar keine so Absicht, (irgendein) (mit) durch irgendein Verhalten irgendwas zu bewirken ...«
(b) III, 9 (Einleitung)
»Nur Texte dieser Art erscheinen geeignet, Lernziele wie Kompetenzerweiterung, situations- und rollenadäquates sprachliches Handeln erfolgreich zu erreichen.«

Zwei Infinitivsätze, der erste – aus der gesprochenen Sprache – mit Abbrüchen und Wiederholungen, der zweite – schriftsprachlich – untadelig grammatisch.

Die in geschriebener und gesprochener Sprache wirksamen Bedingungen zur Sprachrealisierung sind verschieden und führen zu unterschiedlichen Spracherzeugnissen. Man kann auch sagen, daß die Realisierungsbedingungen der gesprochenen Sprache die Erzeugung grammatischer Sätze nur bedingt erlauben. Daß die mündliche Kommunikation ersichtlich *nicht* dadurch leidet, beweisen die vielen Abweichungen in Texten der gesprochenen Sprache, denen ohne weiteres erfolgreiches Kommunizieren unterstellt werden kann. Dies beweist im Prinzip jedes Gespräch: Die Zahl der Abweichungen ist erheblich.

Unser Ziel muß demnach sein, die genauen sprachlichen Konsequenzen zu ermitteln, die durch die Kommunikations- und Realisierungsbedingungen der gesprochenen Sprache verursacht werden. Weitere Fragen, die allerdings nur zum Teil und nur unvollkommen beantwortet werden können, sind: Wovon hängt ab, daß mich mein Partner versteht, obwohl ich nur begrenzt nach den Regeln der Grammatik spreche? Welche sprachlichen Mittel sind wirksam, um über »bloße« Information hinaus zu einer Verständigung durch Sprechen zu kommen? Es wird oft, wenn auch nicht immer möglich sein, aus den Realisierungsbedingungen selbst *direkt* sprachliche Konsequenzen abzuleiten. So wird man beispielsweise aus der in mündlicher

Kommunikation wirksamen Gedächtnisbeschränkung bestimmte Konstruktionsmischungen, normwidrige Anschlüsse oder auch Abbrüche direkt ableiten können.[4]

Eigenschaften der geschriebenen Sprache, die oft als Vorzüge gegenüber der gesprochenen gerühmt worden sind, wie Korrektheit, Grammatikalität, Durchsichtigkeit, Exaktheit, Kürze, Medium für unterschiedliche Stile, sind für eine kommunikativ orientierte Fragestellung nicht relevant. Denn diese Eigenschaften der geschriebenen Sprache sind Folgen ihrer Realisierungsbedingungen, wie z.B., daß *kein* Kommunikationspartner anwesend ist, daß der Schreiber sich die Zeit nehmen kann, sein sprachliches Produkt zu gestalten – unabhängig von jedem zeitlichen und psychologischen Druck, der in der mündlichen Kommunikation wirksam ist.

Zu den Realisierungsbedingungen der geschriebenen Sprache gehört zentral, als konstitutives Element, daß alle jene Erscheinungen, die durch den Realisierungsprozeß verursacht werden, die also nicht auf linguistische Regeln zurückzuführen sind, vor der endgültigen Fertigstellung des Sprachproduktes getilgt werden können und tatsächlich auch in aller Regel getilgt werden. Wo dies nicht geschieht, kann es große Verständnisschwierigkeiten geben. Ich erinnere an die Probleme der Textherstellung bei bestimmten Dichtern – etwa Trakl oder Hölderlin –, Probleme, die in erster Linie darauf zurückzuführen sind, daß diese Tilgungsschritte vom Autor nicht oder nur teilweise durchgeführt worden sind oder von ihm nicht (mehr) durchgeführt werden konnten. Schriftsprachliche Texte sind also weitgehend von linguistischen Irregularitäten »gesäubert«, Elemente spontaner, direkter Kommunikation kommen – abgesehen von Texten, die gesprochene Sprache bewußt imitieren – nicht vor.

Es sollte auch noch einmal betont werden, daß in der Schriftsprache prinzipiell ein monologischer Kommunikationsmodus vorherrschend ist. Partner sind bei der Abfassung schriftsprachlicher Texte in der Regel nicht zugegen und können daher, anders als in der mündlichen Kommunikation, die Textherstellung nicht direkt beeinflussen. In der schriftsprachlichen Kommunikation ist es oft so – ich vernachlässige hier einmal die persönliche schriftsprachliche Kommunikation in der Form des Austausches von Briefen –, daß sich der Schreiber an einen großen Adressatenkreis wendet, wobei er die meisten seiner »Kommunikationspartner«, die Leser, nicht kennt. Es fehlt dann also das direkte kommunikative Korrektiv, das mit darüber entscheidet, ob etwas ankommt oder nicht, ob etwas anerkannt wird oder nicht. Bestimmte sprachliche Erscheinungen, die an die Anwesenheit des Kommunikationspartners gebunden sind, die Vergewisserungsformen, Sprecher-/Hörersignale (s.u.) können nicht oder nur als fiktive Formen auftreten. Die indirekte monologische Kommunikation läuft über den festgenormten Kanal der Schriftsprache, dessen Inanspruchnahme anderen Bedingungen unterliegt als die des mündlichen Kanals.

Es wird damit deutlich, daß bestimmte Fragen nicht oder nur am Rande behandelt werden. Dazu gehören, wie schon oben gesagt, die primär grammatischen Fragen. Ferner befasse ich mich nicht mit primär phonologischen Fragen, obgleich sich bestimmte Abweichungen in den Texten phonologisch erklären lassen.[5]

Des weiteren werde ich nicht auf Varietätenprobleme eingehen, also keine dialektalen soziolinguistischen oder historischen Probleme des Deutschen untersuchen. Schließlich müssen auch die nonverbalen Kommunikationselemente außer Betracht bleiben (Mimik und Gestik), da sie nicht verfügbar sind (ich habe nur Tonbänder benutzen können).

Nach einer Überprüfung der von mir untersuchten Charakteristika der mündlichen Rede möchte ich sie den drei folgenden Bereichen zuordnen, die ich eingangs unter dem Begriff der Textbildung zusammengefaßt habe:

1. Gliederungsfragen (Sprecherwechsel, Binnengliederung mit Transkriptionsfragen, Sprecher- und Hörersignale).
2. Verfahren ökonomischer Textbildung (Ellipsenbildung und Ausklammerung).
3. Fragen der Textkonstituierung im Kommunikationsablauf (Korrekturverfahren und Paraphrasierungen).

Es handelt sich hier, wie ersichtlich, um eine Verbindung von kommunikativen, textlinguistischen und grammatischen Fragestellungen. Die in diesen Bereichen auftretenden Erscheinungsformen sind in gesprochener Sprache und geschriebener Sprache fundamental verschieden.

Beim gegenwärtigen Stand der Erforschung kommunikativ relevanter sprachlicher Erscheinungen im gesprochenen Deutsch wird man keine vollständige Liste anlegen können. So werden auch meine Untersuchungen notwendigerweise unvollständig sein. Es gibt weitere, ganz anders geartete Charakteristika des gesprochenen Deutsch, die hier nicht erfaßt sind. Die Ordnungsgesichtspunkte halte ich aber für so offen formuliert, daß man weitere Charakteristika hier einordnen kann.

## 1.3 Korpus und Transkription

Ich beziehe mich in meinen Untersuchungen, wie schon gesagt, auf die »Texte gesprochener deutscher Standardsprache«. Allerdings nicht im Sinne einer vollständigen Auswertung. Dazu ist das Material zu umfangreich und zu heterogen. Es ergeben sich im Zusammenhang mit dem Material einige Probleme, die ich hier kurz ansprechen will.

Die den Textbänden zugrundeliegenden Tonbänder haben zum Teil eine technisch außerordentlich schlechte Qualität. Ich habe alle Texte nachgeprüft, meist mehrfach. Gelegentlich kann nicht entschieden werden, welche »Lesart« zutreffend ist. Da aber keine anderen Texte verschriftet und zugleich als Band vorliegen, muß auf sie zurückgegriffen werden.

Zur *Transkription:* Die Transkription stellt eines der schwierigsten Probleme bei der Untersuchung von Texten gesprochener Sprache dar. Der Begriff der Transkription ist zwar relativ leicht zu erklären – nämlich die Übertragung der Sprache aus einem akustischen in ein optisches Medium – aber sehr schwer anzuwenden. Was heißt Übertragung aus dem mündlichen ins schriftliche Medium? Die Herstellung einer schriftlichen Fassung aus dem mündlichen Text, aus der der mündliche Text jederzeit rekonstruiert werden kann. Dies ist sicher nur in einem sehr begrenzten Umfang möglich, und die Problematik besteht darin, mit Argumenten diese Begrenzungen exakt festzulegen.

Daß für eine wissenschaftliche Beschäftigung mit gesprochener Sprache Verschriftungen erforderlich sind, steht außer Zweifel. Neben praktischen Gründen (Zitiermöglichkeiten, einfaches Aufsuchen der Quellen usw.) besteht der Hauptgrund darin, daß Gewinnung und Tradierung wissenschaftlicher Ergebnisse an die Schriftform gebunden ist.

Wie nun soll man die Grenzen festlegen, innerhalb derer aufgrund der Verschriftung das Original rekonstruiert werden kann? Was alles soll rekonstruiert werden können?

Der Transkriptor muß den Text hören, verstehen und so darstellen, daß die verstandene Hörfassung wiederhergestellt werden kann. Der

Verstehungsprozeß ist insofern der schwierigste Teil der Transkription, als es sich hierbei weitgehend um eine Interpretation des Gehörten handelt. Der Darstellungsprozeß kann intersubjektiv durch geeignete Transkriptionsvorschriften festgelegt werden. Aber selbst hier ergibt sich eine Reihe nur schwer lösbarer Probleme: Wie sollen das Sprechtempo, wie der Intonationsverlauf, wie die verschiedenen Betonungsgrade notiert werden? Wie soll die Textgliederung (Sätze ??) dargestellt werden? Gerade bei dem letzten Punkt zeigt sich, daß eine angemessene Transkription auf Forschungsergebnisse angewiesen ist: Bevor man einen Text in seiner Gliederung angemessen darstellen kann, müssen die Gliederungseinheiten erst einmal bekannt sein, und dies ist bis heute nicht hinreichend der Fall. Es handelt sich demnach bei der Transkription um zwei unterschiedliche Problemkreise: Die Texte müssen verstanden, d.h. interpretiert werden (und solche Interpretationen sind wie alle Interpretationen an subjektive Voraussetzungen gebunden) und die verstandenen Texte müssen nach genauen Vorschriften in die Schriftform übertragen werden.

Die mir bekannten Transkriptionsverfahren sind bislang noch nicht so weit, daß mit ihnen die Forderung nach angemessener Rekonstruierbarkeit des Originals eingelöst werden könnte. Haupteinwand gegen alle bisher ausgearbeiteten Transkriptionsverfahren: Das Problem der Textgliederung wird im Prinzip als solches nicht erkannt. Verfahren wird hier meist nach Gliederungsvorstellungen der geschriebenen Sprache, indem der Text in »Sätzen« dargestellt wird. Aber ist eine Satzgliederung für die gesprochene Sprache angemessen? Ich bin ganz und gar nicht dieser Meinung und werde im Zusammenhang mit der Binnengliederung des Textes auf diesen Komplex zurückkommen.

## 1.4 Text und Textsorte

Unsere Grammatiken sind weitgehend Satzgrammatiken. Ihre Grundeinheiten sind Wort und Satz. Dementsprechend sind die Ergebnisse der Grammatikforschung auf den Satz (oder das Wort) bezogen. Beispiele: Wortstellungsregeln (im Rahmen des Satzes); Valenzprobleme (im Rahmen des Satzes); Tiefenstrukturen und Oberflächenstrukturen von Sätzen. Die Grammatik befaßt sich, vereinfacht und einseitig formuliert, mit der internen Struktur von sprachlichen

Teilbereichen, den Sätzen. Dabei ist bemerkenswert, daß es bisher keine allseits anerkannte und befriedigende Definition des Satzes gibt.[6]

Allgemeine Definitionen scheinen mir auch gar nicht möglich zu sein, weil erst die gesamte (Satz)Grammatik eine zureichende Definition darstellt. Weil es also nicht darum gehen kann, »Sätze« der gesprochenen Sprache zu analysieren, müssen Transkriptionsverfahren ausgearbeitet werden, die eine der gesprochenen Sprache angemessene Vorschrift zur Textgliederung enthalten.

Ein weiteres Problem besteht darin, daß nicht auf einen allseits anerkannten Textbegriff der – sich noch entwickelnden – Textlinguistik zurückgegriffen werden kann. Einen solchen gibt es noch nicht. Überdies beziehen sich die meisten Ansätze der Textlinguistik auf schriftsprachliche Texte. Bestimmte Charakteristika der gesprochenen Sprache – wie Anakoluthe, Ellipsen, Wiederholungen, Korrekturen – zeigen aber gerade, daß hier Textverknüpfungen vorliegen, die in der geschriebenen Sprache nicht benutzt werden. Daß auch bei der Analyse der gesprochenen Sprache von einem Textbegriff ausgegangen werden muß, versteht sich von selbst. Um hier keine fruchtlose, weil empirisch ungesicherte Diskussion zu beginnen, gehe ich zunächst von folgenden Voraussetzungen aus: (1) Es wird ein Material untersucht, das die sprachliche Ebene tatsächlicher Kommunikation repräsentiert. (2) Die einzelnen Kommunikationsereignisse waren *erfolgreich*, insofern Verständigung (und zwar vor allem durch Sprechen) stattgefunden hat. (3) Aufgrund dieses »Erfolges« wird weiter angenommen, daß die Texte Eigenschaften wie »zusammenhängend«, »nicht sinnlos«, »sich auf bestimmte Dinge beziehend« haben; textlinguistisch gesprochen: Die Texte sind kohärent. Wie nun solche Texte gegliedert sind und wie sie Eigenschaften der Kohärenz realisieren, wird vom 3. Kapitel an genauer dargelegt. Hier ist nur wichtig zu betonen, daß prinzipiell von der Texthaftigkeit des Materials ausgegangen wird. Unberührt davon bleibt, daß es Texte von unterschiedlicher Textqualität gibt (»Du redest ziemlich zusammenhangslos, druckreif, durcheinander, verworren«).

In diesem Zusammenhang muß nochmals auf eine auch textlinguistisch wichtige Eigenschaft der gesprochenen Sprache hingewiesen werden: Der Prozeß der Textherstellung mit allen seinen Abweichungen, Neuansätzen, Wiederholungen und Korrekturen ist *direkt* beobachtbar. Man wird also im Bereich der gesprochenen Sprache feststellen können, daß ein Text zum Teil daraus besteht, den Text als solchen herzustellen, also Formulierungen enthält, die nicht semantisch erklärt werden können. Vielmehr handelt es sich um quasi metakommunikative Anweisungen, die den Hörer auf den Textherstellungsprozeß aufmerksam machen. Ich denke hier zum Beispiel an alle Korrekturphänomene.[7]

Bekanntlich findet Kommunikation aus ganz unterschiedlichen Anlässen statt. Die Umstände, die zur sprachlichen Kommunikation führen, sind sehr verschieden. Die Alltagssprache hält für diese Unterschiede auch unterschiedliche Bezeichnungen bereit: Diskussion, Gespräch, Verkaufsgespräch, Streitgespräch, Verhör, Podiumsdiskussion, Reportage, Fußballreportage, Erzählung, Interview, Vortrag, Predigt u.a. Die sprachlichen Produkte dieser verschiedenen Kommunikationssituationen können mindestens unter zwei Gesichtspunkten voneinander unterschieden werden: Einmal unter dem Gesichtspunkt ihrer unterschiedlichen Nähe zur Schriftsprache (vgl. z.B. den Text eines Gespräches und den Text eines Vortrags) und zum anderen unter dem Gesichtspunkt, daß außersprachliche Kommunikationsfaktoren (wie z.B. Spontaneitätsgrad, Öffentlichkeitsgrad) Einfluß auf die sprachlichen Erzeugnisse haben und die Texte bestimmen. Ich werde auf beide Gesichtspunkte kurz eingehen und dabei auch die Vorstellungen der Freiburger Forschungsgruppe[8] referieren. Sie hat vor allem aufgrund ihres Beitrags zur Textsortenbildung auf der Basis außersprachlicher Kommunikationsfaktoren die Diskussion wesentlich gefördert.

Gesprochene Sprache wird als »frei formuliertes, spontanes Sprechen aus nicht gestellten, natürlichen Kommunikationssituationen« verstanden.[9] Das bedeutet zum Beispiel, daß Vorträge, denen ein vor- oder ausformuliertes Manuskript zugrunde liegt, *nicht* zur gesprochenen Sprache gehören. Es handelt sich hier vielmehr um ein Verlesen eines schriftsprachlichen Textes. In anderen Situationen – wie zum Beispiel in einer öffentlichen Diskussion unter Politikern – werden Texte produziert, die sicherlich auch Merkmale der Schriftsprache enthalten, aber ebenso deutlich Charakteristika der gesprochenen Sprache aufweisen.

Damit wird folgendes Problem deutlich: Ein Text, der nach der obigen Definition zur gesprochenen Sprache gerechnet werden muß, kann durchaus überwiegend Merkmale der geschriebenen Sprache enthalten. Dies wird dann tendenziell der Fall sein, wenn es sich um geübte Sprecher handelt, die mit den Themen der Diskussion, des Gesprächs usw. vertraut sind.

Geschriebene und gesprochene Sprache haben demnach – wenn das sprachliche Produkt betrachtet wird – einen Grenzbereich, in dem (fast) druckreif gesprochen, aber auch so geschrieben werden kann, wie man spricht. Die Annahme dieses Grenzbereichs reflektiert die empirisch nachweisbare Tatsache, daß Sprechen und Schreiben – trotz zugrundegelegter Situationskonstanz – auch von im weitesten Sinne sozialen Voraussetzungen der einzelnen Sprecher und Schreiber abhängig ist. Ausgangspunkt der *Textsortenbildung* ist die Tatsache, daß wir ein Vorverständnis von – unterschiedlichen – Kommunikationssituationen haben, das sich in den Bezeichnungen der Umgangssprache (s.o.) manifestiert. Ein Privatgespräch beurteilen wir anders als eine öffentliche Diskussion. Und ein Interview ordnen wir anders ein als eine Reportage.

Davon ausgehend erscheint es durchaus plausibel, diese Begriffe – unter Beibehaltung ihrer grundsätzlichen Bedeutung – für wissenschaftliche Untersuchungszwecke zu normieren. Die Freiburger Forschungsgruppe hat nun diese Kommunikationssituationen über außersprachliche Merkmale zu beschreiben versucht. »Mit Hilfe der operationalisierbaren Merkmale läßt sich ein Ausschnitt aus der sozialen Situation für empirische Untersuchungen ausreichend beschreiben. Diesen Ausschnitt nennen wir Redekonstellation.«[10] Solche Merkmale sind (keine vollständige Aufzählung): Teilnehmerzahl, Verhältnis der Teilnehmer untereinander, Kommunikationsmedium, Spontaneitätsgrad, Öffentlichkeitsgrad, Themenbehandlung (deskriptiv, argumentativ, assoziativ), Verschränkung von Thema und Situation.

Mit diesen Merkmalen lassen sich die verschiedenen Kommunikationssituationen (= Redekonstellationen) trennen und definieren. Als Beispiel für die Beschreibung einer Redekonstellation seien die Merkmale für das Interview aufgezählt:

| | |
|---|---|
| Teilnehmerzahl: | 2 Sprecher |
| Rang: | 1 Sprecher privilegiert |
| Öffentlichkeitsgrad: | Öffentlich |
| Kommunikationsmedium: | Face-to-Face-Interaktion (mit Verbreitung über Massenmedien) |
| Themenbehandlung: | argumentativ/deskriptiv |
| Zeitreferenz: | nicht-simultan |

Einer Redekonstellation wird ein »Textexemplar« zugeordnet. D. h.:

Das in einer bestimmten Redekonstellation erzeugte sprachliche Produkt wird Textexemplar genannt. So gibt es z.B. die Redekonstellation Diskussion und das Textexemplar Diskussion. Der Begriff Redekonstellation wird in folgender Weise verallgemeinert:
»Aufgrund der Erfahrungen kann man sagen, daß die Zahl der unterschiedlichen gebräuchlichen Redekonstellationen begrenzt ist; ferner, daß die einzelnen Redekonstellationen sozial genormt sind und in ihren spezifischen Merkmalsausprägungen relativ konstant und daher wiederholbar sind, so daß einzelne Redekonstellationstypen unterschieden werden können.«[11]
Die Entsprechung von Redekonstellationstyp auf der sprachlichen Seite ist die Textsorte:
»In unterschiedlichen Redekonstellationen wird unterschiedlich sprachlich gehandelt, d.h., es treten unterschiedliche Textexemplare auf. Jedem Redekonstellationstyp entspricht eine bestimmte Textsorte. Es wird also eine eindeutige Zuordnung von Redekonstellationstypen und Textsorten angenommen.«[12]

Diese »Freiburger Hypothese« entspricht – trivial formuliert – dem gesunden Menschenverstand. Denn sie besagt nichts anderes, als daß in verschiedenen Situationen verschieden gesprochen wird und daß eine eindeutige Zuordnung zwischen sprachlichem Erzeugnis und außersprachlicher Situation möglich ist.

Im übrigen haben eine Reihe von Einzeluntersuchungen diese Hypothese im großen und ganzen bestätigt.[13]

Mit dem Freiburger Ansatz zur Textsortenbestimmung haben sich Hennig/Huth (1975) kritisch auseinandergesetzt. Ihre Einwände lassen sich auf die beiden folgenden Punkte reduzieren:
(1) Die Merkmale sind zu undifferenziert: »Die Merkmale des Redekonstellationstyp ›Interview‹ sind von denen eines Redekonstellationstyps, wie er im Verhör eines Strafverfahrens vorliegt, nicht zu unterscheiden, und auch für die sprachlichen Merkmale, die sich aus der Redekonstellation ableiten lassen, ergeben sich weitgehend Übereinstimmungen. Trotzdem wird man ein Verhör typenmäßig nicht mit einem Interview gleichsetzen wollen.«[14] Hier besteht in der Tat ein Problem: Denn einerseits ist nicht zu leugnen, daß hier zwei verschiedene Situationen vorliegen; andererseits bestehen zwischen den beiden genannten Situationen auch wesentliche Übereinstimmungen. Möglicherweise ließe sich über eine geänderte Rangbestimmung eine bessere Abgrenzung erzielen.

(2) »(..) einige der genannten Komponenten in der Matrix der Redekonstellationsbestimmung (sind) auch Komponenten der Sprache: ob die ›Modalität der Themenbehandlung‹ deskriptiv, argumentativ, assoziativ ist, kann nur mit Rückgriff auf den ›gleichzeitig laufenden Sprechvorgang‹ entschieden werden.«[15]

Auch dieser Einwand ist stichhaltig. Es bieten sich zwei mögliche Konsequenzen an: Entweder man verzichtet auf dieses Merkmal oder man gibt die methodisch so einleuchtende, in der Praxis aber nicht durchführbare, absolute Trennung zwischen außersprachlichen und sprachlichen Merkmalen auf. Letzteres führt zwar zu gewissen Abgrenzungsschwierigkeiten. Aber die sind lösbar.

Ich werde im wesentlichen dialogische Textsorten (Diskussionen und Alltagsgespräche) behandeln. Gerade sie sind zur Beantwortung der Frage geeignet, *wie* sich Menschen verständigen. Dazu gehört der ständige Rollentausch Sprecher/Hörer, das Bemühen des Sprechers um den Hörer, indem er ihn in seine Rede erkennbar einbezieht, das Durchsetzen-Wollen der eigenen Meinung u.a. Für bestimmte Untersuchungsbereiche empfiehlt sich allerdings auch ein Rückgriff auf die monologische Textsorte »Reportage«. Dies wird an entsprechender Stelle erläutert. Die Bevorzugung dialogischer Texte für diese Untersuchungen hat noch einen weiteren Grund. Bei bestimmten monologischen Texten, vor allem den Erzählungen, kann nicht immer ausgeschlossen werden, daß es sich um Scheinformen der Kommunikation handelt, weil eine Motivation zur Kommunikation fehlt – außer der, daß die Informanten für einen Sprachwissenschaftler »Episoden aus ihrem Leben« erzählen sollen.[16] Sie sind deswegen für Untersuchungen kommunikativer Bedingungen weniger geeignet.

# 2 Einige (gezielte) Bemerkungen zur Forschung

## 2.1 Allgemeines

Obwohl sich schon vor 80 Jahren (1899) Otto Behaghel mit gesprochener Sprache befaßt hat (Geschriebenes Deutsch und gesprochenes Deutsch),[17] und obgleich die Mundartforschung, die immer auf Zeugnisse der gesprochenen Sprache angewiesen ist, ebenfalls schon seit dem vorigen Jahrhundert ein Wissenschaftszweig der Germanistik bzw. Volkskunde darstellt, hat die Erforschung des gesprochenen Deutsch unter grammatischen und weitergehenden kommunikativen Gesichtspunkten erst in den letzten 10 bis 15 Jahren begonnen.

Dies mag wesentlich mit daran gelegen haben, daß die deutsche Gegenwartssprache sich erst relativ spät als eigener Forschungsbereich etabliert hat. Lange Zeit haben, allein oder zumindest vorwiegend, diachronische Fragestellungen und historische Sprachstufen die Grammatikforschung der deutschen Germanistik bestimmt. Nachdem in den 50er Jahren die deutsche Gegenwartssprache voll entdeckt worden ist (wofür ich hier die Namen Weisgerber, Brinkmann, Eggers, Erben, Grebe, Glinz und Moser nennen will) und etwa ab den frühen 60er Jahren auch in die Lehre Eingang gefunden hat, wurde ab etwa Mitte der 60er Jahre auch die gesprochene deutsche Sprache untersucht. Das Erscheinen der frühen Arbeiten zum gesprochenen Deutsch von Leska (1965), Zimmermann (1965) und Rupp (1965) fällt zeitlich ungefähr zusammen mit den Bemühungen um die Einrichtung einer Forschungsstelle für gesprochene deutsche Sprache im Rahmen des Instituts für deutsche Sprache. Diese Forschungsstelle wurde dann auch 1966 (zuerst in Kiel, dann ab 1968 in Freiburg) eingerichtet, mit der Leitung wurde Hugo Steger beauftragt.

Von Anfang an hat ein gewisser Dualismus die Erforschung der gesprochenen deutschen Sprache bestimmt: Die Interessenlage war und ist bis heute verschieden: Einerseits ist gesprochenes Deutsch unter grammatischen, vorwiegend syntaktischen Gesichtspunkten untersucht worden, andererseits standen – vor allem in den letzten Jahren – kommunikative und funktionale Aspekte im Vordergrund. Diese beiden Positionen sollen hier nur unterschiedliche Tendenzen verdeutlichen. Es gibt hier viele Überschneidungen. Ich möchte nun gezielt einige Arbeiten nennen und teilweise auch etwas ausführlicher darstellen, um diese unterschiedlichen Tendenzen zu explizieren.

Vollständigkeit wird nicht angestrebt. Ein vollständiger und in jeder Hinsicht orientierender Forschungsbericht zur gesprochenen Sprache ist kürzlich erschienen.[18] Die Verfasserin Anne Betten, selbst Autorin mehrerer Beiträge zum gesprochenen Deutsch, berücksichtigt neben grammatischen, pragmatischen und kommunikativen Gesichtspunkten auch die Literatur zur Herstellung der Textkorpora, die Textkorpora selbst und die verschiedenen Vorschläge zu Transkriptionsverfahren.[19]

## 2.2 Die Arbeiten von Leska und Zimmermann

Die genannten unterschiedlichen Tendenzen bei der Erforschung des gesprochenen Deutsch lassen sich schon in den beiden frühen Arbeiten von Leska und Zimmermann nachweisen. Die stark statistisch geprägte Arbeit von Leska[20] untersucht die gesprochene Sprache ganz vorwiegend unter grammatischen Gesichtspunkten. Die Verfasserin behandelt »zusammenhängende Äußerungen«, »Gespräch und stark situationsentlastete gesprochene Sprache werden nicht erfaßt ( . . . )« (S. 435). Dies geschieht im wesentlichen deshalb, um verschiedene, auf Satzebene durchgeführte Vergleiche mit Erscheinungen der Schriftsprache zu ermöglichen. Verglichen werden: »1. Satzlänge und -form 2. Zahl und Funktion der abhängigen Sätze 3. Form der abhängigen Sätze 4. Einleitung der abhängigen Sätze 5. Zahl und Form der attributiven Glieder.« (S. 439).

Die sehr sorgfältig durchgeführte Arbeit kommt zu Ergebnissen, die auf diesen grammatischen Gebieten liegen und uns vom Ergebnistyp her aus schriftsprachlichen Untersuchungen dieser Zeit – wie etwa die von Hans Eggers[21] – bekannt sind. Ein typisches Einzelergebnis sei hier zitiert: »Der kurze Einfachsatz und das Gefüge mit einem abhängigen Satz werden in der gesprochenen Sprache häufiger verwendet als in der geschriebenen.« (S. 453; dies ist eines von 14 Einzelergebnissen). Das allgemeine Resümee der Verfasserin: »Obligatorische Merkmale« der gesprochenen Sprache sind »die lockere Fügungsweise, bedingt durch die allmähliche Entwicklung des Gedankens, ermöglicht durch die Rolle der Intonation als syntaktisches Formmittel. Zum Bau solcher lockeren Strukturen stehen folgende Elemente zur Verfügung: Parataxe, Hypotaxe mit einer großen Zahl von Attributivsätzen, Ausklammerungen, ergänzenden Nachträgen, Parenthesen (...)« (S. 459).

Solche Untersuchungen – und im Prinzip unterscheiden sich neuere Arbeiten mit grammatischen Fragestellungen nicht davon – sehen die Unterschiede zwischen gesprochener und geschriebener Sprache im wesentlichen in der unterschiedlichen Häufigkeit des Vorkommens einzelner grammatischer Erscheinungen. Der Vergleich zwischen geschriebener und gesprochener Sprache bezieht sich auf die bekannten sprachinternen strukturellen Fragestellungen.

Der Ausgangspunkt von Heinz *Zimmermann* ist ein anderer. Sein Ziel ist es, »an Hand einer speziellen Sprachform (der baseldeutschen Umgangssprache) einige typische Wesenszüge der mündlichen Sprache aufzuzeigen, die jeder sozialen, regionalen und charakterologischen Verschiedenheit übergeordnet sind. (S. 15). Das Buch besteht aus drei Kapiteln. »Der erste Teil beschäftigt sich mit der Denkleistung des Sprechers und Hörers. Hier wird grundsätzlich auf die Bedeutung der Gesprächssituation hinzuweisen sein, da das Ausnützen oder Mißachten situationsbedingter Voraussetzungen eine Frage des Denkens ist. Ferner kommt die Satzfolge zur Sprache. Sie stellt sich als das Abbild eines inneren Vorgangs heraus und spiegelt ein typisches Verhältnis zwischen Sprechen und Denken. In einem zweiten Teil wird auf das Verhältnis des inneren Vorstellungsbildes zur Rede eingegangen werden. Es wird hier der Versuch gemacht, dem assoziativen Wesen der mündlichen Sprache gemäß, das Gespräch – statt nach Satzgliedern und Sätzen – nach Vorstellungseinheiten zu gliedern. Der dritte Teil endlich geht von der Frage aus, in welcher sprachlichen Form das emotionelle Element erscheint.« (S. 16).

Man muß sich, wenn man diese Zielsetzungen liest, klar machen, daß es sich hier um eine der ersten Arbeiten zum gesprochenen Deutsch handelt. Die stark psychologisierende Ausdrucksweise entspricht zwar sicher nicht den heutigen begrifflichen Vorstellungen, jedoch kommt der Verfasser in seinen Gesprächsanalysen zu bemerkenswerten, auch heute noch geltenden Einzelergebnissen. Anhand genauer empirischer Untersuchungen werden wesentliche Charakteristika der mündlichen Rede wie Anakoluthe, Ellipsen und Partikel beschrieben.

Auch hier sei ein Einzelergebnis – in seiner Art repräsentativ und m.E. weitgehend zutreffend – zitiert (S. 87). Es geht um die Partikel »aber«:

»1. Das Wörtlein ›aber‹ hat eine abgrenzende Funktion. Es braucht aber nicht nur Gedanken (!) und Begriffe in ein adversatives Verhältnis zu stellen, sondern kann auch subjektive Inhalte trennen.
2. Darüber hinaus kann es einen eigenen Inhalt bekommen: Es kann einen Gefühls- oder Willensausdruck vermitteln. [Beispiel Zimmermann S. 80: »Das ist aber schön«]
3. Dieser subjektive Aussagewert bestimmt sich in jedem Falle neu aus dem Gesprächszusammenhang, aus dem Gefühl, dem Willen und der Absicht des Sprechers.
4. Das Wörtlein ›aber‹ spiegelt den Objektivierungsprozeß im Verlaufe des Gesprächs: Am Anfang hat es, sofern es sich auf den Gesprächsgegenstand direkt bezieht, oft einen großen subjektiven Aussagewert (›Widerspruchs-aber‹); dieser nimmt mit fortschreitender Rede ab, das ›aber‹ kennzeichnet immer mehr nur objektive Gegensätze (›Funktions-aber‹).«

Dieses hier wiedergegebene Einzelergebnis ist durch Beispiele verdeutlicht und gesichert. Das Fazit von Zimmermann:
»Der mündlichen Rede ( . . . ) ist mit grammatikalischen Regeln nicht beizukommen. Die Begriffe ›richtig‹ und ›falsch‹ gelten im mündlichen Bereich ( . . . ) ebensowenig wie das Gebiet, dem sie entstammen, die Logik. Wenn wir auf die Hauptpunkte schauen, die wir für das Gespräch als typisch erkannten, zeigt sich, daß gerade da, wo Sprachlogik und syntaktische Stimmigkeit mißachtet werden, wesentliche Gestaltungsprinzipien der mündlichen Rede faßbar werden; daß gerade da, wo wir im Hinblick auf die normative Schriftsprache von Unstimmigkeit und Unvollständigkeit sprechen müssen, sich die eigentümlichen Qualitäten des Gesprächs offenbaren.« (S. 88).

Ich halte diese Aussagen für wesentlich und zutreffend. Es ist mit der Besprechung der beiden Arbeiten von Leska und Zimmermann auch deutlicher geworden, daß seit Beginn der Erforschung des gesprochenen Deutsch zwei zwar sich nicht ausschließende, so aber doch thematisch unterschiedliche Fragestellungen nebeneinander bestehen: die grammatisch-syntaktische und die kommunikative.

Ich werde im folgenden einige mir wichtig erscheinende Gesichtspunkte aufführen, unter denen gesprochene Sprache untersucht worden ist, wobei ich die Dichotomie: syntaktisch vs. kommunikativ im Auge behalten werde.

## 2.3 Grammatische Fragestellungen

Der Problembereich: *Parataxe, Hypotaxe, Satzverknüpfungen* ist mehrfach untersucht worden (vermutlich deshalb, weil hier Unterschiede zwischen geschriebener und gesprochener Sprache gut sichtbar gemacht werden können). G. Schulz (1973) untersucht gesprochene Sprache unter dem Gesichtspunkt, ob und wie bestimmte logische Relationen in der gesprochenen Sprache realisiert werden. Formale Parataxe sei in der gesprochenen Sprache zwar typisch, aber die einzelnen logischen Relationen, die in der geschriebenen Sprache durch Konjunktionen und Hypotaxe ausgedrückt werden, würden in der gesprochenen Sprache durch verschiedene Partikel, wie »doch«, »ja«, »eben«, vermittelt. Gegen eine solche Interpretation von Partikeln habe ich Einwände geltend gemacht. (Rath 1975c): Die Partikel haben keine logischen, sondern kommunikative – Zimmermann (wie im übrigen auch Helbig/Buscha 1974) würde »subjektive« sagen – Funktionen. Das logische Verhältnis wird in der Regel durch den textlichen Zusammenhang ausgedrückt. Weiter ist gegen diese – als Einführung in bestimmte Problemstellungen durchaus geeignete Arbeit – einzuwenden, daß das von ihr benutzte Korpus, nämlich die von E. Runge herausgegebenen Bottroper Protokolle (1968), für wissenschaftliche Arbeiten zur gesprochenen Sprache ungeeignet ist, und zwar deswegen, weil es sich um Texte handelt, die von der Herausgeberin nachträglich im Sinne einer »Glättung« bearbeitet und dabei wesentliche Merkmale der gesprochenen Sprache beseitigt worden sind.

B. Wackernagel-Jolles (1971) kann in ihrer Bochumer Dissertation u.a. nachweisen, daß »die mündliche Rede ( . . . ) in Anschluß an Verben und Nomina des Sagens und Meinens asyndetische Nebensätze in der Form eines Hauptsatzes« bevorzugt. »In der Schriftsprache werden in diesem Zusammenhang direkte Rede, sowie Konjunktional- und Relativsätze verwendet. ( . . . ) Freistehende Nebensätze ohne vorhergehenden oder nachfolgenden Hauptsatz werden im Gespräch nicht als regelwidrig empfunden.« (S. 203).

Problemstellungen aus dem Bereich des Satzbaus – wie sie hier kurz aufgeführt worden sind – führen vornehmlich zu statistischen Ergebnissen: Es werden nämlich die unterschiedlich häufigen Wahlen bestimmter Konstruktionen in der Schriftsprache und in der gesprochenen Sprache mitgeteilt. Daß in der Regel alle grammatischen Formen in der geschriebenen und in der gesprochenen Sprache belegt sind, dürfte außer Zweifel stehen. Nur: Es wird in beiden Bereichen unterschiedlicher Gebrauch von den einzelnen grammatischen Möglichkeiten gemacht.

Auch U. Engel (1974) arbeitet in dieser Richtung. Er stellt fest, daß in geschriebener und gesprochener Sprache einzelne Satzpositionen unterschiedlich benutzt und besetzt werden. Auch hier statistische Tendenzmeldungen folgender Art: »Man darf daraus [Zahlenverhältnis in bestimmten Korpora, R. R.] wohl schließen, daß gesprochene Sprache generell einen größeren Anteil an Rahmendurchbrechungen (durch einfache Elemente) aufweist als geschriebene Sprache.« (S. 221).

Andreas Weiss (1975) will in seiner Arbeit den »Einfluß von Situation und Thema auf das Sprachverhalten« untersuchen. Sehr vergröbert formuliert, kommt er zu dem folgenden Ergebnis: Je schwieriger ein Thema, je »formaler« eine Gesprächssituation ist, um so weniger wird spontan gesprochen. Bei Weiss liest sich dies folgendermaßen:
»(1) Texte, die situationsbedingt weniger spontan gesprochen sind, zeigen nach den hier untersuchten sprachlichen Erscheinungen eine Annäherung an die sprachlichen Normen, die beim Schreiben von Texten berücksichtigt werden.
(2) Spontan gesprochene Texte unterscheiden sich von geschriebenen Texten in vielen Merkmalen, die aber großenteils auf die psychophysischen Bedingungen des spontanen Sprechaktes zurückzuführen sind.
(3) Spontan gesprochene Texte unterscheiden sich unter sonst gleichen Bedingungen auch, wenn nur der Schwierigkeitsgrad der Gesprächsthemen verschieden ist: Texte mit schwierigen Themen zeigen einerseits ( . . . ) eine Annäherung an Texte aus einer weniger spontanen Sprechhaltung, andererseits eine Reihe von Merkmalen ( . . . ) die weder für weniger spontane Texte noch für spontane Texte mit einfachen Themen typisch sind.
(4) Gesprochene Sprache unterscheidet sich zwar nach vielen Merkmalen von geschriebener Sprache, nach Merkmalen, für die verschiedenste Ursachen angenommen werden können: Ein großer Teil ist si-

cher von der Psycholinguistik aus den Bedingungen des Sprechaktes und der Spontaneität zu klären. Ich sehe aber in keinem Fall einen ausreichenden Grund zur Annahme, daß gesprochene Sprache *eigenen* sprachlichen *Strukturen* folgt.« (S. 110 ff.).

Diese Arbeit – die viele wertvolle Einzelergebnisse bringt – ist ein Beweis dafür, daß einerseits die Themenstellung grammatisch-syntaktisch fixiert wird, andererseits aber immer wieder diese Fixierung zugunsten einer kommunikativ orientierten Betrachtungsweise durchbrochen wird. Diese relativ frühe Arbeit – sie ist 1971 als Dissertation angenommen worden – zeigt wieder, daß es doch recht schwierig war, eine Öffnung der Linguistik für kommunikative Fragestellungen zu erreichen.

## 2.4 Kommunikative Fragestellungen

Trotz der zunächst eindeutig dominierenden grammatischen Fragestellungen sind bereits relativ früh Arbeiten erschienen, die auch *kommunikative* Aspekte der gesprochenen Sprache berücksichtigt haben. Einige mir wesentlich erscheinende Einzelergebnisse sollen hier erwähnt werden.

Auf die Erscheinung des Anakoluths in der gesprochenen Sprache haben hingewiesen: Zimmermann, Weiss und Helbig 1972. Systematisch untersucht und erklärt wurde diese Erscheinung von Rath 1975b und im Anschluß daran mit vielen weiterführenden Ergebnissen von I. Freigang (1976), U. Reis (1976) und – unabhängig von den bereits vorgenannten Arbeiten – von A. Betten (1976b). Aufgrund der genannten Arbeiten kann schon heute behauptet werden, daß das Anakoluth zu den am besten erforschten Erscheinungen des gesprochenen Deutsch gehört. Die Anakoluthe lassen sich auf der Basis ihrer unterschiedlichen Verursachung kommunikativ klassifizieren und linguistisch untersuchen. Dabei stellt sich heraus, daß sie einmal als Ergebnis bestimmter Korrekturvorgänge, daß sie zum anderen als eigenständige Formen des gesprochenen Deutsch[22] zu werten sind. Einen weiteren für die gesprochene Sprache zentralen Problembereich stellen die sogenannten Gliederungssignale dar. Grundlegend ist hier die Arbeit von Gülich (1970) (für das gesprochene Französisch). Eine Anwendung aufs Deutsche (und auch Weiterführung) stellt die Arbeit von Wackernagel-Jolles (1973) dar. Ich habe mich ebenfalls mit diesem Bereich befaßt: Rath 1976.

Gemeint sind mit diesen Gliederungssignalen Partikel wie »ja«, »nicht« (mit Frageintonation) u.a., feststehende Wendungen wie »ich meine«, »ich würde sagen« und prosodische Elemente, wie Intonationsverlauf und Pausen. Also Einheiten, die »in irgendeiner Weise textgliedernde Funktion« haben (Gülich 1970, S. 9). Obwohl also auch hier eine Reihe wichtiger und z.T. auch umfangreicher Untersuchungen vorliegen, sind die Fragen der Textgliederung im Bereich der gesprochenen Sprache (Binnenstruktur der Texte und Segmentierung der Texte) noch längst nicht gelöst. Vor allem ist der Zusammenhang zwischen Textgliederung und Transkriptionsverfahren noch nicht ausreichend thematisiert worden.

Im Zusammenhang mit der Textgliederung stehen auch Untersuchungen zur kommunikativen Paraphrase (Rath 1975a). Wichtig ist hier die Saarbrücker Staatsarbeit von Klaus Müller (1976): Kommunikative Paraphrasen und Wiederholungen im gesprochenen Deutsch. Paraphrasen und Wiederholungen gliedern und strukturieren Texte. Diese Gliederung steht deutlich – das gilt auch für die übrigen Gliederungssignale – im Zeichen der Kommunikationssicherung.

Schließlich sei der (im deutschsprachigen Bereich noch nicht abschließend behandelte) Problemkreis »Sprecherwechsel« erwähnt. Auf das Wie und Warum des Sprecherwechsels in verschiedenen dialogischen Texten werde ich im nächsten Kapitel ausführlicher eingehen.

Es kommt mir bei diesen unvollständigen und skizzenhaften Bemerkungen zur bisherigen Forschung auf die folgenden Punkte an:

1. Gesprochene Sprache, gesprochenes Deutsch kann unter sehr verschiedenen Gesichtspunkten untersucht werden. Kennzeichnend für die Forschungslage ist ein gewisser – durchaus auch fruchtbarer – Dualismus der Fragestellungen: grammatisch-syntaktische Interessenlagen konkurrieren mit kommunikativen.
2. Die grammatische Forschungsrichtung hat sich u.a. mit folgenden Problemen befaßt: Wortstellungsfragen; Hypotaxe/Nebensatzanschlüsse; Passivgebrauch in gesprochener Sprache; vor allem aber immer wieder: Der statistische Vergleich von grammatischen Erscheinungen in geschriebener und gesprochener Sprache als Mittel zur Abgrenzung zwischen beiden.
3. Die kommunikative Forschungsrichtung hat erst in den letzten Jah-

ren stärker an Bedeutung gewonnen. Einige wesentliche Problemkreise, wie Anakoluthbildung, Gliederungssignale, Sprecherwechsel, Textgliederung, habe ich hier kurz genannt. Sie werden in den folgenden Kapiteln ausführlicher behandelt.

4. An der einen oder anderen Stelle wird deutlich, daß grammatische und kommunikative Fragestellungen sich ergänzen und nicht etwa ausschließen. Ein gutes Beispiel dafür ist die Arbeit von Deutrich/Schank (1973)

# 3 Zur Gliederung der mündlichen Kommunikation

## 3.1 Probleme der Gliederung unter Textbildungsaspekten

Die Analyse gesprochener Sprache unter Textbildungsaspekten möchte ich mit der Darstellung von Problemen der Gliederung beginnen. Daran schließen sich – wie schon erwähnt – in den folgenden Kapiteln Fragen der ökonomischen Textbildung (Kap. 4) und der Textkonstitution (Kap. 5) an. Das Gliederungskapitel umfaßt drei Teile, in denen ich jeweils unterschiedliche Aspekte der Gliederung gesprochener Sprache behandeln möchte:

Im ersten Teil des Kapitels soll auf Fragen des Sprecherwechsels eingegangen werden. Der Sprecherwechsel, d.h. die wechselseitige Übergabe und Übernahme der Sprecherrolle, ist zentrales und konstitutives Merkmal jeden Dialogs; er steht daher seit längerem im Mittelpunkt des Interesses verschiedener Forschungsrichtungen. Unter textbildenden Gesichtspunkten bietet er sich als vorgegebene Struktur für eine Grobgliederung des dialogischen Textes an.

Die so gewonnenen Einheiten, die sogenannten »Sprecherbeiträge«, stellen allerdings erst einen ersten Zugriff in Richtung auf eine adäquate Textsegmentation dar. Komplexere Sprecherbeiträge weisen eine Binnenstruktur auf, deren Analyse im zweiten Teil dieses Kapitels erfolgt. Ich will vorausschicken, daß sich das Konzept der grammatisch-formalen Gliederung in »Sätze« als inadäquat erweist. Die von mir vorgeschlagenen Gliederungseinheiten – ich nenne sie Äußerungseinheiten – *entsprechen* in etwa den »Sätzen« der Schriftsprache, *ohne daß eine materielle Gleichheit vorläge.* Ich werde auch einige praktische Vorschläge machen, wie man künftig Texte gliedern und entsprechend dieser Gliederung befriedigender als bisher transkribieren kann. Dabei gehe ich von der Forderung aus, daß ein Text in solchen Gliederungseinheiten vorgelegt werden sollte, die weitergehende Textuntersuchungen ermöglichen.

Im dritten Teil des Kapitels werde ich in einem Exkurs die sogenannten Sprecher- und Hörersignale besprechen. Sie gehören zur Klasse jener sprachlichen Ausdrucksmittel, bei denen – ähnlich wie z.B. bei den lexikalischen Gliederungssignalen – der referentielle (etwa themenbezogene) Aspekt *nicht* im Vordergrund steht. Es handelt sich dabei um sprachliche Elemente, die sich auf Ablauf und Organisation der Kommunikation *selbst* beziehen. Ihre vergewissernde bzw. bestätigende Funktion kann mit der textgliedernden Funktion zusammenfallen. Sie sind also einerseits als Gliederungsmittel zu betrachten, andererseits dienen sie der Dialogsteuerung. Aufgrund dieser Besonderheiten habe ich die Sprecher- und Hörersignale in einem das 3. Kapitel abschließenden Exkurs dargestellt.

Ein generelles Problem sei an dieser Stelle noch kurz angesprochen. Diesem Problem sieht sich jeder gegenüber, der kommunikative Äußerungen im nachhinein untersucht und interpretiert: Der Hörer steht in der Kommunikationssituation unter anderen Bedingungen als der im nachhinein analysierende Linguist. Dem Hörer stehen in der Regel mehr Informationen zur Verfügung als dem Linguisten. Der Hörer kennt die Signale, die über den optischen Kanal gehen; er hat ein Vorwissen über die übrigen Kommunikationsteilnehmer (oft), er hat eine bessere Kenntnis der Kommunikationssituation, insofern er die Voraussetzungen eher kennt, unter denen sie zustande gekommen ist.

Der Hörer und der Linguist haben *zunächst* die gleiche Aufgabenstellung: Die Sprecherintention zu rekonstruieren. Zu ermitteln also, was der Sprecher sagen oder zum Ausdruck bringen will, warum der Sprecher überhaupt mit dem Hörer in Verbindung tritt. Sprecherintentionen werden nicht nur über die »Inhalte« organisiert, vielmehr ist auch die Art der Vorbringung und die Gliederung des Inhalts für die Realisierung – und damit natürlich auch für die Rekonstruktion – der Sprecherintention relevant.

Das »Mehr« an Möglichkeiten, das der Hörer gegenüber dem Linguisten hat, um die Sprecherintention zu rekonstruieren, wird dadurch etwas ausgeglichen, daß der Linguist die Möglichkeit besitzt, die gesprochenen Texte beliebig oft zu hören und zu lesen. Es besteht dabei allerdings die Gefahr, die Texte insofern zu mißdeuten, als ihnen an »indirekten« Informationen – z.B. über die Textgliederung – mehr entnommen wird, als der Hörer ihnen entnehmen kann und der Sprecher ihnen tatsächlich mitgegeben hat. Diese – gleichsam hermeneutische – Gefahr birgt jede Methode, die bei Rekonstruktionen auf die Interpretation sprachlicher Erzeugnisse angewiesen ist.

## 3.2 Gliederung des Dialogs nach Sprecherwechseln

### *3.2.1 Was ist ein Dialog?*

»Unter Dialog/Gespräch verstehen wir ein kommunikatives Handeln zwischen mindestens zwei Personen, die (1.) simultan, d.h. zu gleicher Zeit, (2.a) am gleichen Ort anwesend sind oder (2.b) über einen technischen Kanal in Verbindung stehen, so daß jederzeit eine Übernahme der Sprecherrolle durch jeden der Teilnehmer möglich ist, wobei (3.) die Aufmerksamkeit auf ein gemeinsames Thema gerichtet ist.«[23]

An dieser Definition fällt folgendes auf: (1.) Der Begriff kommunikatives Handeln schließt nonverbales kommunikatives Handeln und sprachliches kommunikatives Handeln ein. Allerdings erscheint mir die sprachliche Seite der Kommunikation zu wenig betont: Ich teile nicht die in diesem Zusammenhang geäußerte Meinung Schank/Schonthals (1976), daß den nonverbalen Ausdrucksmitteln »eine entscheidende Rolle für das Funktionieren von Dialogen zuzumessen« seien. (S. 65).

(2.) Die Formulierung »so daß eine Übernahme der Sprecherrolle durch jeden der Teilnehmer möglich ist (...)« erscheint mir nicht stark genug. Es kommt nämlich meines Erachtens darauf an, auszudrücken, daß die Übernahme der Sprecherrolle durch verschiedene Sprecher und die Übernahme der Hörerrolle durch verschiedene Hörer auch tatsächlich stattfindet. Die Definition in der vorliegenden Form trifft nicht nur auf Dialoge zu, sondern beispielsweise auch auf einen informellen Vortrag, wo die Sprecherrolle zwar wechseln könnte, tatsächlich aber bei einem Sprecher bleibt: Es kommt nicht zu einem Dialog.

(3.) Es heißt in der Definition, daß die »Aufmerksamkeit auf ein gemeinsames Thema gerichtet ist.« Hier ergibt sich das Problem, daß in manchen Gesprächen und gelegentlich auch Diskussionen die Themen sehr schnell wechseln. Haben wir es dann jeweils mit mehreren Dialogen oder mit einem Dialog mit wechselnden Themen zu tun? Unter Berücksichtigung dieser Gesichtspunkte gehe ich von folgender Definition aus:

Dialoge sind kommunikative Handlungen – vor allem sprachlicher Art – zwischen mindestens zwei Personen, die simultan (am gleichen Ort oder verbunden durch einen technischen Kanal) miteinander so in Verbindung stehen, daß sie wechselweise die Sprecherrolle bzw. die

Hörerrolle übernehmen, wobei die Aufmerksamkeit auf gemeinsame, möglicherweise wechselnde Themen gerichtet ist.

### *3.2.2 Strukturmodell: Sprecherwechsel, Hörersignal, Sprecherbeitrag*

Was ist ein Sprecherwechsel? Man kann ihn bestimmen als Übergang der Rede von einem Sprecher zu einem Hörer, wobei der ursprüngliche Sprecher zum Hörer und der ursprüngliche Hörer zum Sprecher wird. Dies hört sich zunächst sehr unkompliziert, wenn nicht sogar trivial an. In vielen Fällen ist der Sprecherwechsel in der Tat auch problemlos. Die Praxis allerdings zeigt auch, daß es eine große Zahl von Fällen gibt, in denen der Sprecherwechsel mit bestimmten Komplikationen verbunden ist. In der linguistisch-kommunikativen Beschreibung bieten diese Fälle einige Schwierigkeiten. Wenn beispielsweise der Fall eintritt, daß der Hörer nur für einen Akt der Zustimmung oder Ablehnung das Wort nimmt, ohne einen eigenen Beitrag zu einem Thema zu leisten, liegt dann ein Sprecherwechsel vor? Dazu das folgende Beispiel:

(1) I, 230
Sprecherin AB: » . . . / / ich meine, das is natürlich nur n Symbol/ / aber
Sprecher AC: ja
Sprecherin AB: dieses Symbol kann in gewissen Lebenssituationen dem Menschen einfach helfen . . .«

Der Redefluß der Sprecherin ist kaum unterbrochen, dennoch geht für einen Augenblick lang die Rede von der Sprecherin AB auf den Sprecher AC über. Liegt ein Sprecherwechsel vor? Ich sehe diese Fälle nicht als Sprecherwechsel an, sondern fasse diese kurzen, oft simultan gemachten Zustimmungen, Einwände, Zweifelsäußerungen als *Hörersignale*[24] auf, die eine gewisse Steuerungsfunktion haben und dem Sprecher z.B. signalisieren sollen, daß der Hörer die Rede verstanden/nicht verstanden hat, sie bezweifelt/nicht bezweifelt, sie akzeptiert/nicht akzeptiert hat. Die Schwierigkeit besteht hier nur darin, Hörersignale von kürzeren Äußerungen nach Sprecherwechsel abzugrenzen. Hier gibt es bislang keine genauen Abgrenzungskriterien. Ich werde hier wie folgt vorgehen:

1. Alle simultan gesprochenen Äußerungen, einschließlich der Hörersignale, werden dann nicht als Einleitung zu einem Sprecherwechsel angesehen, wenn der ursprüngliche Sprecher das Wort nach der simultanen Sequenz behält.
2. In den nicht-simultan gesprochenen Kurzäußerungen wird dann kein Sprecherwechsel angenommen, wenn a) erkennbar keine Redeabsicht beim Hörer vorliegt, also sich die Äußerung auf »ja«, »vielleicht«, »natürlich«, »meinst du«, usw. beschränkt (eindeutige Hörersignale) oder b) zwar außer dem Hörersignal mehr realisiert werden soll, sich der Hörer aber nicht durchsetzt.

Ich gebe für die einzelnen Fälle Beispiele:

(2) I, 228 (Fall 1: simultan gesprochenes Hörersignal)<br>
AC »... // aber das sind das sind ja nun wieder die Grenzfälle //<br>
Die | Ehe ja |<br>
AB | ja gut |<br>
AC und überhaupt die Vorstellung ...«

Fall 2a: Siehe Beispiel (1): Es liegt bei Sprecher AC keine Redeabsicht vor. Dies ist in der Regel daran erkennbar, daß vom Hörer gar kein Versuch gemacht wird, weiterzusprechen und der Sprecher weiterspricht.

(3) I, 224 f. (Fall 2b)<br>
AC »... ich meine wenn sie zusammen sind, haben sie auch die Verpflichtung, die Kinder, die sie erzeugen, zu erziehen, ja? // Das gehört meiner Ansicht nach nun auch mit zur Ehe und und<br>
| zu der Verpflichtung der beiden Partner |<br>
| (ich find das so) |<br>
(ja ich weiß nicht<br>
| irgendwann muß) |<br>
| aber ich meine. | du du kannst nich sagen ...«

Genau in dem Augenblick, in dem AC merkt, daß AB mehr als nur ein zweifelndes Hörersignal (»ja ich weiß nicht«) äußern will, als AC also die Vorbereitung zu einem Sprecherwechsel wahrnimmt (»irgend wann muß«), führt er seine Rede fort und behauptet das Wort (hier mit den Mitteln: lauteres Sprechen, schnelleres Sprechen, Setzung eines lexikalischen Signals zur Redefortführung: »aber ich meine«. Genauer dazu unten).

Nach diesen Vorklärungen können modellhaft – unter Zugrundelegung einer idealen »Zweiersituation« von Hörer und Sprecher – die wesentlichen Fälle des Sprecherwechsels genauer beschrieben werden. Zunächst kann allgemein festgehalten werden, daß dann ein Sprecherwechsel vorliegt, wenn sich der Übergang des Wortes von einem Sprecher zu einem Hörer vollzieht. Unter Berücksichtigung der Hörersignale und weiterer Probleme sind folgende Fälle von Interesse:

1. Fall: *Sprecherwechsel* als unproblematischer Übergang des Wortes vom Sprecher zum Hörer: Der Sprecher beendet seinen Sprecherbeitrag. Der Hörer nimmt das Ende des Sprecherbeitrags wahr und beginnt seinerseits mit seinem Sprecherbeitrag:

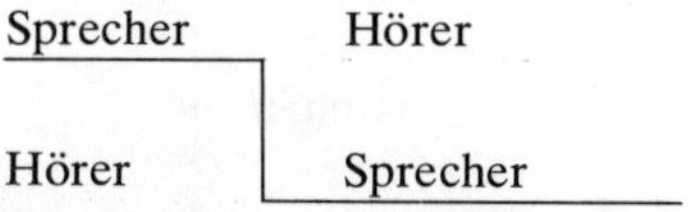


Das hier verwendete Schema ist als einfaches und ideales Verlaufsmodell der Rede zu verstehen. Der senkrechte Strich markiert innerhalb des Redeverlaufs die kritische Stelle des beabsichtigten oder tatsächlich durchgeführten Sprecherwechsels bzw. des abgegebenen Hörersignals. Dadurch bildet diese Stelle den Modellort des beabsichtigten oder tatsächlich durchgeführten Rollenwechsels vom Sprecher zum Hörer. Der Rollenwechsel (bzw. bei nicht durchgeführtem Sprecherwechsel – siehe die folgenden Fälle – die Rollenbeibehaltung) wird im Schema dadurch zum Ausdruck gebracht, daß links und rechts des senkrechten Striches die Sprecher- und Hörerebene explizit genannt werden.

2. Fall: *Sprecherwechsel* im Anschluß an eine Simultansequenz. Der Sprecher wird vom Hörer unterbrochen. Beide sprechen eine zeitlang gleichzeitig. Der vormalige Hörer setzt sich als Sprecher durch:

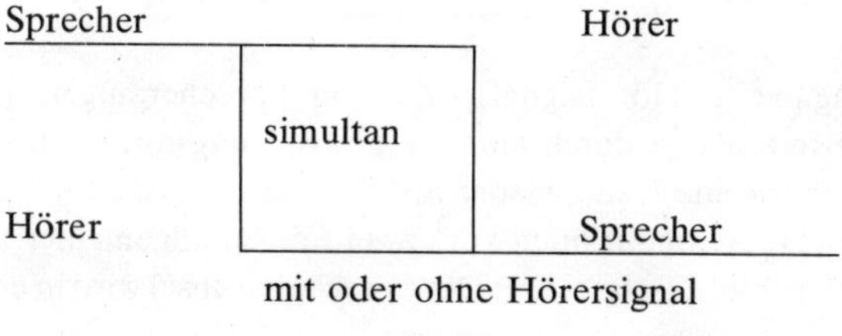

In dieser Variante des Sprecherwechsels wird der senkrechte Strich zweimal verwendet. Durch den ersten Strich wird der Redeeinfall (Unterbrechungsversuch) des Hörers, durch den zweiten Strich die endgültige Worteroberung durch den Hörer angedeutet. Der – erfolgreiche – Unterbrechungsversuch durch den Hörer kann (»ja, ja, aber ich meine ...«) muß aber nicht (»Früher war das anders, da hat man ...«) durch ein Hörersignal gestartet werden.

3. Fall: *Kein Sprecherwechsel:* Es handelt sich um die zum vorigen Fall komplementäre Möglichkeit: Der Sprecher wird vom Hörer unterbrochen. Beide sprechen eine zeitlang gleichzeitig. Der Sprecher setzt sich durch: er bleibt Sprecher:

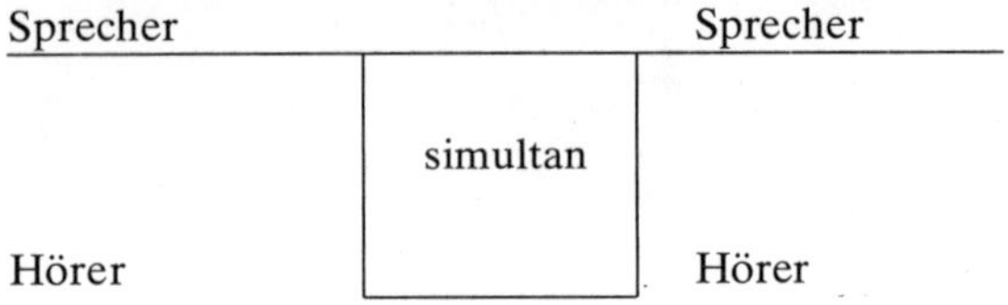


Diese Schemavariante, die in erster Linie die Redebehauptung des Hörers darstellen soll, läßt sich für verschiedene Hörerabsichten in Anspruch nehmen: Einmal kann es sich um ein simultan gesprochenes Hörersignal handeln (der Hörer will keinen Sprecherwechsel herbeiführen), zum anderen kann hiermit auch ein Unterbrechungsversuch dargestellt werden – also ein beabsichtigter Rollentausch –, wobei dieser mit oder ohne Hörersignal gestartet wird. In jedem Falle aber bleibt der Unterbrechungsversuch erfolglos.

4. Fall: *Kein Sprecherwechsel:* Der Sprecher macht in seinem Redefluß eine Pause. In diese Pause hinein äußert der Hörer ein Hörersignal:

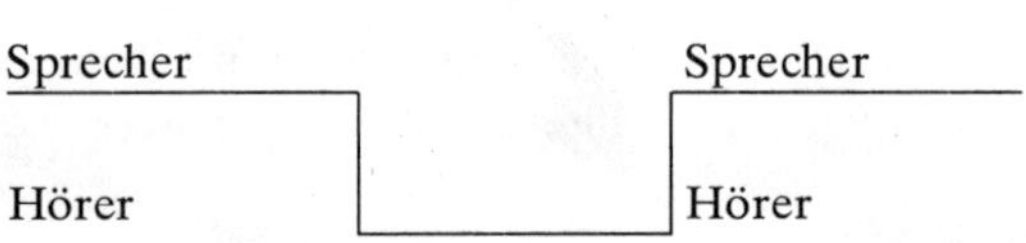


Nach Angabe des Hörersignals – das vom Sprecher angefordert sein kann, beispielsweise durch eine Vergewisserungsform (s.u.), nimmt der Sprecher seine Rede wieder auf.[25]

Ich möchte nunmehr noch kurz zwei Fragen allgemeiner Art zum Sprecherwechsel anschneiden: Der Sprecherwechsel wird in der Regel an stimmlichen Veränderungen und an der Veränderung des Ortes der Lautquelle erkannt. Die Stimme ändert sich und die Laute kommen aus einer anderen Richtung.

Es ist in der Regel nicht sehr schwer – wenn man einmal von den linguistisch-kommunikativ motivierten Unterscheidungen von Hörersignalen und Sprecherbeiträgen absieht – einen Sprecherwechsel auf akustischer Ebene zu erkennen: Die verschiedenen Stimmen tragen – in aller Regel – signifikante Unterscheidungsmerkmale. Die Frage aber, *warum* sich an einer bestimmten Stelle ein Sprecherwechsel vollzieht, ist viel schwerer zu beantworten. Denn der Sprecherwechsel hängt von verschiedenen Dialoggegebenheiten ab, auf die im folgenden Abschnitt eingegangen wird. Allgemein jedoch kann der Sprecherwechsel als der »äußere« hörbare Ausdruck für ein »sich in Verbindung setzen und halten« angesehen werden. »Sich in Verbindung setzen« kann als reziprokes Verb verwendet werden und bedeutet dann ein beiderseitiges Handeln. Der Sprecherwechsel ist genau jene Nahtstelle, an der »Interaktion« oder »kommunikatives Handeln« in der sprachlichen Kommunikation sozusagen greifbar wird.

Nach der Bestimmung des Sprecherwechsels kann auch der Sprecherbeitrag definiert werden. Darunter verstehe ich Äußerungen zwischen zwei Sprecherwechseln.

### *3.2.3 Wovon hängen Sprecherwechsel ab?*

In der bisherigen Forschung zum Sprecherwechsel[26] stand vorrangig die freie, kontextsensitive Aushandlung der Sprecherrolle zwischen prinzipiell gleichberechtigten Dialogpartnern in Alltagssituationen im Blickpunkt des Interesses. Die hierbei formulierten Regeln sind zwar von *genereller* Geltung, unterliegen aber in verschiedenen Textsorten vielfältigen Modifizierungen, die u.a. von situativen (a), sozialen (b) und institutionellen (c) Merkmalen abhängen.

#### *a) Art der Sprechsituation*

Sprechsituationen lassen sich – wie bereits ausgeführt – über bestimmte Merkmale beschreiben und klassifizieren. Diese Merkmale nun bestimmen die Dialogstruktur und damit ganz wesentlich auch den Sprecherwechsel. Ich will dies an einigen Beispielen verdeutlichen:

Das Merkmal der Spontaneität (etwa vorhanden in einem Gespräch unter Freunden) entscheidet mit darüber, ob Sprecherwechsel des Typs 2 (Unterbrechung mit der Folge simultaner Sequenz) öfter vorkommen oder nicht bzw. ob der Versuch gemacht wird, durch Unterbrechung einen Sprecherwechsel herbeizuführen. Ähnlich verhält es sich mit dem Merkmal Öffentlichkeitsgrad. Im privaten Kreis wird man eher eine informelle, mit Unterbrechungen durchsetzte Diskussion führen als in der Öffentlichkeit. In der Öffentlichkeit hingegen sind Dialogstrukturen zu erwarten, in denen der Sprecherwechsel mehr oder weniger formell geregelt ist.

Die Sprechsituation ist weiterhin durch die Zahl der Kommunikationsteilnehmer bestimmt. In einer größeren Diskussionsrunde wird sich der Übergang vom Sprecher zum Hörer anders als im privaten Zweiergespräch vollziehen. Im Zweiergespräch gelten besondere Konventionen: wenn ein Sprecher seine Rede erkennbar beendet hat, dann besteht kein Zweifel darüber, *wer als nächster* mit Reden an der Reihe ist. Im großen Kreis gilt dies zumindest in dieser Eindeutigkeit nicht.

Es sei hier noch auf das Merkmal der formalen, d.h. hier positionsbedingten Gleichberechtigung bzw. Nichtgleichberechtigung der Kommunikationsteilnehmer untereinander hingewiesen. Der Interviewer hat gegenüber dem Interviewten das Vorrecht, allein Fragen stellen zu dürfen. Der Diskussionsleiter hat das besondere Privileg, Sprecher unterbrechen zu dürfen. Für den Sprecherwechsel bedeutet dies im Falle der Interviewsituation, daß der Typ 1 (problemloser Übergang) überwiegen wird mit dem zusätzlichen Merkmal, daß die Übergangsstelle durch eine Frageform gekennzeichnet ist.[27]

### *b) Sozialer Status der Kommunikationsteilnehmer*

Dieses situative Merkmal ist hier deswegen von den vorhergehenden getrennt aufgeführt, weil es sich um ein relativ unveränderliches, feststehendes, in die Situation eingebrachtes Merkmal handelt. Das Merkmal der sozialen Gleichberechtigung bzw. Nichtgleichberechtigung ist zu unterscheiden von der formalen Gleichstellung bzw. Nichtgleichstellung innerhalb der Sprechsituation (der Diskussionsleiter kann in ein und derselben Sprechsituation gewechselt werden – »Übernehmen Sie doch bitte einmal die Diskussionsleitung« –, der soziale Status ist hingegen nicht, jedenfalls kaum so kurzfristig, austauschbar.) In Sprechsituationen, in denen soziale Gleichberechtigung nicht gegeben ist, sind Art und Umfang der Sprecherwechsel von diesem Merkmal offensichtlich ganz wesentlich beeinflußt. Plausible Beispiele sind Kommunikationsformen, die zwischen folgenden teilweise institutionalisierten Rollenträgern bestehen: Offizier – Soldat; Meister – Lehrling; Prüfer – Prüfling; Chef – Angestellter; Eltern – Kind; Arzt – Patient; Bürgermeister – Bürger. Sprechsituationen mit diesen Rollenträgern sind durch die bestehende soziale Asymmetrie zwischen diesen Rollenträgern zumindest mitbestimmt. Einer der »Gesprächspartner« hat »das Sagen«, d.h. er kann aufgrund bestimmter Vorrechte die Dialogstruktur durch eben diese Vorrechte bestimmen. Die Struktur solcher Dialoge ist charakterisiert durch spezifische Unterbrechungsstellen, durch bestimmte Unterbrechungsformen und durch typische Hörersignale. Es sind vor allem Sprecherwechsel des Typs 2 zu erwarten. (Sprecherwechsel nach Simultansequenzen). Diese Sprecherwechsel wird man weiter untergliedern können nach Art der Unterbrechung und vor allem nach der Länge der simultanen Sequenz. Die einseitigen Unterbrechungsrechte lassen sich quantifizieren.

Ein paradoxer Fall: Ein *formal* bevorrechtigter Kommunikationsteilnehmer tritt einem Kommunikationsteilnehmer mit komplementär bevorrechtigtem sozialen Status gegenüber, etwa, wenn ein Reporter (Interviewer) den Intendanten »seines« Senders interviewt. Möglicherweise sind hier »besondere« Fragen zu erwarten.[28]

### *c) Organisationsform und Organisiertheit des Dialogs*

Dialogische Kommunikationsformen können – außer durch die bekannten Einzelmerkmale, die zu Textsortenbestimmungen führen – generell danach unterschieden werden, inwieweit sie organisatorisch vorgeplant oder sogar voll formalisiert sind. Der Sprecherwechsel hängt in Art und Umfang im hohen Maße vom Grad der Organisiertheit und Formalisierung ab. Ich verdeutliche dies an zwei extremen Beispielen: Eine Debatte im Parlament ist weitgehend vorausgeplant und voll formalisiert. Manche Parlamentsdebatten kann man als Aneinanderreihung verschiedener Vorträge zum gleichen Thema ansehen. Nur die sogenannte »Zwischenfrage« läßt noch Raum für nicht vorgeplante Äußerungen. Institutionalisierter Ausdruck für die fast totale Vorausplanung ist die Existenz eines eigenen Planungsausschusses, im deutschen Bundestag »Ältestenrat« genannt, in dem Vertreter aller Fraktionen sich im voraus über den Ablauf der Debatten einigen. Auf der anderen Seite ein »ungebundenes« Familiengespräch, wie etwa das erste Gespräch im Textband III über Familien- und Erziehungsprobleme. Solche Gespräche ergeben sich spontan, ihr Ablauf ist nicht vorausgeplant, ihr Verlauf nicht formalisiert, sie ergeben sich »aus der Situation«. Zwischen diesen beiden gleichsam reinen Formen gibt es zahlreiche Zwischenformen, in denen sich Teile, die weitgehend organisiert sind, mit solchen abwechseln, die eher spontan verlaufen.[29]

Der Zusammenhang zwischen Zahl und Art von Sprecherwechseln auf der einen Seite und der Organisiertheit des Dialogs auf der anderen Seite wird evident, wenn wir uns einige wesentliche Bedingungen solcher Organisiertheit vergegenwärtigen. (Ich beschränke mich hier auf die Diskussion):

- Verabredung, einen Diskussionsleiter einzusetzen
- Verabredung auf ein Thema
- Verabredung des zeitlichen Gesamtumfangs der Diskussion
- Verabredung des Umfangs einzelner Sprecherbeiträge

Durch diese Verabredungen oder Vereinbarungen wird der Sprecherwechsel zentral bestimmt. Die Kommunikation – einschließlich des Sprecherwechsels – verläuft nach festen Regeln. Dabei kann, wie in der Parlamentsdebatte, fast alles reguliert sein, ausgehandelt im Ältestenrat, formal festgelegt in der Geschäftsordnung, überwacht vom Diskussionsleiter – hier der Parlamentspräsident –, dessen Funktionen sich in der »Diskussion« im Normalfall auf formale Diskussionseröffnung und -beendigung sowie auf den Satz »das Wort hat der Abgeordnete XY« beschränkt. (Es gibt natürlich auch »bewegte« Debatten, vor allem, wenn die Medien dabei sind!) Es finden sich aber auch verabredete Diskussionen, in denen nur das Thema und/oder der zeitliche Umfang oder anderes im voraus festgelegt sind. Diese Verabredungen liegen *vor* der eigentlichen Diskussion. Allerdings können Reflexe dieser Verabredungen selbst explizit erscheinen. Dazu einige Beispiele:

(4) I, 168
Diskussionsleiter:
»... / /Meine Herren, ihnen allen herzlich willkommen. Beginnen wir mit den Fragen, die uns heute alle bewegen./ /Herr Heizler, sie wollten beginnen./ /«

Die Formulierung »Herr Heizler, sie wollten beginnen« läßt sich paraphrasieren in: Wir haben uns – *vor der Sendung* – darüber verständigt, daß Herr Heizler mit den Fragen beginnt, und ich fordere Herrn Heizler nunmehr auf, zu beginnen. Erkennbar wird dieser Sinn (und damit wird auch die Paraphrase legitimiert) durch die Moduswahl (Konjunktiv II). Die Verwendung des Präsens Indikativ (mit Frage-Intonation) könnte interpretiert werden mit: Herr Heizler, Sie haben sich gemeldet, bitte fangen Sie an.

(5) I, 187
Schmidt: »Das is ne halbe Antwort, Herr Strauß, können sie nicht die volle Antwort geben?/ /
Appel: Jetzt, Herr Schmidt, versetzen sie sich in die Situation der Journalisten...«

Die Äußerung des Diskussionsleiters Appel läßt sich unter dem Gesichtspunkt der Diskussionsverabredung folgendermaßen paraphrasieren: Ich möchte Sie, Herr Schmidt, daran erinnern, daß wir, dem Charakter dieser Sendung entsprechend, vereinbart haben, daß nur die Journalisten den Politikern Fragen stellen.

Noch eine letzte Stelle aus dieser Sendung »Journalisten fragen – Politiker antworten«, eine Diskussion – oder wie immer man diesen Mischtyp bezeichnen will –, die mir für Veranstaltungen typisch erscheint, die innerhalb eines festen Programmschemas stehen:

(6) I, 187 f.
Appel: »... / /Es tut mir leid, daß ich hier abbrechen muß, und ich komme hoffentlich nicht in den Verdacht, daß ich jetzt ein Thema abbrechen will, aber ich werde hier ständig von den ... Herren der Kamera gedrängt/ / ...«

Hier könnte man paraphrasieren: Wir haben vereinbart, die Sendezeit einzuhalten. Die Sendezeit ist bereits überschritten. Daher muß ich an dieser Stelle eingreifen und die Diskussion abbrechen.

Daß Sprecherwechsel und Organisiertheit der Diskussion *direkt* zusammenhängen, geht daraus hervor, daß sich ein Teil der Vorausplanung mit dem Sprecherwechsel befaßt: Der Einsatz eines *Diskussionsleiters* bedeutet u.a.: einen der Diskussionsteilnehmer mit dem Privileg auszustatten, Sprecherwechsel jederzeit, auch mit den Mitteln Unterbrechung und Wortentziehung, herbeiführen zu dürfen. Das Institut »Rednerliste«, in jeder geschriebenen und ungeschriebenen Geschäftsordnung vorhanden, legt den Sprecherwechsel unter dem Gesichtspunkt einer zeitlichen Reihenfolge der Meldungen zum Sprechen fest. Eine festgelegte Redezeit – oft Bestandteil von Geschäftsordnungen oder Vereinbarungen – automatisiert quasi den Sprecherwechsel.

Im Gegensatz zu diesen und weiteren Regelungen zum Sprecherwechsel stehen die gleichsam natürlichen Verfahren in »ungebundenen« Diskussionen und Gesprächen. Der Übergang des Wortes vom Sprecher zum Hörer vollzieht sich hier anders, weil andere Bedingungen bestehen. Entsprechend verschieden sind – wie sich zeigen wird – die Strukturen dieser Sprecherwechsel.

### *3.2.4 Struktur von Sprecherwechseln*

#### *a) Methodische Probleme*

Sprecherwechsel werden zunächst dadurch unterschieden, ob sie durch Aufforderung oder durch Selbstwahl zustandekommen. Eine solche Unterscheidung bietet sich deswegen an, weil sich die Strukturen selbstgewählter und fremdbestimmter Sprecherwechsel relativ klar trennen lassen. Es ist nicht zu übersehen, daß Aufforderung und Selbstwahl zu den im vorigen Abschnitt angesprochenen Faktoren zu zählen sind. Es wäre nun möglich, neben Aufforderung und Selbstwahl weitere Faktoren zur Differenzierung der Struktur des Sprecherwechsels heranzuziehen. Ich möchte dies an zwei Faktoren, »Aufforderung durch Diskussionsleiter« und »Aufforderung durch Diskussionspartner«, demonstrieren:

Es lassen sich demnach folgende Fälle unterscheiden:
Erstens: Diskussion mit einem Diskussionsleiter:
- Sprecherwechsel nach Aufforderung durch den Diskussionsleiter
- Sprecherwechsel nach Aufforderung durch einen Diskussionspartner

– Sprecherwechsel durch Selbstwahl.

Zweitens: Diskussion/Gespräch ohne Diskussions-/Gesprächsleiter:

– Sprecherwechsel nach Aufforderung durch einen Diskussionspartner
– Sprecherwechsel durch Selbstwahl.

Für jeden dieser Fälle bringe ich ein Beispiel:

(7) II, 146 Sprecherwechsel nach Aufforderung durch den Diskussionsleiter

»//Herr Professor Schulte ist die Besserung der Situation dadurch zu erreichen, daß man nur neue große Krankenhäuser... hinstellt?//...

Prof. Schulte: Auf keinen Fall wäre es richtig, ...«

Der Diskussionsleiter spricht einen der Diskussionsteilnehmer direkt an, dieser ergreift auch das Wort.

(8) I, 187 Sprecherwechsel nach Aufforderung durch einen Diskussionsteilnehmer, der nicht Diskussionsleiter ist

Schmidt: »//Ich nein ich wollte Herrn Strauß ne Frage stellen//Sie sagten man kann sich irren... könnten sie das in Bezug auf ihre eigene Person positiv ausdrücken?//

Strauß: ...«

Schmidt erteilt in dieser Diskussion Strauß das Wort, obwohl er nicht Diskussionsleiter ist. Hier wird also »unter Umgehung der institutionellen Regelung der Sprecherabfolge das Prinzip der Selbstselektion« verwirklicht.[30]

(9) II, 356f. Sprecherwechsel nach Selbstwahl in Diskussionen mit Diskussionsleiter

AE (≠Diskussionsleiter): »... und damit einen gewissen, sagen wir, politischen Druck auszuüben. Ich hielte das für vernünftiger als den Weg... über den Kompromiß, wie gesagt//

AF (≠Diskussionsleiter): Politischem Sog würde ich sagen, nicht politischem Druck, ja?//...«

Hier ergreift – ohne daß der Diskussionsleiter sich einschaltet – derjenige das Wort, der sich angesprochen fühlt und vielleicht auch angesprochen ist. Eine Aufforderung liegt aber nicht vor. Person AF bestimmt sich selbst zum Sprecher.[31]

(10) I, 221 Sprecherwechsel nach Aufforderung durch einen Partner in Diskussionen/Gesprächen ohne Diskussions-/Gesprächsleiter[32]

Sprecherin: »...//Denn die Ehe ist, wie man so sagen kann... eine christliche Einrichtung oder nicht?//

Sprecher: ...«

Durch die Verwendung einer Frage – die hier am Schluß des Sprecherbeitrags durch Frageintonation realisiert ist – gibt die Sprecherin ihrem Diskussionspartner zu verstehen, daß er zu dem angesprochenen Problem doch Stellung nehmen möge. Dies ist eine Aufforderung zum Sprechen, der auch vom Partner Folge geleistet wird.

(11) I, 238 Sprecherwechsel durch Selbstwahl in einer Diskussion ohne Diskussionsleiter

Sprecherin: »... so sind sie ja viel eher bereit in einem solchen Augenblick nun alles aufzugeben.//Und das halt ich für zu gefährlich.//

Sprecher: Und da meine ich, daß es eben bei intellektuellen Menschen besonders... das Gespräch ist, wo man die Mißverständnisse... klären kann//...«

Eine direkte Aufforderung liegt nicht vor, die Sprecherin beendet ihren Sprecherbeitrag, der Sprecher beginnt den seinigen.

Den Beispielanalysen ist zu entnehmen, daß die zusätzlich eingeführten Faktoren nicht zu weiterführenden Erkenntnissen hinsichtlich der Unterscheidung der Struktur von Sprecherwechseln führen. Ich lasse sie daher im weiteren systematisch außer acht und beschränke mich auf die prinzipielle Dichotomie »Selbstwahl« und »Aufforderung«, wobei bei der Einzelanalyse – soweit es erforderlich ist – diese und andere Faktoren selbstverständlich mitberücksichtigt werden.

### *b) Sprecherwechsel nach Aufforderung*

1. Zwei Aspekte der Steuerung: thematisch und personell. Beim Sprecherwechsel nach Aufforderung gehe ich prinzipiell davon aus, daß ein Sprecher – entweder als Diskussionsleiter oder als selbsternannter Aufforderer – den Dialog (Gespräch oder Diskussion) steuern, seinen Gang beeinflussen will. Mehr oder weniger. Diese Dialogsteuerung hängt wesentlich von den Absichten ab, mit dem der Dialog

geführt wird. Ein gerade für öffentlich geführte Diskussionen charakteristischer Zweck besteht darin, Informationen über bestimmte Probleme zu erhalten. In einer solchen Diskussion obliegt es dem Diskussionsleiter, den Dialog so zu steuern, daß möglichst viele neue und möglichst relevante Informationen bekannt werden. Prinzipiell ist der Sprecherwechsel nach Aufforderung unter zwei Aspekten zu sehen: Themafixierung und Bestimmung des Nachfolgesprechers. Anders formuliert: Eine Steuerung des Dialogs erfolgt dadurch, daß ein bestimmter Dialogteilnehmer aufgefordert wird, zu einem bestimmten Thema etwas zu sagen. Diese beiden Aspekte erscheinen mir für den Sprecherwechsel nach Aufforderung zentral und als Mittel der Dialogsteuerung von allergrößter Wichtigkeit.

2. Die Standardform: Frage plus Anrede. Die Standardform der Themafixierung und der Bestimmung des Nachfolgesprechers besteht in der Frage- plus Anredeform. Im umfangreichen Textband II sind nach Untersuchungen von Hewer (1976)[33] in den Sprecherwechseln nach Aufforderung rund 63% Fragen und 53% Anredeformen enthalten. Ich möchte hier ein längeres Beispiel ungekürzt zitieren, um die beiden Aspekte der Diskussionssteuerung in der Standardform Frage plus Anrede deutlich zu machen:

(12) II, 79f.
»Ja, meine meine[34] Damen und Herren, die sie da draußen zuhören, und die sie in der Zwischenzeit angerufen haben hier bei uns, wir haben mal zwei Themen zur Diskussion gestellt//einmal das der Geschwindigkeitsbegrenzungen, ja oder nein, wobei man zum ersten Thema noch einiges sagen könnte. Ich denke beispielsweise daran, daß man fordert, man solle auch auf dreispurigen Autobahnen Richtgeschwindigkeiten oder Mindestgeschwindigkeiten für einzelne Fahrbahnen anordnen. Nun das sei dahingestellt, ob es dazu jemals kommen wird// Wir haben das andere sehr leidige Thema und das viel leidigere, glaube ich, als das der Geschwindigkeitsbegrenzungen in puncto Verkehrsunfallrettungsdienst hier gehört// Sie rufen an draußen// und letzte Frage, bevor wir die ersten Höreranfragen hier zu Worte kommen lassen wollen und behandeln wollen im Expertenkreis, der hier bei mir sitzt// Doch vielleicht noch, Herr Seefeld, die Frage, die sie eben schon anschnitten, man muß endlich zu einer Koordinierung kommen. Das zum Schluß zu diesem Thema// Wie

denn nun, wenn es der Bundesverkehrsminister allein nicht kann, sollte sich eine ständige Konferenz der Länderinnenminister, oder wer immer dafür zuständig sein muß, endlich nun mal mit dem Bundesverkehrsminister koordinieren, um auf breiter Basis etwas tun zu können// Denn alleine nur die Forderungen zu erheben, damit ist ja gar nichts getan//
Seefeld: ...«

Die Struktur dieses Sprecherbeitrags des Diskussionsleiters ist klar und ausgeprägt. Er leitet einen Sprecherwechsel nach Aufforderung ein mit eindeutiger Festlegung des Nachfolgesprechers. Zur Struktur des Sprecherbeitrags:

1. Formales Resümee der bisherigen Diskussion: Es wurden bisher die beiden Themen Geschwindigkeitsbegrenzung und Unfallrettungswesen diskutiert.
2. Allgemeine Themafixierung mit erster Frageankündigung: Das eine Thema soll nur noch kurz in einem bestimmten Punkte diskutiert werden.
3. Weitere Einengung des Themas (»Koordinierung«) mit weiterer Frageankündigung und der Bestimmung des Nachfolgesprechers durch direkte Anredeform (= Namensnennung: »Herr Seefeld«).
4. Endgültige und präzise Themafixierung als Frage.
5. Legitimierung und Begründung der Frage.

Ein weiteres kurzes Beispiel, in dem auf knappstem Raum prinzipiell die gleiche Struktur realisiert wird:

(13) I, 180
»Herr Präsident Doktor Gerstenmaier, ich formuliers kurz, wird das Parlament zur Ohnmacht verurteilt sein?//«

Nachfolgerbestimmung, Ankündigungsformel mit Hinweis auf den Umfang der Frage, die Frage – dies ist die Standardform der Einleitung des Sprecherwechsels nach Aufforderung.

3. Weitere Realisierungsmöglichkeiten der Kategorien »Frage« und »Anrede«. Jede Aufforderung zum Sprechen muß grundsätzlich Personen- und Themenfixierung enthalten. Jedoch sind die Oberflächenformen dieser notwendigen Bestandteile der Aufforderung verschieden. Als Standardform der Personenfixierung sehe ich die direkte An-

rede an, die Themenfixierung geschieht in der Standardform durch die Frage. Es spielen aber in diesem Zusammenhang neben sprachlichen auch nonverbale und situative Mittel eine Rolle. Dies gilt für die Festlegung des Nachfolgesprechers. Neben der Namensnennung, die von nonverbalen Elementen begleitet werden kann, treten folgende Oberflächenformen auf:

- Personalpronomina mit nonverbaler Äußerung (z. B. Zeigen auf eine bestimmte Person)
- Personalpronomen ohne nonverbale Äußerung. Dies ist beispielsweise dann möglich, wenn sich innerhalb einer Diskussion mit mehr als zwei Teilnehmern ein Zwiegespräch entwickelt und die Aufforderung zur Wortergreifung »keinen Hinweis der Bezugnahme auf einen anderen Diskussionsteilnehmer« enthält (Hewer, 1976, S. 25).
- Berufsbezeichnung des Angesprochenen (hier mit Einbeziehung der Situation):

(14) II, 316
»Sie sind Erziehungswissenschaftler, wie sind da die Ergebnisse etwa?//«

Die situative Komponente besteht hier darin, daß die Diskussionsteilnehmer wissen, es gibt nur einen Erziehungswissenschaftler in der Runde und dies ist der Herr XY.

- Bezeichnung des Wohn- oder Dienstortes des Angesprochenen (wie sagt man in Münster dazu?)
- Geschlechtsspezifische Benennung: was meint dazu unser männlicher Diskussionspartner?
- Räumliche Festlegung: Die Dame mit dem grünen Kleid in der ersten Reihe links.

Diese Aufzählung ist sicher nicht vollständig. Darauf kommt es auch hier nicht an. Wichtig erscheint mir, daß die Bestimmung des Nachfolgesprechers in ganz verschiedenen Oberflächenformen realisiert werden kann. Sie erfolgt in aller Regel eindeutig. Es werden verbale, nonverbale und situative Mittel eingesetzt. Sie können miteinander kombiniert auftreten.

Zur Themafixierung:
Die zugrundeliegende Frage muß an der Oberfläche nicht unbedingt als grammatische Frage realisiert sein. (Obwohl statistische Untersu-

chungen erwiesen haben – siehe Hewer 1976 –, daß die Kategorie der Frage in der ganz überwiegenden Zahl der Fälle auch tatsächlich als grammatische Frage realisiert wird.) Weitere Realisierungsmöglichkeiten:

- Ingeltunghalten des vorgängigen Themas, indem nur der Nachfolgesprecher bestimmt wird:

(15) II, 147
Diskussionsleiter: »Herr Fischer//
Fischer: ...«

In solchen Fällen gilt die Konvention, daß der solchermaßen Angesprochene (man weiß nicht, ob er sich nonverbal gemeldet hat) zu den Äußerungen des Vorredners oder zu dem in Geltung befindlichen Thema Stellung nimmt. Eine Paraphrase würde hier lauten: Bitte nehmen Sie Stellung zu den Äußerungen von Herrn X. Oder: Wie sehen Sie, Herr Fischer, dieses Problem? Es sei in diesem Zusammenhang noch angemerkt, daß die Nachfolgerbestimmung *nur* mit nonverbalen Mitteln vor sich gehen kann, sodaß sprachlich weder der Nachfolger noch das Thema in Erscheinung treten. Möglich ist dies beispielsweise, wenn der Diskussionsleiter stumm den Nachfolgesprecher mit einer Handbewegung zum Sprechen einlädt.
In diesen Fällen der Themafixierung durch Ingeltunghalten des Themas ist die inhaltliche Steuerungsfunktion des Diskussionsleiters stark reduziert.

- Sprachliche Imperative (nehmen Sie, Herr Fischer, dazu doch bitte einmal Stellung).
- Partikel (vor allem »ja« und »bitte«) in Verbindung mit nonverbalen Äußerungen (I, 139, 142). Auch in diesen Fällen wird das vorangehende Thema in Geltung gehalten und der Nachfolgesprecher aufgefordert, dazu etwas zu sagen.

Auf die Aufzählung weiterer Oberflächenformen wird verzichtet. Sie lassen sich sämtlich zurückführen auf Themafixierung oder auf Ingeltunghalten des Themas.

### *c) Sprecherwechsel durch Selbstwahl*

1. Einige Unterscheidungen. Beim Sprecherwechsel durch Selbstwahl lassen sich die beiden oben schon erwähnten Fälle unterscheiden:

Der Sprecherwechsel geschieht *durch eine Unterbrechung*, die zeitweiliges simultanes Sprechen mehrerer Sprecher zur Folge hat. Der Sprecherwechsel tritt *ohne Unterbrechung* ein, das heißt, nachdem ein Sprecher seinen Sprecherbeitrag beendet hat, beginnt ein anderer Sprecher mit Sprechen. Äußeres Kennzeichen dieser unterschiedlichen Selbstwahlen ist also das Auftreten bzw. Nichtauftreten simultaner Redesequenzen.

Eine weitere Unterscheidung, die hier von Nutzen ist, ist die zwischen Dialogen mit zwei und Dialogen mit mehr als zwei Teilnehmern. Diese Unterscheidung erlaubt eine Klassifizierung simultaner Redesequenzen aufgrund verschiedener Ursachen. In einer Diskussion mit zwei Teilnehmern bedeutet simultanes Sprechen in der Regel, daß sich die beiden Dialogteilnehmer ums Wort streiten. Es besteht zeitweilig keine Klarheit über die Rollenverteilung, beide Dialogteilnehmer stehen in Konkurrenz um die Sprecherrolle. In einer Diskussion mit mehr als zwei Teilnehmern kann dieser Fall natürlich auch eintreten. Es gibt darüberhinaus aber noch einen zweiten Konkurrenzfall, der vom ersten deutlich unterschieden ist: Ein Sprecher beendet seinen Sprecherbeitrag, ohne daß er unterbrochen worden ist. Er hat keinen der Hörer als Nachfolgesprecher festgelegt. Wenn in diesem Falle bei den Hörern Unklarheit darüber besteht, wer denn nun »an der Reihe ist« mit Sprechen, oder wenn mehrere Hörer gleichzeitig das Wort ergreifen wollen, dann tritt ebenfalls simultanes Sprechen auf.

Es handelt sich also im ersten Fall um eine Konkurrenzsituation, in der ein vormaliger Sprecher und ein vormaliger Hörer um die Sprecherrolle kämpfen. Im anderen Falle stehen mehrere Hörer in Konkurrenz um die Sprecherrolle.

2. Selbstwahl mit Unterbrechung

Kurzbeschreibung und Beispiele:

Was heißt Unterbrechung? Zwei Aspekte sind hier von Bedeutung: Der Sprecher hat seinen Sprecherbeitrag noch nicht beendet, und er hat die Absicht, weiterzureden. Ein Hörer hat die Absicht, einen Sprecherbeitrag zu beginnen, der Sprecher ist noch nicht mit seinem Sprecherbeitrag zu Ende und der Hörer macht den Versuch, den Sprecher zu veranlassen, mit Sprechen aufzuhören. Da der Sprecher in der Regel nicht gleich (oder überhaupt nicht) aufhört mit Sprechen, wenn der Hörer einen Unterbrechungsversuch macht, kommt es zu mehr oder weniger langen simultanen Redesequenzen.

Einige Beispiele:

(17) I, 191

Gerstenmaier: ». . . / / und ich würd es für einen Gewinn halten, wenn das nun auch in der

| deutschen Öffentlichkeit geschehen könnte / / |

Schmidt: | ich glaube nicht ich glaube nicht, Herr Gerstenmaier, daß das eine Interpretation ist |

die von allen fünfhundert Mitgliedern . . . des Hauses so geteilt würde / / . . .«

Simultan gesprochen werden die Sequenzen:

1. deutschen Öffentlichkeit geschehen könnte
2. ich glaube nicht ich glaube nicht, Herr Gerstenmaier, daß das eine Interpretation ist.

Der Unterbrechungsversuch ist erfolgreich, denn Schmidt – der vorher Hörer war – erobert durch die Unterbrechung das Wort. (Es handelt sich um den Fall 2 des Sprecherwechsels.).

(18) I, 222

Sprecher: ». . .// aber die Ehe selbst ist meiner Ansicht nach also das Natürlichste und das Ursprünglichste

Sprecherin: | einer | Gesellschaft

Sprecherin: | ooh | (das)

Sprecher: (denn aus der

| Ehe ist) |

Sprecherin: | //oh nein (das das möcht ich noch |

möchte) würdest du das wirklich sagen das Ursprünglichste das Natürlichste?//. . .«

Dieses Beispiel ist besonders interessant, weil die Unterbrechung gleichsam systematisch angewandt wird: Sie erfolgt in mehreren Etappen, bis zur erfolgreichen Worteroberung. Die beiden Diskussionsteilnehmer stimmen offenbar nicht überein in der Beurteilung der Geschichte und Bedeutung der Ehe (dies wird durch das Gesamtgespräch bestätigt[35]). Der Sprecher behauptet ihre Natürlichkeit, die Sprecherin versucht den Sprecher mit einem langen »ooh« zu unterbrechen. Der Sprecher spricht aber zunächst einmal weiter, er artikuliert noch das Wort »Gesellschaft« und macht dann eine kurze Atempause. Die

Sprecherin versucht nun mit einem »das« in diese Atempause hineinzuspringen, um einen Sprecherwechsel zu bewerkstelligen. Streng genommen handelt es sich bis hierhin bereits um zwei Unterbrechungsversuche, einmal durch »ooh«, simultan zu »einer« gesprochen, einmal durch »das«, das in eine Atempause hinein gesprochen wird. Der erste Versuch wird abgewehrt, der Sprecher spricht weiter. Der zweite Versuch wird ebenfalls abgewehrt, denn der Sprecher nimmt nach der kurzen Pause erneut das Wort (»denn aus der Ehe ist«).

Die Sprecherin unternimmt nun einen dritten Versuch, der dann auch erfolgreich ist: Dieser Versuch beginnt mit einem »oh nein« und verläuft simultan mit der Sequenz: »Ehe ist«. Der Sprecher gibt hier auf, seine Äußerung bleibt unvollendet. Die Sprecherin hat ihrerseits Mühe, eine kommunizierbare Äußerung zustande zu bringen: Sie befindet sich noch zu sehr in der Phase der Worteroberung, als daß sie sofort ihren inhaltlichen Einwand gegen die Äußerungen des Sprechers bringen könnte. Erst nach mehreren Anläufen gelingt ihr eine weiterführende Äußerung.

Einige Gründe für den Sprecherwechsel durch Unterbrechung:

Ich gehe bei der folgenden Darlegung davon aus, daß es sich jeweils um argumentative Dialoge handelt, d. h. die Dialogteilnehmer prüfen die von den jeweiligen Partnern »gemachten Behauptungen und die in ihnen enthaltenen Voraussetzungen und gehen durch die Wahl einer speziellen Alternative auf diese Behauptungen ein.[36]

A) Ein Hörer kann nun einen Sprecher unterbrechen, um ein *direktes Gegenargument* anzubringen. Das bedeutet, daß der Hörer genau an der Stelle, wo sein Gegenargument inhaltlich paßt, dieses anbringt, unabhängig davon, ob nun der Sprecher seinen Sprecherbeitrag beendet hat oder nicht. In dieser Weise sind die Beispiele (17) und (18) zu werten. Ein weiteres Beispiel hierzu:

(19) I, 222f.

Sprecher: »Sicher, aber sie haben schließlich auch eine Ehe gehabt, ja?// Sie hatten bestimmt unter den vielen Frauen eine (...) die ihnen besonders zugetan ist ja?//
| (also ich meine) |

Sprecherin: | //ja aber, das ist doch |
noch nich das ist doch noch nich Ehe//...«

Genau an der Stelle wird der Widerspruch der Sprecherin in die Rede des Sprechers gesagt, wo er sich inhaltlich *unmittelbar* anschließt. Dabei berücksichtigt die Sprecherin nicht, ob der Sprecher mit seinem Beitrag fertig ist oder nicht. Der Unterbrechende versucht damit, den Dialog in seinem Sinne zu lenken.

B) Einen weiteren Grund will ich *Antizipation* nennen. Der Unterbrechende antizipiert den Fortgang der Rede des Partners, er sieht das Ende des Sprecherbeitrags voraus. Der Unterbrechende nimmt also an, daß er weiß, was der Partner sagen will und fällt ihm ins Wort. Dabei kann es sich um ziemlich sichere Voraussagen handeln, wo also das Ende eines Sprecherbeitrags eindeutig vorhergesagt werden kann, wie dies im folgenden Beispiel der Fall ist. Der Diskussionsleiter Appel unterbricht zunächst den Diskussionsteilnehmer Schmidt (Unterbrechungsgrund: das direkte Gegenargument). Appel wird dann seinerseits von Schmidt unterbrochen, weil Schmidt Appels Gedanken voll antizipiert.

(20) I, 171

Appel: »Herr Schmidt, mein Blick geht gerade ... zu Herrn Franz Josef Strauß ... / / Dort haben die Sozialdemokraten zusammen mit den Freien Demokraten und dem BHE auch schon
| mal / / |
Schmidt: | vor zehn Jahren / / |
Ich bin nich sicher, ob es überhaupt ne gute Sache is, wenn sich Kleinere zusammentun, um den Großen, der eine Wahl gewonnen hat, auszuheben ...«

Der komplette Sinn dessen, was Appel sagen *will*, wird von Schmidt korrekt antizipiert (Appels Ende der Äußerung hätte folgendermaßen formuliert sein können: »Die größte Partei und den Wahlsieger ausgebootet«) und voll in seinen eigenen Sprecherbeitrag eingebracht.

Die Antizipation kann aber auch ein längeres Stück – möglicherweise ganze Argumentationsketten und -schemata) umfassen. Im folgenden Beispiel ist die Antizipation eine Einräumung. Die Sprecherin muß aufgrund von Argumenten des Partners eingestehen, daß sie sachlich Unrecht hat: Nicht erst mit dem Christentum, wie es die Sprecherin behauptet hatte, ist die Institution der Ehe gegründet worden, sondern schon viel früher. Ehe nun der Partner dazu kommt, seine Argumente gegen diese sachlich falsche Anschauung voll auszubreiten, d. h. hier, sein Wissen über historische Verhältnisse darzulegen, fällt ihm die Sprecherin ins Wort: Ihr selbst wird klar, bevor der Partner dies explizit ausgeführt hat, daß sie sachlich im Unrecht ist, und macht sich nun dessen Argumente zu ihren eigenen.

(21) I, 227

Sprecher: »...sie hatten doch auch nur ein
| ein eine die Römer haben ja
| auch nur eine Frau gehabt//
Sprecherin: | Ja, ja, die griechische
Antike// oder überhaupt die griechische Mythologie// denk doch Zeus und seine Hera//...«

Argumenteinfügung und Vorwegnahme von erschließbaren Inhalten – auf diese Gründe lassen sich die meisten Unterbrechungen zurückführen.

C) *Konkurrenz zwischen Hörern:* Evident, weil der allgemeinen Erfahrung angehörig, ist der schon angedeutete Konkurrenzfall, daß nach Beendigung eines Sprecherbeitrags gleichzeitig mehrere Hörer mit Sprechen einsetzen und eine simultane Redesequenz erzeugen. Solche Sequenzen, die gemeinhin als »Durcheinandersprechen« bezeichnet werden, sind nur schwer darzustellen und präzise zu erfassen.

(22) I, 191 f.

Gerstenm.: »... // Was ich heute nachmittag jedenfalls von Amts wegen zu machen zu machen hatte //
Schmidt: | Herr Gerstenmaier wir haben sie nicht |
Appel: | Moment |
Strauß: | (Man muß das auf eine andere) |
Schmidt: Augenblick, wir haben sie nicht zur Koalitionsfrage gemacht ...«

Nachdem Gerstenmaier am Schluß seiner Rede – antizipatorisch – unterbrochen wird (im Beispiel nicht zitiert), wobei er seinen Sprecherbeitrag noch simultan beendigt, beginnen Schmidt, Appel (entgegen der Freiburger Transkriptionsfassung) und Strauß, zwar nicht ganz genau, aber doch fast gleichzeitig zu reden. Sicher ist jedenfalls, daß sich ihre Stimmen zeitweilig überlagern. Es ist sehr schwer, genau zu erkennen, wann wer mit der Rede beginnt, es herrscht ein Stimmengewirr. Nach dem Sprecherbeitrag von Gerstenmaier besteht keine Klarheit darüber, wer mit Reden an der Reihe ist. Für jeden der sich ums Wort bemühenden Sprecher lassen sich gute Gründe dafür finden, daß er an der Reihe ist.

Schmidt: weil er von Gerstenmaier direkt angesprochen wird. Schmidt ist also der von Gerstenmaier bestimmte Nachfolgesprecher. Er reagiert auch zuerst und setzt sich schließlich durch.

Appel: Er hat als Diskussionsleiter für einen geordneten Ablauf der Diskussion zu sorgen, er ist u. a. dafür verantwortlich, daß die Diskussion auch akustisch verständlich bleibt. Dies ist nicht gewährleistet, wenn mehrere Diskussionsteilnehmer gleichzeitig sprechen. Appels »Moment« stellt den Versuch dar, die Simultaneität zu beenden.

Strauß: Er ist schließlich persönlich betroffen. Es geht um ihn als Person (Spiegelaffäre). Deswegen hat er allen Grund, sich hier einzuschalten.

Allgemein läßt sich also hier festhalten: immer dann, wenn ein Sprecherbeitrag im Hinblick auf die Bestimmung des nächsten Sprechers mehrdeutig endet, besteht die Wahrscheinlichkeit, daß sich mehrere Hörer gleichzeitig ums Wort bemühen. Wer sich schließlich durchsetzt, hängt wesentlich von den Mitteln ab, die er zur Wortergreifung einsetzt, und von seinem sozial-positionellen Status.[37]

Ein interessanter Sonderfall der Hörerkonkurrenz liegt in einer bestimmten Situation des Zweiergesprächs, gleichgültig, ob dies in einen größeren Diskussionsrahmen eingebettet oder als solches angelegt ist: Dann nämlich, wenn der Sprecher seinen Sprecherbeitrag beendet hat, dies auch deutlich durch eine Aufforderung in Form einer Frage zeigt und überdies nicht weiterspricht (eine Pause tritt ein), der Hörer auch tatsächlich seine Rolle zu wechseln beginnt, indem er zum Sprechen ansetzt, und dann der ursprüngliche Sprecher doch noch einmal das Wort nimmt, um seinen Sprecherbeitrag zu ergänzen. Dies ist im folgenden Beispiel der Fall. Hervorzuheben ist noch, daß es sich um einen längeren Sprecherbeitrag der Sprecherin handelt, nach flüchtigem Überblick um den längsten, knapp zwei Minuten lang mit einer Zahl von 317 Wörtern. Die Sprecherin kann diesen Sprecherbeitrag störungsfrei realisieren. Der Diskussionspartner versucht keine Unterbrechung. Ich zitiere nur das Ende des Sprecherbeitrags der Sprecherin und die folgenden Übergangsstellen:

(23) I, 232

Sprecherin: ». . . //Na ja gut, dann nimmt man das Nächstliegendste und läßt sich scheiden// Und was geschieht dann mit den Kindern?//

Gesprächspause von 6 Sekunden

Sprecher: (Also für mich persönlich)

Sprecherin: Ich ja gut ich darf
| noch eins da hinzufügen, entschuldige bitte, |

Sprecher: | (könnt ich) ja bitte |

Sprecherin: wenn du mich jetzt um meine persönliche Ansicht fragst. . .«

Die Anzeichen für eine Aufforderung, der Partner möge das Wort ergreifen, ist eindeutig. Der Sprecher beginnt auch mit einem Sprecherbeitrag, wenn auch nur zögernd. Die Sprecherin springt in eine Zögerungspause (die *kein* Signal zur Aufforderung zum Sprechen darstellt) des Sprechers, um doch noch weiterzusprechen. Der Sprecher seinerseits will nun aber weiterreden, er wähnt sich an der Reihe. Es entsteht eine simultane Sequenz. Daß der Sprecher eigentlich an der Reihe ist mit Sprechen, wird von der Sprecherin bestätigt, indem sie nämlich innerhalb der simultanen Sequenz explizit unter Verwendung einer Höflichkeitsfloskel (»entschuldige bitte«) darum bittet, noch etwas hinzufügen zu dürfen.

Ein längst fälliger und auch bereits eingeleiteter Sprecherwechsel wird zurückgestellt.

Gründe für ein derartiges simultanes Sprechen liegen darin, daß dem Sprecher nach formaler Beendigung seines Sprecherbeitrags noch etwas einfällt. Dies kann ein normaler »nachträglicher« Gedanke sein, oder aber ein Nachtrag, der ausgelöst worden ist durch die beginnende Rede des Partners, die dann noch schnell gestoppt wird. Ich ordne Fälle dieser Art hier ein, weil durch (zumindest formale) Beendigung des Sprecherbeitrags (6 Sekunden Pause ist für eine lebhafte Diskussion wie die vorliegende ungewöhnlich viel Zeit und ein deutliches Zeichen für den Abschluß eines Sprecherbeitrags) sich der Sprecher selbst in den Hörerstand versetzt hat, der Hörer aber noch nicht zum Sprecher geworden ist. Sechs Sekunden lang hat das Zwiegespräch paradoxerweise zwei Hörer, aber keinen Sprecher.

*Formen der Worteroberung und Redebehauptung:*
Es gibt eine Reihe standardisierter Unterbrechungsformen, mit denen Hörer versuchen, das Wort zu erobern, einen Sprecherwechsel herbeizuführen. Dabei wirken sprecherische und sprachliche Mittel zusammen. Charakteristisch erscheint mir zunächst, daß der Unterbrechende kaum je eine bloße »thematische Unterbrechung« versucht, um das Wort zu erobern. Selbst bei der Unterbrechung des Typs »das direkte Gegenargument« ist, wie unten gezeigt wird, mindestens ein nicht-thematisches Element vorgeschaltet.

Zunächst noch eine Bemerkung zum Zusammenhang von Worteroberung und Redebehauptung: Eine erfolgreiche Worteroberung ist zugleich auch immer eine erfolglose Redebehauptung. Eine erfolgreiche Redebehauptung ist immer zugleich eine erfolglose Worteroberung. Die Mittel, mit denen die Rede behauptet und das Wort erobert wird, sind im Prinzip gleich. Es bestehen demnach komplementäre Zusammenhänge zwischen erfolgreicher Worteroberung und erfolgloser Redebehauptung wie zwischen erfolgreicher Redebehauptung und erfolgloser Worteroberung.

a) Das häufigste Mittel der Worteroberung – allein oder in Verbindung mit anderen – besteht in der *Erhöhung der Lautstärke.*

(24) I, 157

Sprecher 1: »... / / Aber in der Beschreibung kommen sie doch sehr stark ans provozierende Tabueinreißen ran in der Beschreibung
wie s gemacht wird / / Wie gesagt, wie gesagt, mir war s unangenehm, als ich s gelesen hab / /
Grass: Ja aber das liegt ja nicht am am am am Abortus, sondern daß ich den Nekrolog in Heidegger-Deutsch schreibe / /«

Grass unterbricht einen Diskussionsteilnehmer, indem er mit einer Partikel seinen eigenen Sprecherbeitrag beginnen läßt, seine Stimme lauter werden läßt, bis er dem Sprecher das Wort entwunden hat. Ein sehr eindrucksvolles Beispiel, wo eine erfolgreiche Unterbrechung mit fast sich überschlagender Stimme vorkommt, findet sich in der Diskussion über die Ehe.

(25) I, 238f.

Sprecher: »Und da meine ich, daß es eben bei intellektuellen Menschen... das Gespräch ist, wo man die Mißverständnisse oder dieses Müde-Sein klären kann//... Und zum andern nicht nur klären kann, sondern zum andern auch feststellen kann, schön [gefüllte Pause] ihre [Pause] körperlichen und ihre äußerlichen Reize, die sprechen mich nicht mehr an// (aber
| sie hat immerhin schon) |

Sprecherin: | Das sag mal deiner |
Frau, is se intellektuell oder nich, du da biste für die immer erledigt// ...«

Die Sprecherin reagiert an dieser Stelle sehr erregt, offenbar, weil sie in ihrem weiblichen Rollenverständnis so verletzt ist, daß sie ihren Partner überlaut unterbricht und ihm dann sarkastische Vorwürfe macht. (Die Pausen in der Rede des Sprechers deuten auf eine Antizipation der Vorwürfe hin).

b) Typische *sprachliche* Unterbrechungsformen sind:

- Unterbrechungsstereotypen (»Moment«, »Augenblick mal«, »Entschuldigung« u. a.)
- Zitieren des Partners (indem bestimmte, meist die unmittelbar vorangehenden Worte des Partners wieder aufgenommen werden)
- Konstruktionsübernahme
- Wiederholungen
- Anredeformen

Diese sprachlichen Formen können teilweise auch kombiniert auftreten. Etwa so: Wiederholung und Zitat; Zitat und Anrede; Wiederholung und Anrede. Ich kann hier nicht alle Formen in Beispielen vorführen, ich beschränke mich auf einige typische Beispiele. Zunächst ein längeres Textstück aus dem Streitgespräch Nannen – Löwenthal, in dem verschiedene Unterbrechungsformen vorkommen und die Unterbrechung selbst thematisiert ist.

(26) II, 265, f.[38]

L | »... für mich sind diese Vorgänge abgeschlossen. |
N | Herr Löwenthal, auch dazu muß ich Ihnen eines sagen |
L Aber wenn es um Aktivisten geht

| wenn es um Aktivisten geht, dann |
N | Herr Löwenthal, Herr Löwenthal |
lassen sie
| Mich dazu |
L | Ein Moment |
N etwas sagen.
L Sie können
| sofort sagen. Darf ich zu Ende reden? |
N | Es gibt keinen einzigen |
Fall im
| Stern, in dem jemand |
L | Darf ich zu Ende reden? |
N angegriffen worden ist, weil er früher ein Nazi war. Im Fall
| Lübke habe ich |
L | Aber ich darf sie bitten |
N ausdrücklich geschrieben, es liegt mir fern in einem Volk
| in dem immerhin neunzig |
L | Aber ich darf sie bitten |
N Prozent Hitler gewählt haben, einen Mann wegen seiner nationalsozialistischen Vergangenheit anzugreifen, wenn er nicht Blut an den Händen hat . . .«

In diesem Beispiel kommen Worteroberungen und Redebehauptungen vor. – Obwohl dieses Redestück durch überwiegendes simultanes Sprechen gekennzeichnet ist und beide Diskussionsteilnehmer (»Diskussionspartner« wird man hier wohl nicht sagen) laufend Unterbrechungsversuche machen, kann man dennoch erkennen, daß nur einer der beiden Diskussionsteilnehmer erfolgreich ist, nämlich Nannen, weil er seinen Gedankengang zu Ende bringt.

Es treten folgende Unterbrechungsformen auf:

- Stereotypen (»ein Moment«, »darf ich zu Ende reden?«, »aber ich darf sie bitten«)
- Wiederholungen (»Herr Löwenthal, Herr Löwenthal«)
- Anredeformen (kombiniert mit Wiederholungen)

Die Unterbrechung erscheint in dem gesamten Streitgespräch als taktische Waffe, die dazu dient, den anderen zu stören, ihn sich nicht entfalten und Argumente erst gar nicht aufkommen zu lassen. Weitere Beispiele für Wiederholungen als Mittel der Unterbrechung sind die oben zitierten Beispiele (17) und (20). Die expliziteste Unterbrechungsform ist die Stereotype: »Entschuldigen Sie, wenn ich Sie unterbreche«. Sie ist im Korpus mehrfach belegt.

(27) II, 165
Sprecherin 1: ». . . sie wollte unbedingt auf das
| humanistische Gymnasium damals gehen / / |
Sprecherin 2: | Entschuldigung, daß ich unterbreche, sie empfinden ihre |
Tochter als schwierig oder als nicht schwierig? / /«

Ebenso Beispiel (16), allerdings ohne simultane Sequenz. Die Unterbrechungsfloskel wird in eine Pause gesprochen.

(28) II, 300
1. Sprecher: ». . . daß man also einen Hauptakzent dann setzt auf die Entwicklung . . . und einen Nebenakzent auf diese
| auswärtige Kulturpolitik / / |
2. Sprecher: | Auf die auswärtige |
Kulturpolitik. Wir müssen uns also nun damit . . . einrichten . . .«

Die Unterbrechung geschieht hier mit dem Mittel des Zitats. Es wird in einem zustimmenden Sinne zitiert. Damit wird es dem Unterbrochenen leichter gemacht, aufs Wort zu verzichten. Ein solcher gleitender Übergang findet sich auch im nächsten Beispiel.

(29) II, 153
1. Sprecher: ». . .anstatt daß man nun alle Wege öffnet ihm, damit er besser
| eingegliedert wird / / (und) |
2. Sprecher: | Ihm hilft, ihn unterstützt / / |
| Zunächst |
wird er zurückgestoßen . . . zurückgestoßen in die Anstalten / / . . .«

Der zweite Sprecher übernimmt in simultaner Rede die Konstruktion des ersten Sprechers, macht sich diese voll zu eigen, indem sie syntaktisch präzise fortgeführt wird: zunächst Beibehaltung der Nebensatzstellung, dann Anschluß des noch fehlenden Hauptsatzes. Dabei erfolgt die Konstruktionsübernahme und die Konstruktionsfortführung wiederum in zustimmender Absicht. Hinzu kommt, daß die Unterbrechung vom Diskussionsleiter gemacht wird, der dazu auch berechtigt ist. Im unmittelbar darauffolgenden Diskussionsstück wird auch das Motiv der Wortübernahme deutlich: Der Diskussionsleiter will auf ein bestimmtes Thema zurückkommen und benutzt die Konstruktionsübernahme zur inhaltlichen Steuerung der Diskussion. Konstruktionsübernahmen sind Mittel des »weichen«, gleitenden Übergangs, die der Unterbrechung einiges von ihrer Schärfe nehmen.

c) *Die Mittel der Redebehauptung sind prinzipiell denen der Worteroberung gleich.* Die expliziten Formen sind semantisch komplementär. Dem »Entschuldigen Sie bitte, daß/wenn ich Sie unterbreche« entspricht auf der anderen Seite der Redebehauptung »Lassen Sie mich bitte ausreden«. Dazu das folgende Beispiel:

(30) II, 241

| | |
|---|---|
| Maier: | »das ist doch gar nicht<br>drin, am sechsten waren wir dort<br>unten und am siebten / / |
| Nannen: | Das bestreit ich doch gar nicht / /<br>Ich bitte sie lassen sie mich doch<br>ausreden / /« |

Daß gerade in der Nannen-Löwenthal-Auseinandersetzung sehr viele explizite Unterbrechungs- und Behauptungsformen vorkommen, spricht für den harten, ja geradezu feindlichen Charakter dieser Veranstaltung. Gerade der Gebrauch expliziter Unterbrechungs- und Behauptungsformen läßt darauf schließen, daß der Dialog nur mit diesem Rekurs auf die schärfsten Selbstbehauptungsmittel zu führen ist. Die Partner in einem solchen Dialog sind weniger bereit, sich gegenseitig das Recht des ungestörten Sprechens einzuräumen.

3. Selbstwahl ohne Unterbrechung

Wenn ein Sprecher seine Rede beendet hat, und wenn nach Beendigung seines Sprecherbeitrags ein anderer das Wort ergreift, dann liegt ein Sprecherwechsel durch Selbstwahl ohne Unterbrechung vor.

Diese Bestimmung ist nicht ganz unproblematisch.[39] Denn kann man in solchen Fällen tatsächlich von Selbstwahl sprechen? Ist nicht die erkennbare Beendigung eines Sprecherbeitrags implizit auch eine Aufforderung? Wo liegt die Grenze zwischen einer expliziten Aufforderung zum Wechsel der Rolle (herbeigeführt durch Anrede plus Frage) und einem Wechsel der Rolle, nachdem ein Sprecherbeitrag erkennbar beendet worden ist? Es kann durchaus so sein, daß der Sprecher will, daß nach Beendigung seines Beitrags der Hörer mit der Rede beginnt, daß aber auf Seiten des Hörers nicht (oder noch nicht) die Intention besteht, das Wort zu ergreifen. Einerseits also die Intention des Sprechers, seine Rede beendigen zu wollen, andererseits die Intention des Hörers, noch nicht anfangen zu wollen mit der Rede.

Daraus lassen sich folgende Fälle ableiten:

A) Der »Normalfall«: Der Hörer ergreift entsprechend seiner Intention das Wort. Sprachlich wird ein solcher Übergang durch direkte Aufnahme des zuvor behandelten Themas realisiert, oder es treten – nur nicht so häufig – Einleitungsformen auf. Daher bestehen zwischen den Kampfformen des Sprecherwechsels und dem »friedlichen« Übergang durchaus auch Gemeinsamkeiten.

Zunächst zwei Beispiele dafür, wie ein Sprecherbeitrag durch direkten Einstieg ins Thema eröffnet wird:

(31) I, 224
»Die Ehe ist, wie ich schon sagte, überhaupt die die Keimzelle des menschlichen Lebens und überhaupt die Entstehungszelle eines Volkes.//«

Am Anfang wird keine Eröffnungsstereotype, sondern der für die Diskussion zentrale Begriff der Ehe gestellt. Allerdings kann man hier der Auffassung sein, daß die Eröffnungsstereotype nachgestellt ist in dem Hinweis auf bereits zuvor Gesagtes (»wie ich schon sagte«).

(32) I, 229
Sprecher: ». . .// Also daß wir zusammengehören, das wird durch eine
Formalität bestätigt, ja?//
Sprecherin: Und das ist für dich nur ne Formalität?//«

Auch hier nimmt die Sprecherin direkt zum Thema Stellung, wobei als eine Art Minimaleinleitung hier das Gliederungssignal »und« fungiert.

Nun einige Beispiele für die Verwendung von Einleitungsformen wie Anreden, Partikeln, Konstruktionsübernahmen.

(33) I, 168

»Ich darf zunächst sagen, Herr Heizler, sie sagen wir stünden vor schweren Auseinandersetzungen innerhalb der sozialdemokratischen Partei// Das ist nich richtig// ...«

Der Sprecherbeitrag wird durch eine stereotype Formel der Ankündigung in Verbindung mit einer Anrede eingeleitet. Von gleicher Struktur ist Beispiel (17), das für Selbstwahl durch Unterbrechung steht (»ich glaube nicht, Herr Gerstenmaier.«), wobei allerdings der Unterbrechungsfaktor wesentlich auch in der Wiederholung zum Ausdruck gebracht wird.

(34) I, 229

Sprecherin: »...// Und dann werden pro Tag vierzig Ehen geschlossen// Alles kühl und sachlich//

Sprecher: Ja, das genügt ja auch//

Sprecherin: Ja, mir nich//«

Hier wird der Sprecherwechsel durch Selbstwahl ohne Unterbrechung mit einer Konstruktionsübernahme durchgeführt.[40] Die gleiche Struktur besitzt das Beispiel (28), wo die Konstruktionsübernahme simultan erfolgt.

B) Der Hörer ergreift entgegen seiner Intention das Wort, um den Dialog nicht abreißen zu lassen. Dazu noch einmal den ersten Teil des Beispiels:

(23) I, 232

Sprecherin: »... na ja gut, dann nimmt man das Nächstliegendste und läßt sich scheiden. Und was geschieht dann mit den Kindern?

Gesprächspause von 6 Sekunden

Sprecher: Also für mich persönlich ...«

Die im Kontext dieser Diskussion schon fast als »Schweigen« zu klassifizierende Pause von sechs Sekunden nach eindeutiger Beendigung des vorherigen Sprecherbeitrags ist ein eindeutiges Indiz für fehlende Intention des Nachfolgesprechers, das Wort zu ergreifen.

### *3.2.5 Zum Zusammenhang von Sprecherwechsel und Binnengliederung der Sprecherbeiträge*

Offensichtlich bestehen sprachlich-strukturelle Zusammenhänge zwischen der Organisation des Dialogs in Sprecherbeiträge (markiert durch Sprecherwechsel) und deren Binnengliederung in Äußerungseinheiten.[41] Im ersten Fall steht der dialogkonstituierende, im zweiten Fall der textbildende Aspekt im Vordergrund. Dies läßt sich u. a. daran zeigen, daß am Beginn und Ende von Sprecherbeiträgen jeweils gleiche sprachliche »Organisationsformen« verwendet werden.

a) Der Beginn von Sprecherbeiträgen stimmt mit dem Beginn von Neuansätzen (Äußerungseinheiten) innerhalb von Sprecherbeiträgen überein. Dazu einige Beispiele:

(35) I, 238
Sprecher: »Und da meine ich, daß es eben bei intellektuellen Menschen...«

Die Einleitungsformel lautet: »Und da meine ich«. Ganz ähnlich die Einleitungen von Äußerungseinheiten innerhalb von Sprecherbeiträgen:

(36) I, 223
Sprecherin: »Ja aber, das ist doch noch nich das ist doch noch nich Ehe// *Ich meine* unter Ehe verstehen wir doch ...«

(37) I, 224
Sprecherin: »...// Also dann sind meine meine Vorstellungen von Ehe noch viel viel mehr// *Ich meine*, die... Keimzelle des Lebens, ...«

Offenbar handelt es sich bei den Mitteln der Einleitungen um sehr generelle Gliederungselemente, die sich *überall* in der Rede verwenden lassen.

b) Der Schluß von Sprecherbeiträgen stimmt mit dem Schluß von Neuansätzen (Äußerungseinheiten) innerhalb von Sprecherbeiträgen überein.

Zunächst Beispiele, in denen es mir auf den Schluß des Sprecherbeitrags ankommt:

(38) III, 27
Sprecherin: »Also hab ich jetzt nit gedacht, daß das gut geht mit NN heute// daß der überhaupt einschläft und nicht dauernd vor Angst wieder aufschreckt, oder so//«
(39) III, 36
Sprecher: ». . .// Ein solches Verhalten[42] rechnet mit der ähm Andersartigkeit der jeweiligen Position des . . . jeweiligen Standpunktes jeweiligen . . . Erziehungsprinzipien und so//«
(40) I, 221
Sprecherin: ». . .// Die Ehe ist, wie man so sagen kann, . . . eine christliche Einrichtung, oder nicht?//«

Diese Beispiele haben gemein, daß sprachliche mit sprecherischen »Schlußsignalen« (genauer dazu unten) das Ende eines Sprecherbeitrags markieren. Sprecherische Schlußsignale sind Stimmsenkung oder Frageintonation. Sprachliche Schlußsignale sind in den Beispielen »oder so«, »und so« und »oder nicht«. Diese Schlußsignale lassen sich als spezielle Aufforderungsformen interpretieren. Der Sprecher zeigt mit ihnen an, daß er seinen Sprecherbeitrag beendet hat und nun vom Hörer erwartet, daß dieser die Sprecherrolle übernimmt.

Nunmehr einige Beispiele für die Beendigung von Äußerungseinheiten *innerhalb von Sprecherbeiträgen:*

(41) III, 29
Sprecherin: ». . . //Dann hat das immer geklappt, wenn wenn ich wenn man das Krokodil weggeschickt hat und zu dir gebracht hat *oder so* //das hat immer geklappt//Ich mein, wenn ich mir Zeit genommen hätte . . .«

(42) III, 39
Sprecherin: »Nein, man kann ja auch sagen, du wir müssen nochmal drüber reden. Ich hab da noch ein paar Gesichtspunkte *oder so* //Denn des is n des is so, wäre die Möglichkeit, daß mans Gefühl hat . . .«

Die gleichen Beendigungssignale, die am Schluß des gesamten Sprecherbeitrags stehen, kommen also auch innerhalb des Sprecherbeitrags vor. Daraus ist zu entnehmen, daß auch die Schlußsignale allgemeiner Natur sind und generell der Gliederung des Gesprochenen dienen, sei es am Ende, sei es im Innern von Sprecherbeiträgen. Zu den sprachlichen Formen (von denen nur einige wenige aufgeführt worden sind) und den sprecherischen Mitteln kommt die Pause, die eine bedeutende Rolle zur Kennzeichnung von Gliederungseinheiten spielt. Ich komme auf diese »Gliederungssignale« zurück.

c) In diesem Zusammenhang stellt sich folgendes Problem: Wenn nämlich Sprecherbeiträge ebenso beendet werden können wie Äußerungseinheiten im Innern von Sprecherbeiträgen, dann fragt sich, woran dann der Hörer erkennt, ob der Sprecher seinen Beitrag beendet oder aber nur eine Einheit innerhalb seines Sprecherbeitrags abschließt (also seinen Sprecherbeitrag gliedert) und noch weitersprechen will. Andererseits aber wird die Kommunikation durch diese Mehrdeutigkeit nicht ernsthaft gefährdet. Diese Mehrdeutigkeit läßt sich auch an bestimmten Hörerreaktionen erkennen. Es zeigt sich nämlich, daß viele Unterbrechungen und Unterbrechungsversuche dort geschehen, wo der Sprecherbeitrag zu Ende sein *könnte*, also dort, wo Beendigungssignale gesetzt sind. Dazu das folgende Beispiel:

(43) I, 225f.

Sprecherin: »...//Aber an ne Scheidung is es nich zu denken// ↘ + P (und daß
| daß dieses Unlösbare)
Sprecher: | Das is das verschiebt das Problem | etwas ja?// (Wir wollen) du du gehst gleich auf einen auf einen Präzedenzfall hin, ja?//...«

Auf »denken« liegt eine Stimmsenkung, dahinter eine deutlich wahrnehmbare Pause. Der Hörer kann hier annehmen – er tut dies offenbar auch –, daß die Sprecherin ihren Sprecherbeitrag beendet hat, und er beginnt daher unmittelbar nach der Pause mit der eigenen Rede. Die Sprecherin spricht aber ebenfalls nach der Pause weiter, aus ihrer Sicht ist der Sprecherbeitrag noch nicht beendet. Es kommt zu einer simultanen Redesequenz, in der sich der Sprecher durchsetzt. Möglicherweise spielen hier wie auch an anderen Stellen nonverbale Ausdrucksmittel mit eine Rolle. Dies muß offen bleiben. Ein weiteres Beispiel, wo der Unterbrechungsversuch an die Stelle gelegt wird, an der der Unterbrecher das Ende des Sprecherbeitrags annehmen konnte:

(44) I, 188

Heizler: »Darf ich noch einen Satz sagen? Sie wollten eigentlich, daß Herr Strauß nicht sagt, man [stark betont] kann sich irren, sondern daß er sagt, ich kann mich auch irren. ↘ + P / / Hab ich
| sie recht verstanden? / / |
Gerstenmaier: | Herr Minister Strauß hat ja gesagt |
er hätte sich in zwei Punkten geirrt / /...«

Hinter »irren« eine Pause, auf »irren« eine Stimmsenkung. Einer der Hörer – Gerstenmaier – nimmt offenbar ein Ende der Rede an und beginnt seine eigene. Der Sprecher ist aber noch nicht zu Ende, es entsteht eine simultane Redesequenz. Ein letztes Beispiel hierzu:

(45) I, 225

Sprecher: »... // Das gehört meiner Ansicht nun auch mit zur + P zur Ehe und und
| zu der Verpflichtung der beiden Partner ↘ + P// |
Sprecherin: | (Ich find das so) |
(ja ich weiß nicht)
| (irgendwann muß) |
Sprecher: | Aber ich meine |
du du kannst nich sagen, daß die Ehe ...«

Zunächst ein paar erklärende Bemerkungen zu diesem relativ komplexen Textstück. Das »ich find das so« der Sprecherin ist m.E. ein Hörersignal, nicht die Einleitung eines Unterbrechungsversuchs. Die Sprecherin äußert – das läßt auch die Intonation deutlich erkennen – ihren Unmut, ihre Unzufriedenheit mit der Meinung des Partners; man könnte sich dieses Hörersignal fortgesetzt denken mit »unbefriedigend«. Nun macht aber der Sprecher nach »Partner« eine Pause, bei vorangehender Stimmsenkung. Die Hörerin kann annehmen, daß der Sprecher seinen Beitrag beendet hat. Sie beginnt nun ihrerseits die Rede mit »ja ich weiß nicht«. Nun zeigt sich aber, daß der Sprecher noch nicht fertig war, denn er fällt ihr mit einer Einleitungsstereotype ins Wort, und zwar bevor die Sprecherin zur Sache kommen kann. Es entsteht eine zweite simultane Redesequenz: es war nur ein Pseudoschluß. Der Sprecher setzt sich auch durch, um seine Rede abzuschließen.

Für das hier zu besprechende Problem ist nun von Wichtigkeit, daß der Beginn des Redeversuchs der Sprecherin genau an jener Stelle liegt, an der die Rede des Sprechers hätte zu Ende sein können – so jedenfalls lassen sich die Schlußsignale deuten.

Die Beispiele stützen die Annahme einer Mehrdeutigkeit der Einleitungs- und Schlußsignale. Bestimmte Formen lassen sich als Signale für die Beendigung eines Sprecherbeitrags oder als Formen für Gliederungen innerhalb von Sprecherbeiträgen beanspruchen. Diese Mehrdeutigkeit tritt nur bei Sprecherwechsel durch Selbstwahl auf. In den Fällen, in denen der Sprecher durch den Vorredner festgelegt wird, gibt es dieses Problem nicht. Bei Sprecherwechsel durch Selbstwahl tritt dieses Problem auch dann in den Hintergrund, wenn es sich um ausgesprochene Kampfformen (wie die Nannen-Löwenthal-Auseinandersetzung) handelt und die Unterbrechung zur Gesprächstaktik gehört und um beinahe jeden Preis – ja um den, daß die Partner sich nicht akustisch verstehen – angewandt wird. Simultane Redesequenzen können daher einmal Ausdruck und Folge jener Mehrdeutigkeit sein, wie in den letzten drei Beispielen. Sie können aber auch Ausdruck und Folge der Absicht sein, Gegenargumente in unmittelbarem Anschluß an Argumente anbringen zu wollen, ohne Rücksicht darauf, ob der Sprecher durch Gliederungssignale kenntlich gemacht hat, daß seine Rede beendet ist. Dies ist in den Kampfformen der Fall, wo die Unterbrechung die Entfaltung der übrigen Gesprächs»partner« verhindern soll. Für die verbleibenden Fälle bieten sich folgende Erklärungsmöglichkeiten an:

Erstens: Der Sprecher bewegt sich bei der Realisierung seines Sprecherbeitrags immer zwischen dem Gebot einer für eine erfolgreiche Kommunikation erforderlichen Gliederung eben dieses seines Sprecherbeitrags (durch Kenntlichmachung der Gliederungseinheiten innerhalb des gesamten Beitrags) und dem Gebot, dem Hörer den Schluß seines Sprecherbeitrags durch die gleichen Gliederungssignale anzeigen zu müssen. Eine Unterscheidung zwischen beiden zwar verwandten aber nicht gleichen Bedingungen ist dadurch möglich (zumindest teilweise), daß gleiche Mittel unterschiedlich intensiv gehandhabt werden. Stärkere Melodieführung, längere Pausen und mehrfache Setzung von Abschlußsignalen tragen zur Unterscheidung der unterschiedlichen Beendigung bei. Mit anderen Worten: Strukturell gleiche Mittel werden in unterschiedlichen Graden angewandt, um funktionale Unterscheidungen zu ermöglichen.

Zweitens: Zwischen Sprecher und Hörer werden Themen behandelt, variiert, diskutiert. Und es gehört zu den Fähigkeiten eines kompetenten Hörers, zu erkennen, ob unter dem Gesichtspunkt der Semantik und Pragmatik ein Thema relativ vollständig oder unvollständig behandelt worden ist oder nicht. Dies dient ihm als eine ständige Leitlinie, an der er sein eigenes Eingreifen wesentlich ausrichten kann.[43]

Die hier aufgezeigten Zusammenhänge machen deutlich, daß die im folgenden Abschnitt zentral dargestellten Äußerungseinheiten kommunikative Größen sind.

## 3.3 Gliederung der Sprecherbeiträge nach Äußerungseinheiten

### *3.3.1 Einführung*

a) Hypothese zur Binnengliederung der Sprecherbeiträge
Die Gliederung des Dialogs nach Sprecherwechseln bietet formal keine großen Schwierigkeiten, weil die Merkmale, durch die der Sprecherwechsel gekennzeichnet ist, gut ausgeprägt sind. Gewisse Schwierigkeiten bereitet die Abgrenzung von Hörersignalen und Sprecherwechseln. Im großen und ganzen jedoch ist die Struktur des Dialogs, soweit sie durch die Sprecherwechsel und die mit ihnen im Zusammenhang stehenden Behauptungen bedingt ist, in aller Regel gut erkennbar.

Für die Binnengliederung der Sprecherbeiträge ist der formale Aspekt nicht so deutlich ausgeprägt. Es liegen noch keine Untersuchungen über linguistisch-kommunikative Einheiten vor, nach denen die Sprecherbeiträge gegliedert sein könnten. Daher kann für diesen Bereich zunächst nur eine Hypothese formuliert werden.

Sie lautet:

Sprecherbeiträge sind durch verschiedene, zusammenwirkende sprachliche und sprecherische Mittel in kleinere, überschaubare Einheiten gegliedert. Die Mittel sind inhaltlicher, prosodischer, redeverzögernder und lexikalisch-syntaktischer Natur.

Die durch diese Gliederung zustande kommenden kleineren Einheiten nenne ich Äußerungseinheiten (ÄE).

Einige vorläufige Erläuterungen zu dieser Hypothese:

In der Kommunikation muß in gewissen Grenzen eine intersubjektive Geltung von sprachlich kommunikativen Normen bestehen. Andernfalls wäre eine Verständigung a priori nicht möglich. Eine dieser Normen muß den sukzessiven Verlauf der Rede in der Zeit reflektieren, d.h., es muß Regeln geben, nach denen der Verlauf der Rede geordnet ist. Der Sprecher kann in seiner Rede, in seinem Sprecherbeitrag nicht alles auf einmal, in toto, realisieren. Dies ergibt sich zwingend aus dem Verlaufcharakter der menschlichen Rede. Er muß Abschnitte, Einschnitte, Unterabschnitte u.ä. machen. Er muß paraphrasieren, wiederholen, kommentieren, zusammenfassen. Dies alles erfolgt nicht regellos, sondern vollzieht sich nach Konventionen.

Dabei ist von vornherein darauf hinzuweisen, daß die kommunikative Gliederung nicht gleichzusetzen ist mit der linguistischen: Der »Satz« der Schriftsprache ist nicht identisch mit der »Äußerungseinheit« der mündlichen Kommunikation. Man kann hier *bei ausdrücklich vorausgesetzter Trennung der beiden Bereiche* sagen, daß sich »Satz« und »Äußerungseinheit« entsprechen. Jeder der beiden Begriffe reflektiert Gliederungsmöglichkeiten in seinem jeweiligen Bereich. Die grammatische Gliederung – mit der obersten Einheit »Satz« – betrifft im wesentlichen die interne Organisation der sprachlichen Zeichen. Die kommunikative Gliederung bezieht sich auf die externe, damit meine ich hier die partner- und wirkungsbezogene Organisation der Zeichen. Es ist nun möglich (und kommt in der Praxis auch sehr häufig vor), daß Satz und Äußerungseinheit in ihren Grenzen übereinstimmen. Andererseits aber kann die Äußerungseinheit kleiner sein als der Satz oder mehrere Sätze umfassen. Es geht mir in diesem Abschnitt darum, die Äußerungseinheit als eine kommunikative Größe zu beschreiben, um Voraussetzungen zu schaffen, aufgrund derer weitere linguistisch-kommunikative Untersuchungen durchgeführt werden können.

b) Kurze vorläufige Aufführung der Gliederungsmittel

Einige Gliederungsmittel des Dialogs sind schon im vorigen Kapitel andeutungsweise behandelt worden. Ich möchte zur Einführung nur eine kurze Aufstellung über die Gliederungsmittel geben (ausführlicher dazu S. 93ff.).

*Inhaltliche Gliederung:* Texte – so auch die Sprecherbeiträge – sind durch vielfältige inhaltliche Verknüpfung und Verkettung miteinander verbunden. Dieser gesamte Komplex bildet den Gegenstand der Textlinguistik, wobei bisher ein allgemein akzeptiertes Gesamtkonzept zur Beschreibung und Erklärung der Texte nicht entwickelt worden ist. Ein m. E. vielversprechender, schon etwas älterer Ansatz zur Erklärung der inhaltlichen Textgliederung bilden Weiterentwicklungen der sogenannten funktionalen Satzperspektive. Danach werden – vereinfacht gesagt – Texte durch thematische und rhematische Verknüpfung konstituiert. Manche Textteile gehören enger zusammen als andere und bilden gegenüber diesen eine quasi abgeschlossene Einheit. Ein Text ist weiterhin gegliedert durch Kombinationen von Bekanntem mit Neuem, von Voraussetzungen mit Folgerungen, von Zustimmung und Ablehnung, von Fragen mit Antworten, von Forderungen mit Leistungen u. a. Der dadurch entstehende unterschiedliche Grad an thematischer und rhematischer Verkettung, von kommunikativer und informationaler Zusammengehörigkeit führt *mit* zur Bildung von Äußerungseinheiten.

Ich werde mich mit dieser Problematik im letzten Kapitel (Textkonstitution) etwas ausführlicher befassen.

*Prosodische Gliederung:* Der Tonhöhenverlauf ist, wie bekannt, obligatorischer Bestandteil der mündlichen Rede. Eine seiner wesentlichen Funktionen besteht darin, Grenzen innerhalb der fortlaufenden Rede zu markieren. Für unsere Zwecke genügt es, zwischen Stimmsenkung und Stimmerhöhung zu unterscheiden. Sie sind Gliederungsmittel, die zwar für sich allein genommen mehrdeutig sind, deren Realisierung aber im Zusammenwirken mit anderen Gliederungsmitteln eine zuverlässige Portionierung des Textes bewirken.

*Redeverzögerung:* Hier spielen stille und gefüllte Pausen eine wichtige Rolle. Sie werden ebenfalls als Zeichen dafür verwendet, bestimmten Textstücke zu gliedern, abzuschließen. In diesen Zusammenhang gehören ferner Wiederholungen von Textteilen; sie können ebenfalls als Verzögerungen gliedernde Funktionen haben.

*Lexikalisch-syntaktische Gliederung:* Es gibt bestimmten lexikalische Gliederungssignale – wie im vorigen Kapitel schon andeutungsweise aufgeführt –, die im wesentlichen Gliederungszwecken dienen und die die Aufgabe haben, in Verbindung mit den übrigen Gliederungsmitteln größere Textstücke zu portionieren, indem sie die Grenzen zwischen einzelnen Äußerungseinheiten markieren. Es kann sich hier um einzelne Wörter (wie »und«, »also«, »nicht?«, »ja?«) oder um syntaktisch zusammengesetzte Einheiten handeln, die teilweise den Charakter von Stereotypen haben (wie »ich meine«, »ich glaube«, »nicht wahr?«, »und/oder so«, »und so weiter«).

Mein Interesse gilt vor allem diesen kommunikativen Gliederungssignalen und den durch sie gebildeten Äußerungseinheiten. Ich werde aber, so weit wie erforderlich, die Verzögerungsphänomene und den Tonhöhenverlauf mit in die Untersuchung einbeziehen. Nicht oder nur sehr am Rande werde ich mich hier mit den zentralen textlinguistischen Problemen der inhaltlichen Gliederung des Textes befassen. Dazu weiter unten.

c) Praktischer Aspekt: Transkription

Neben den linguistisch-kommunikativen Problemen ergibt sich ein weiteres: Ich möchte die Äußerungseinheiten möglichst so beschreiben, daß sie im Rahmen einer Transkriptionsvorschrift berücksichtigt und bei einer tatsächlichen Texttranskription auch ermittelt werden können. Dies deswegen, weil alle mir bekannten Transkriptionsverfahren und auch durchgeführten Transkriptionen (einschließlich der Freiburger Textbücher) das Problem der Binnengliederung von Sprecherbeiträgen auf kommunikativer Basis bisher nicht gelöst, ja großenteils als Problem nicht einmal erkannt haben.

Ich halte es aber für eine unbedingte Notwendigkeit, daß in verschrifteten Texten von gesprochener Sprache Kennzeichnungen der Gliederungen dieser Texte enthalten sind. Pointiert ausgedrückt: Ebenso wie ein Buch oder ein sonstiger schriftsprachlich konzipierter Text die der Schriftsprache adäquaten Gliederungskennzeichen (Abschnitte, Paragraphen, Überschriften und sämtliche Interpunktionszeichen) enthalten und als fortlaufende Folge von Sätzen dargestellt sein muß, ist an einen verschrifteten Text der gesprochenen Sprache die Anforderung zu stellen, daß dieser die der gesprochenen Sprache adäquaten Gliederungskennzeichen enthält, so daß sich der Benutzer ein (Ohr)-Bild davon machen kann, in welchen Einheiten der Text produziert, d.h. wie der Text überhaupt gesprochen worden ist.

Dieses Kapitel verläuft daher grundsätzlich immer auf zwei Ebenen: Einmal die Untersuchung der Mittel, die zur Bildung von Äußerungseinheiten führen, damit auch eine – indirekte – Definition von Äußerungseinheiten. Zum anderen die Ebene der praktischen Umsetzung dieser Erkenntnisse, d.h. also der Versuch, anhand praktischer Beispiele Transkriptionen nach Äußerungseinheiten durchzuführen. Dies ist der erste Schritt zur Aufnahme entsprechender Anweisungen in Transkriptionsvorschriften.

d) Textgliederung und Rekonstruktion der Sprecherintention

Wie nun sind Äußerungseinheiten zu bestimmen? Was vorliegt, sind Sprecherbeiträge unterschiedlicher Länge. Es kann von vornherein nicht gesagt werden, aus wieviel Äußerungseinheiten ein Sprecherbeitrag besteht. Verhältnismäßig leicht, weil hier die Konventionen eindeutig sind, ist die Segmentierung eines Sprecherbeitrags in Wortformen. Ohne hier auf die Problematik einzugehen, die mit dem Morphembegriff verbunden ist, lassen sich genügend Gründe dafür angeben, einen Text in Wortformen darzustellen. Wortformen sind zunächst linguistisch motivierte Einheiten. Sie sind kommunikativ irrelevant: Eine Äußerungseinheit kann aus einer, kann aus vielen Wortformen bestehen. Die Wortform selbst gibt hierüber keine Auskunft.

Die Bildung von Äußerungseinheiten – als linguistische Aufgabe und als praktischer Vorgang bei der Transkription – ist ganz wesentlich ein Interpretationsverfahren. Auf der Basis eines Textverstehens und in Kenntnis der möglichen Gliederungssignale kann der Hörer wie im Nachhinein der hörende Linguist und der Transkriptor den Text als ganzen gegliedert, d.h. wie vom Sprecher gemeint, aufnehmen. Es handelt sich um einen Interpretationsvorgang, der prinzipiell darin besteht, die Sprecherintention zu rekonstruieren. Auch in der Textgliederung äußert sich wesentlich die Sprecherintention. Der Sprecher spricht – das ist meine Grundannahme – seinen Sprecherbeitrag nicht regellos und ohne Rücksicht auf den Partner, sondern nach Regeln und in der Absicht, den Hörer zu erreichen. Dazu gehört auch, daß der Sprecherbeitrag vom Sprecher portioniert dargeboten wird. Die Schwierigkeit besteht nun darin, daß Sprecherintentionen nicht immer eindeutig zu rekonstruieren sind. Je nachdem, was als Sprecherintention angesehen wird, oder vom sprachlichen Material her formuliert, je nachdem, was als Gliederungssignal angesehen wird, wird man ein und denselben Sprecherbeitrag in verschiedene Äußerungseinheiten zerlegen, können verschiedene Mengen von Wortformen zu einer Äußerungseinheit zusammengefaßt werden. Dies scheint mir das Kernproblem der Gliederung von Texten der gesprochenen Sprache zu sein: Die Mehrdeutigkeit, oder präziser: die mangelnde Eindeutigkeit der einzelnen Gliederungssignale. Die daraus resultierende Definitionsschwierigkeit der Äußerungseinheit ist durchaus vergleichbar mit den jahrzehntealten Schwierigkeiten, den Satz zu definieren, von denen Weiss (1975 S. 22) zu Recht als einer »permanenten Definitionskrise« spricht.

Ein Vorverständnis des Linguisten (ebenso wie des Transkriptors) spielt bei der Feststellung der Gliederungsgrenzen innerhalb von Sprecherbeiträgen eine nicht zu unterschätzende Rolle: Die kommunikative Erfahrung geht in den Transkriptionsvorgang voll ein. Der Text wird nach dem Textverständnis des jeweiligen Interpreten gegliedert, natürlich unter Ausnutzung seiner Kenntnis aller intersubjektiv gültigen Gliederungsmittel. Grundsätzlich problematisch erscheint mir, die Schwierigkeiten dadurch umgehen zu wollen, wie dies bei den bisherigen Transkriptionen der Fall ist, daß man sich von syntaktisch-schriftsprachlichen Erwägungen leiten läßt. Denn diese sind im Hinblick auf die kommunikative Textgliederung gesprochener Texte irrelevant. Zudem müßten damit ganz wesentliche Charakteristika des gesprochenen Deutsch und überhaupt der mündlichen Kommunikation (wie zum Beispiel das Anakoluth) außer Betracht bleiben oder unbefriedigenderweise nur als Abweichung behandelt werden. Ich komme auf diese Problematik zurück.

Zu diesem Problembereich möchte ich an dieser Stelle zusammenfassend sagen, daß die Bildung von Äußerungseinheiten als Teil der Rekonstruktion der Sprecherintention nichts anderes ist als der Versuch, einen ganz wesentlichen Kommunikationsmechanismus herauszufinden, ihn explizit zu machen.

Äußerungseinheiten sind die vorgegebenen Möglichkeiten der Portionierung beim ununterbrochenen Sprechen. In diesem Abschnitt sollen diese Portionierungsmöglichkeiten herausgearbeitet werden. Zunächst läßt sich die Problematik vertiefen, indem wir einen Blick auf die Literatur werfen, um zu sehen, wie bisher mit dieser Frage umgegangen worden ist.

### *3.3.2 Blick auf die Literatur*

a) Wie schon in der Überblicksskizze angedeutet, ist eine Reihe von Arbeiten zum gesprochenen Deutsch erschienen, die sich auf kleinere oder etwas umfangreichere Korpora beziehen. Die Verfasser dieser Arbeiten standen vor der Aufgabe, die benutzten Texte in kleinere Einheiten zu segmentieren. Diese Segmentierung ist unterschiedlich ausgefallen, vor allem ist das Problem selbst unterschiedlich explizit behandelt worden. *Leska (1965)* hatte sich zum Ziel gesetzt, »die syntaktische Struktur gesprochener und geschriebener deutscher Gegenwartssprache (...) zu untersuchen (...)« (S. 434). Die Verfasserin betont mehrfach, daß sie geschriebene und gesprochene Sprache vergleichen will. »Um die Vergleichbarkeit des Materials zu sichern, beschränkt sich die Untersuchung der gesprochenen Sprache auf die zusammenhängende Äußerung. Gespräch und stark situationsentlastete gesprochene Sprache werden nicht erfaßt (...)« (S. 435). Damit steuert die Verfasserin auf eine Gliederung zu, die grammatisch und nicht kommunikativ orientiert ist. Ohne die Gliederungsproblematik selbst zu reflektieren, d. h. mit einer gewissen Selbstverständlichkeit werden syntaktische Merkmale als Gliederungskriterien angesehen. Zunächst werden »Teilsätze« als »Grundeinheiten für alle Untersuchungen« (S. 438) gebildet, einige Seiten später ist von »Sätzen« die Rede, die nunmehr nach Satzlängen und syntaktischen Eigenschaften vor allem statistisch ausgewertet werden. Im Mittelpunkt dieser Arbeit stehen, wie schon oben referiert, syntaktische Merkmale im Vergleich zwischen geschriebenem und gesprochenem Deutsch. Die für gesprochene Sprache charakteristischen Eigenschaften werden zwar explizit nicht ausgeschlossen, aber eine systematische Untersuchung wird nicht durchgeführt. Es bleibt im Bereich der Darstellung gesprochener deutscher Sprache beim »Satz« der Schriftsprache.

b) Während Leska »Gespräche und stark situationsentlastete gesprochene Sprache« als Untersuchungsgegenstand ausklammert, betont *Zimmermann (1965)* gerade die Notwendigkeit der Einbeziehung »von Sprecher, Hörer, Gesprächssituation und Rede« in die Untersuchung.

»(...) das spontane Gespräch, wie es sich täglich verwirklicht«, »das Alltagsgespräch« will der Verfasser untersuchen (S. 12). Dabei kommt es ihm darauf an, »die Eigenart des Gesprochenen von der des Geschriebenen abzugrenzen. Wir wollen die Eigengesetzlichkeit des mündlichen Ausdrucks aufzeigen und nicht ein bloßes Negativ der Schriftsprache feststellen. Wir dürfen also nicht mit einem System arbeiten, das auf den Gegenstand zutrifft, und ihm angemessen ist, von dem wir den unseren gerade abgrenzen wollen. Davon abgesehen berücksichtigt die Syntaxforschung meist nur den Einzelsatz; wir wollen aber gerade ein Herauslösen aus dem Redezusammenhang verhüten. Dazu kommt schließlich, daß sich viele mündliche Äußerungen gar nicht in die Kategorie der bekannten Syntax einordnen lassen. In vielen Fällen ist nicht auszumachen, was ein Satz, ja was ein Satzglied in einer Rede ist.« (S. 14).

Dies sind zwar erstaunlich moderne Auffassungen, aber die Gliederungsproblematik der mündlichen Rede wird weder hinsichtlich der Bedeutung des Sprecherwechsels noch der Binnengliederung von Sprecherbeiträgen explizit reflektiert.

Wir können damit feststellen, daß der Ausgangspunkt dieser beiden frühen Arbeiten zum gesprochenen Deutsch tendenziell zwar deutlich voneinander verschieden ist, daß aber die Gliederungsfrage von beiden Verfassern nicht als eigener Problembereich diskutiert wird. Während der Ausgangspunkt von Leska folgerichtig zu einer grammatischen Gliederung und Betrachtungsweise führt, kommt Zimmermann aufgrund anderer Voraussetzungen zu einer kommunikativen Analyse zusammenhängender Teile von Alltagsgesprächen. Die grammatische Gliederung des Materials spielt keine wesentliche Rolle bei ihm, obwohl auch er sich nicht ganz vom Satzbegriff lösen kann. So heißt es beispielsweise in der Einleitung (S. 10): »Der Sprecher reiht nicht einzelne Laute und Wörter zum Satzganzen aneinander, sondern bildet aus einem ganz bestimmten Gesprächszusammenhang heraus Vorstellungen, Gefühle, Absichten oder Gedanken, die er erst in der Folge mit geeigneten *Satz*vorstellungen [Hervorhebung: R. R.] verbindet; diese wiederum verknüpft er mit den passenden Wörtern.« Ferner zeigen die Beispiele, vor allem die längeren, (etwa S. 32), daß die Binnengliederung der Sprecherbeiträge eben doch grammatischen Prinzipien folgt, obwohl die Beispiele viele eindeutige lexikalische Gliederungssignale enthalten, die zu einer angemessenen Textgliederung hätten herangezogen werden können. Gerade an dieser frühen, keineswegs überholten und auch heute noch mit Recht diskutierten Arbeit kann man erkennen, daß zwischen theoretisch formulierter Untersuchungsabsicht und der tatsächlichen Untersuchung (hier vor allem der Präsentation des Materials) eine beträchtliche Diskrepanz besteht.

c) *E. Gülich (1970)* befaßt sich in ihrer Arbeit explizit mit der Gliederung von Texten des gesprochenen Französisch. Im Mittelpunkt stehen die lexikalischen Gliederungssignale, die nach ihrer Funktion als Eröffnungssignale oder als Schlußsignale unterschieden werden. In einem seltsamen Kontrast zur kommunikativen Fragestellung der Arbeit steht die enge grammatische Auslegung der eigentlichen Gliederungseinheit. Wenn auch nicht die Bildung von Äußerungseinheiten im Mittelpunkt dieser verdienstvollen Arbeit steht, sondern die Gliederungssignale selbst, so scheint es doch den kommunikativen Intentionen der Verfasserin zu widersprechen, wenn sie den Satz als »kommunikative Redeeinheit« bezeichnet (S. 234). Daß die Verfasserin darunter die schriftsprachlich normierte Größe versteht, wird in den Ausführungen des ersten Kapitels deutlich, in dem sie sich auf die Grammatik Tesnières bezieht. Es heißt dort (S. 12f.): »Dabei wurde eine Äußerung (!), die ein finites Verb enthält, mit den dazugehörigen Figuren (Tesnières ›actants‹) und adverbialen Bestimmungen, einschließlich der sogenannten Nebensätze, der Translationen zweiten Grades im Sinne Tesnières, jeweils als *ein* Satz gerechnet.« Hervorhebung: E. G. – Die Bezugnahme auf die Dependenzgrammatik Tesnières ist ein deutliches Zeichen für das grammatische Verständnis der Gliederungseinheiten.

Des weiteren nimmt die Verfasserin an, »daß in der gesprochenen Sprache eine *Satz*grenze [Hervorhebung: R. R.] durch drei Merkmale gekennzeichnet werden kann: durch Pause, Melodie und nicht-prosodisches Gliederungssignal (...). Keins dieser Merkmale erscheint ausnahmslos an jeder Satzgrenze, und keins ist ein eindeutiges Kennzeichen der Satzgrenze, das an keiner anderen Stelle im Text auftreten könnte.« (S. 238).

Ich halte diese Bemerkung für problematisch. Entweder die Verfasserin versteht unter Satz das, was sie im ersten Kapitel darlegt, die schriftsprachlich normierte Größe, wie sie bestimmte Grammatiktheorien verwenden. In diesem Falle sind die Feststellungen kaum auf die gesprochene Sprache anzuwenden. Denn dort spielt die *Satz*grenze eben keine zentrale Rolle im Rahmen der Textgliederung. Oder die Verfasserin versteht Satz als Äußerungseinheit (oder als eine Einheit, wie sie in ihren eigenen Textsegmentationen auftreten kann), dann ist aber die Bezeichnung »Satz« irreführend verwendet. Wenn man die zitierten Beispiele der Verfasserin betrachtet, dann stellt man fest, daß entgegen den theoretischen Bemerkungen der Satzbegriff tatsächlich keine zentrale Rolle spielt. Die Verfasserin bringt oft Gliederungseinheiten, die ausweislich der konventionellen Interpunktionsregeln aus mehreren Sätzen bestehen. Im Vergleich zur Arbeit Zimmermanns also eine gegenläufige Tendenz: *Dort* theoretische Bemerkungen, die eher auf eine kommunikative Behandlung der Gliederungsproblematik schließen lassen könnten. In der Praxis werden dann aber meist *Sätze* analysiert und der Text als Satzsequenz zitiert. *Hier* lassen die theoretischen Bemerkungen eher eine Hinwendung zur grammatischen Größe »Satz« vermuten. In der praktischen Ausführung der Arbeit kommt es aber dann – unter dem Druck des Untersuchungsgegenstandes, möchte man sagen – zu einer eher kommunikativen Behandlung der Gliederungsproblematik.

Die Arbeit von Gülich ist hinsichtlich der Beschreibung von Gliederungssignalen vor allem für das gesprochene Französisch richtungweisend geworden. Hingegen sind die durch die Gliederungssignale konstituierten Gliederungseinheiten (Äußerungseinheiten) von Gülich nicht beschrieben worden. Sie sind insgesamt bisher eher unerkannt geblieben.

d) *Andreas Weiss (1975)* nimmt explizit zur Segmentierung gesprochener Sprache Stellung:

»Eine Untersuchung gesprochener Texte steht zunächst vor dem Problem der Segmentierung in kleinere *vergleichbare* (Hervorhebung: A. W.) Einheiten. Dem Material zu entsprechen scheint eine Segmentierung nach akustischen Kriterien, also nach Kriterien der Intonation (...) Daher versuchte ich auch zunächst eine Segmentierung der Texte in kleinere Einheiten nach Kriterien des Tonhöhenverlaufs und der Pausen. Dies führte allerdings keineswegs zur Auffindung vergleichbarer (syntaktischer) Einheiten.[44] Aus diesem Grunde war es notwendig, die Segmentierung nach anderen Gesichtspunkten vorzunehmen, nämlich syntaktischen und inhaltlichen.« (S. 16f.)

Und an anderer Stelle (S. 22) heißt es:

»Einheiten, die nur aus Merkmalen der Intonation gewonnen werden, (...) sind für eine vergleichende syntaktische Untersuchung ungeeignete Größen. (...) Den *Vorrang* bei der Bestimmung von Einheiten einer syntaktischen Untersuchung – auch gesprochener Sprache – können ebenfalls nur *syntaktische Kriterien* haben. Es bleibt daher nur die Möglichkeit, die umstrittene Einheit *Satz* zu bestimmen.« (Hervorhebungen: A. W.)

Um nun die als Charakteristika des gesprochenen Deutsch erkannten Ellipsen, sonstige Reduktionen und Anakoluthe mit in die Untersuchung einbeziehen zu können, wird die übliche Satzbestimmung erweitert:

»Ein Satz soll daher in den hier untersuchten Texten der gesprochenen Sprache dann als gegeben gelten, wenn eine Äußerung oder Teil einer Äußerung eine syntaktische Gliederungseinheit bildet und eine relative Selbständigkeit der Bedeutung aufweist. Sowohl syntaktische

Gliederungseinheit als auch Selbständigkeit der Bedeutung sind selbst dann anzunehmen, wenn beide Bedingungen nur unter Einbeziehung des jeweils konkreten Kontextes erfüllt werden.« (S. 23)

Als Kontext gilt auch die »äußere Gesprächssituation«, »ja sogar der sogenannte einer Gesprächsgemeinschaft gemeinsame Horizont (Erlebnishorizont, Wissens- oder Bildungshorizont).« (S. 23). Zu diesen Gliederungsvorstellungen möchte ich folgendes kritisch anmerken:

1. Sie stellen einen deutlichen Rückschritt gegenüber den Untersuchungen von E. Gülich dar. Denn diese hat genau jene Elemente behandelt und für weitere Untersuchungen verfügbar gemacht, die in gesprochener Sprache den Text gliedern.

2. Die Betonung der syntaktischen Kriterien ist insofern nicht weiterführend, als hier allenfalls statistisch, nicht aber qualitativ interessante Ergebnisse zu erwarten sind: Die linguistischen Regeln des Deutschen gelten gleichermaßen für gesprochene und geschriebene Sprache. Und die Syntax ist ein zentrales Gebiet, in dem die Regularitäten der Sprache beschrieben werden.

3. Die Erweiterung der Satzdefinition stellt praktisch ihre Auflösung dar. Denn mit ihr kann praktisch jede beliebige Wortsequenz zur syntaktischen Einheit mit Selbständigkeitscharakter erklärt werden – es kommt darauf an, was im jeweiligen Fall als »konkreter Kontext« festgelegt wird.

Auch im Bereich der Gliederungsproblematik gilt für diese Arbeit, was schon zuvor in der allgemeinen Skizze zur Literatur (S. 30f.) festgestellt worden ist, daß nämlich trotz der vielen relevanten Einzelergebnisse die Arbeit ein Beispiel dafür ist, daß einerseits die Themenstellung syntaktisch-grammatisch fixiert wird, daß aber andererseits diese Fixierung immer wieder zugunsten einer kommunikativ orientierten Betrachtungsweise durchbrochen wird.

e) Ganz ähnlich wie mit der von Weiss hergestellten Verschriftung seiner Texte, im Anhang seiner Arbeit als Beispiele übersichtlich dokumentiert und daher gut nachprüfbar, steht es mit den *Freiburger Texten gesprochener deutscher Standardsprache* (1971, 1974, 1975). Ausgangspunkt der Freiburger Überlegungen war, »daß zwischen *geschriebener und gesprochener deutscher Gegenwartssprache* unterschieden werden müsse, und daß zwischen beiden Sprachtypen beträchtliche Unterschiede bestehen« und »daß die gesprochene deutsche Gegenwartssprache gesondert untersucht werden« müsse.[45] (Hervorhebung: G. Sch.).

Die Gesamtuntersuchung und somit auch die Textherstellung war zunächst ganz auf syntaktische und lexikologische Ziele ausgerichtet. »In erster Linie sollten an größeren Textmengen Fragen untersucht werden, die die Syntax und das Lexikon der gesprochenen Sprache betreffen.« (I, 34). Dementsprechend sind die Transkriptionsvorschriften angelegt und die Gliederungsprobleme behandelt. Zur Gliederungsfrage:

1. Grundsätzliche Gliederungseinheit bildet der »Satz«, dessen Grenzen wie im Schriftdeutschen durch Punkte angezeigt werden. (»Punkt kennzeichnet das Ende eines *Hauptsatzes* bzw. eines Satzgefüges.« (Hervorhebung: Freiburger Vf., I, S. 36)).

2. Intonatorische Kennzeichen und lexikalische Gliederungssignale werden zur Textgliederung nicht benutzt. Wohl aber werden, wenn auch in unzureichender Abstufung, Pausen notiert. Die Pausen werden nicht nach ihren verschiedenen Funktionen unterschieden.

3. Es werden alle – auch die nicht satzmäßigen – Sequenzen notiert. Dabei werden Anakoluthe oder sonstige Textteile, in denen »eine oder mehrere Wortsequenzen (...) syntaktisch nicht angeschlossen werden können«, besonders gekennzeichnet. Dies gilt auch für »normwidrige Kongruenzen und Rektionen«. (I, S. 38).

Damit wird deutlich, daß grammatische Fragestellungen, wie wir sie aus Untersuchungen zu Schriftsprache kennen, die Gliederung des verschrifteten Textes bestimmen. Es muß hier allerdings hinzugefügt werden, daß die Fragestellungen der Freiburger Forschungsstelle ständig erweitert worden sind und daß sich die Textherstellungen ständig verbessert haben. Neuerdings sind im Rahmen eines Projektes zur Dialogerforschung neue Transkriptionsvorschriften entwickelt worden, die »hauptsächlich auf die systematische Erfassung der Dialogsituation gerichtet« sind.[46]

f) *Barbara Wackernagel-Jolles* hat 1971 die »Verknüpfungen spontanen Sprechens« untersucht und sich in diesem Rahmen ganz besonders auch der Gliederungsproblematik gegenübergesehen. Diese Problematik war für die Verfasserin um so schwerer zu lösen, als bis dahin noch keine größeren Verschriftungen von Texten gesprochener deutscher Standardsprache vorlagen, auf die sie sich hätte stützen können. Die Texte mußten von der Verfasserin zu einem großen Teil selbst hergestellt und verschriftet werden. Dabei hat sie versucht, die Gliederung des Textes mit Hilfe von Testverfahren festzulegen.

Aussgehend von der plausiblen Annahme, daß der Hörer eine vom Sprecher bewußt oder nicht bewußt intendierte Textgliederung erfassen wird, »beschloß ich, die Texte einer größeren Zahl von Hörern akustisch darzubieten und die von den einzelnen Hörern wahrgenommenen *Satz*-abgrenzungen [Hervorhebung: R. R.] statistisch auszuwerten.

Technisch ging ich so vor: Seminargruppen von 30–50 Personen (Studenten und Dozenten) wurde ein Text zunächst vorgespielt, um die Unsicherheit auszugleichen, die das Hören einer unbekannten Stimme auslöst, wenn man das Gegenüber nicht gleichzeitig sehen kann. (...) So war den Hörern beim zweiten Durchlauf die Thematik des Textes schon bekannt. Danach wurde der Text schriftlich verteilt. Er war fortlaufend ohne Satzzeichen geschrieben, nur bei Sprecherwechsel war eine neue Zeile angefangen worden. Der Text wurde dann ein zweites Mal abgespielt, und die Hörer wurden aufgefordert, dort einen Strich im schriftlichen Text zu machen, wo nach ihrer Meinung der Sprecher einen Satz (!) hatte beenden wollen. Zuvor waren einige erklärende Worte über Methode und Ziel der Arbeit gesagt worden.« (S. 142). Es ergeben sich »unterschiedliche Hörertypen« (S. 143); die Auswertungen S. 149f. zeigen aber ziemlich eindeutige Tendenzen. Die Verfasserin gliedert die Texte nunmehr so, daß überall dort »Satzgrenzen« angenommen werden, wo eine »Zweidrittelmehrheit« ihrer Testpersonen eine solche gehört hat.[47]

Gegen dieses Verfahren lassen sich einige teilweise von der Verfasserin schon erkannte (S. 145) Einwände vorbringen:[48] Die Verfasserin spricht im Zusammenhang mit dem Text und der Textgliederung von »Sätzen«.[49] Sind hier nicht wieder die konventionellen Vorstellungen (bei den Testpersonen und auch bei der Verfasserin selbst) im Spiel, so daß gar keine anderen Gliederungseinheiten als »Sätze« herauskommen *konnten?* Ihr selbst formulierter Einwand, der Hörer sei »zu stark von der gelernten Grammatik beeinflußt« und habe die Gliederungseinheiten »nach grammatischen, nicht aber nach den auditiven Kriterien abgeteilt« trifft zu, weil die Testpersonen ein ausgeprägtes, jedenfalls weit überdurchschnittliches grammatisches Vorwissen haben (Studenten und Dozenten) und daher den Text – naheliegenderweise – nach grammatischen Gesichtspunkten gliedern.

Prinzipiell halte ich aber einen solchen Test im Zusammenhang von

Untersuchungen von Gliederungseinheiten für angebracht. Zwar nicht als Ersatz der expliziten Erforschung der Gliederungssignale und der von ihnen gebildeten Äußerungseinheiten, sondern als eine Ergänzung, als ein implizites Korrektiv. Der Test ersetzt sicher nicht die begründete und begründbare Erforschung des Textes durch den wissenschaftlichen Interpreten. Er ergänzt sie.

In einer späteren Arbeit (1973) behandelt die Verfasserin »habituelle Bestätigungsformeln«, »die den Dialog gliedernd und zusammenhaltend segmentieren«. (S. 161). Damit geht die Verfasserin über den Test hinaus und thematisiert die Textgliederung als solche. Dabei geht sie von der Untersuchung Gülichs (s. o.) aus und identifiziert eine Reihe von Gliederungssignalen des gesprochenen Deutsch, und zwar in den von ihr untersuchten »spontane(n), schwach kontrollierte(n) Texte(n)« (S. 165); als Gliederungssignale ermittelt sie »ja«, »nicht«, »oder so«, »also«, »ich meine«, »und da« u. a. (S. 160). Die innerhalb dieser Begrenzungen stehenden Einheiten, die kommunikativ relevanten Äußerungseinheiten, werden nicht untersucht. Wichtig erscheint noch, daß die Verfasserin den gliedernden Charakter von Wiederholungen erkannt hat, an deren Auftreten »deutlich die Gliederung der Redeeinheiten in Sinnschritte« sich »ablesen« lasse (S. 178).

Es sei an dieser Stelle noch darauf hingewiesen, daß der gleiche Sammelband, in dem die spätere Arbeit von B. Wackernagel-Jolles erschienen ist, eine Arbeit von Rhode/Roßdeutscher enthält (S. 25–79b), in der Kurztexte, die die beiden Verfasser selbst aufgenommen haben, nach Betonungs-, Intonations- und Pausenkennzeichen gegliedert werden. Die Verfasser gehen aber der eigentlichen Gliederungsproblematik aus dem Wege, indem sie *eine* vorgegebene Äußerungseinheit gliedern: Als Text liegt ihnen die jeweilige Antwort auf die stets an gleicher Stelle und zum gleichen Zeitpunkt und mit den gleichen Worten formulierte Frage vor: »Entschuldigen Sie bitte! Wie kommen wir zum Hauptbahnhof?« Es handelt sich also überwiegend um die Frage der Binnengliederung von Äußerungseinheiten. Im übrigen erscheint mir die Betonungstranskription zu undifferenziert, die Notierung der Intonation zu kompliziert. Ich halte sie für eine Transkription größerer Textmengen nicht für anwendbar.

g) Die Untersuchungen der *Tübinger Arbeitsstelle ›Sprache in Südwestdeutschland‹ (Leitung Arno Ruoff)* haben prinzipiell keine kommunikativen, sondern in allererster Linie dialektologische Zielsetzungen. »Unsere Arbeiten wollen die bisherige Dialektologie um die Systematisierung des oft angesprochenen sprachsoziologischen Aspekts bereichern, vor allem aber um die ebenso oft geforderte systematische Ausdehnung auf den syntaktischen Bereich;« So formuliert es A. Ruoff (S. 8) in seinen »Grundlagen und Methoden der Untersuchung gesprochener Sprache« (1973).

Das Material der Arbeitsstelle besteht ausweislich des Katalogs[50] zum allergrößten Teil aus dialektologischen Interviews,[51] aber das Material umfaßt auch »eine größere Zahl anderer Situationen – von der intimen, familiären bis zur offiziösen –, es umfaßt alle Schichten der ›gesprochenen Sprache‹ von der Grundmundart bis zur landschaftlichen Hochsprache in Belegen aus freien Gesprächen in der ›Normalsprache‹ der Gewährsleute.« (S. 46). Verschriftet ist das Material in phonetischer Umschrift und in einer ›literarischen Umschrift‹ (eine modifizierte Art der Normalorthographie). Eine Durchsicht der Transkriptionsvorschriften zeigt deutlich, daß die phonetischen Merkmale des Gesprochenen im Mittelpunkt des Interessen stehen. Eine Textgliederung wird, abgesehen von der Kennzeichnung des Sprecherwechsels, nicht erstrebt. Es heißt hierzu (die literarische Umschrift betreffend): »Die Setzung von Apostroph [= Pausenkennzeichnung; R. R.] und Satzzeichen soll den Text möglichst leicht lesbar machen, sie steht in gewissen Grenzen im Ermessen des Umschreibers.« (S. 145). Leichte Lesbarkeit ist das Ziel, nicht etwa Rekonstruktion der Sprecherintention. Die Texte selbst sind nicht abgedruckt, auch nicht probeweise. Die aus der Tübinger Arbeitsstelle hervorgegangene Untersuchung über »Satzkonjunktionen in gesprochener Sprache«[52] zeigt in ihren Beispielen, daß die schriftsprachlich konventionalisierte Größe »Satz« die Gliederung des Textes bestimmt.

Am Verfahren der Tübinger Arbeitsstelle zeigt sich deutlich, daß der Untersuchungszweck die Textbehandlung bei der Verschriftung bestimmt: Einer höchst genauen und subtilen Vorschrift zur phonetischen Zeichendarstellung steht eine weitgehende Vernachlässigung von Vorschriften zur Darstellung kommunikativ interessanter Phänomene gegenüber.

Es ist allerdings zu fragen, ob nicht *jede* Verschriftung von Texten gesprochener Sprache mit einem Minimum an kommunikativ orientierten Transkriptionsvorschriften durchgeführt werden sollte, damit die Texte auch von Benutzern mit ganz verschiedener Fragestellung gebraucht werden können.

h) Ein in mancher Hinsicht extremer Versuch, Texte gesprochener Sprache zu gliedern, stellt die Arbeit von *Andreas Jecklin (1973)* – Untersuchungen zu den Satzbauplänen der gesprochenen Sprache – dar. An einem bestimmten Korpus gesprochener deutscher Sprache, über dessen Zustandekommen kaum etwas berichtet wird und daher auch nicht nachgeprüft werden kann (auch Einzelbeispiele werden kaum gegeben), will der Verfasser Satzbaupläne untersuchen. »(...) ein Satzbauplan gibt Anzahl, Art und Stellung der im jeweils untersuchten Satz enthaltenen Satzglieder an.« (S. 5). Der Verfasser verzichtet »auf eine neue Satzdefinition«, stellt aber »drei Kriterien auf, die für unsere Untersuchungseinheit verbindlich sein sollen:

– Sie darf nicht Teil einer größeren Konstruktion sein.
– Sie ist grammatisch aus kleineren Einheiten geformt.
– Sie muß – wir untersuchen Verbalsätze – eine finite Verbform aufweisen.« (S. 8f.).

Diese »Untersuchungseinheiten« werden, isoliert von kontextuellen und situativen Bedingungen, auf der Basis bestimmter strukturalistischer Verfahren analysiert. Die Äußerungen werden von allen wesentlichen Charakteristika der gesprochenen Sprache (wie Abbrüche, Konstruktionswechsel, Ellipsen) »gereinigt« und anschließend so behandelt, wie gewöhnlich Sätze aus schriftsprachlichen Korpora untersucht werden. Das Ergebnis ist entsprechend:

»Es hat sich gezeigt, daß die Strukturen der Satzbaupläne, die wir in unserem Material gefunden haben, alle auch schriftsprachlich realisierbar sind. Syntaktische Unterschiede zwischen gesprochener und geschriebener Sprache bestehen also im untersuchten Bereich kaum.« (S. 150).

Die einzelnen Satzbaupläne sind (unter Zuhilfenahme einiger Tesnièrscher Begriffe) statistisch außerordentlich genau ausgewertet worden. Nur zur gesprochenen Sprache werden keine Aussagen getroffen. Daß in gesprochener und geschriebener Sprache – macht man ihre Repräsentationsformen medial vergleichbar (Verschriftung des Gesprochenen) – strukturell gleiche Äußerungen vorkommen können (z. B. daß ein Satz aus Subjekt, Prädikat und Objekt besteht) ist kein Geheimnis und als Untersuchungsergebnis (!) trivial.

Während die thematisch in diesem Zusammenhang vergleichbare Arbeit von Weiss (s. o.) trotz ihrer streckenweisen Betonung der syntaktischen Vergleichbarkeit insgesamt dem Phänomen des Gesprochenen auf der Spur bleibt, klammert Jecklin die gesprochene Sprache – entgegen dem Titel der Arbeit – praktisch aus. Wendungen aus der Alltagssprache wie »der spricht wie gedruckt« oder »das ist ja druckreif formuliert« hätten den Verfasser schon darauf aufmerksam machen müssen, daß das Gesprochene eine eigene Qualität darstellt und daß er – wenn er diese Qualität unberücksichtigt läßt – genau jene Ergebnisse erhält, die für die Schriftsprache gelten.

i) Wenn die bisher besprochenen Arbeiten die Gliederungsproblematik (wenn überhaupt) eher im Zusammenhang mit grammatischen Fragen gesehen haben (Ausnahme: die praktischen Untersuchungen E. Gülichs), wird in der Arbeit von *Raimund Drommel (1974)* – Die Sprechpause als Grenzsignal im Text – ein wesentlicher Bereich der Gliederungsproblematik als solche direkt thematisiert.

Der Verfasser unterscheidet verbindende und abgrenzende Pausen. Zu dieser Unterscheidung »trägt entscheidend der präpausale Tonhöhenverlauf bei. Während die verbindende Pause die Tonhöhe gegen Ende der präpausalen Kontur *stützt* und *hält* und oft bei gleichbleibender Tonhöhe deren letztes Segment längt, modifiziert die abgrenzende Pause die präpausale Kontur, indem sie sie – durch Herabsetzen der Tonhöhe, auf der sie normalerweise endet – zu einer *abschließenden* (terminalen) Kontur macht (...). Abschließende Konturen finden sich jedoch (...) auch häufig ohne nachfolgende abgrenzende Pausen in Texten.« (S. 43). (Hervorhebungen: R. D.).

»Die textgliedernde Funktion der Intonation ist unter anderem aus folgenden Gründen wichtiger als die der Pausen:

1. Verbindende und abgrenzende Pausen sind weder vom Sprecher (auf der Produktionsseite) noch vom Hörer (auf der Perzeptionsseite) durch ihre Dauer genau zu unterscheiden.
2. Bei schnellem Sprechen können Pausen ganz verschwinden oder kaum zu erfassen sein (...)
3. Es findet sich in allen Texten immer eine große Anzahl nichtsyntaktischer Pausen.« (S. 43f.).

Drommel zeigt weiter, daß Sätze »keine intonatorische Selbständigkeit« haben müssen, sondern oft erst mit anderen Elementen gemeinsam eine »intonatorische Einheit« bilden. (S. 48). Diese Einheit, »die den fundamentalen abschließenden Intonationstyp dominiert«, nennt Drommel eine »Phrase«. »Eine Phrase ist jeder Teil eines mündlichen Textes, der von zwei abgrenzenden Pausen umgeben wird, unabhängig davon, aus wie vielen ›Sätzen‹ er besteht. Phrasen können sogar nur aus einzelnen ›Sätzen‹ bestehen oder überhaupt keine Sätze bilden.« (S. 48). So »erweisen sich Phrasen und nicht ›Sätze‹ als intonatorische und eigentlich-syntaktische (...) Einheiten.« (S. 49).

Als wesentliches Ergebnis hält Drommel fest: »Der Sprecher bedient sich nun der syntaktischen Pausen, um im Sinne seiner Primärintention seine Information für den Hörer[53] zu gliedern (...)« (S. 212).

Der Verfasser erkennt die Problematik, daß die Pause erstens mehrdeutig und zweitens als gliederndes Signal nicht obligatorisch ist. Da Drommel in erster Linie die vielfältigen Funktionen der Pause und nicht eine mögliche Gliederung von Texten in Äußerungseinheiten untersucht, kommt er über den recht allgemeinen Vorschlag der Phrase als Gliederungseinheit nicht hinaus. Überdies sind seine Ergebnisse vorwiegend an spanischen Texten gewonnen und lassen sich deswegen nur in allgemeiner Form für das Deutsche nutzbar machen.

j) *Bemerkungen zu zwei neueren Transkriptionsvorschriften:* Neuerdings sind von der Freiburger Forschungsstelle im Zusammenhang mit dem neuen Projekt »Dialogstrukturen« neue Transkriptionsvorschriften ausgearbeitet worden.[54] Diese neuen Transkriptionsvorschriften konzentrieren sich auf kommunikativ relevante Fragestellungen. Vom Transkriptor sollen u. a. folgende Merkmale festgehalten werden (der Reihenfolge nach, wie sie im Transkriptionsformular (S. 15) auftreten):
Pausen (kurz, mittel, lang); gefüllte Pausen; Hörersignale; Änderung im Sprechtempo; steigende, fallende, gleichbleibende Intonation; simultanes Sprechen; Veränderung der Lautstärke;

Gliederungsvorschriften fehlen.[55] Dies ist um so erstaunlicher, als die Gliederungsmittel selbst teilweise zumindest notiert werden. Sie ermöglichen allerdings, da nur Pause und Intonation erfaßt werden, wegen ihrer mangelnden Eindeutigkeit dem Leser keine sichere Gliederung. Die Hinzuziehung des Tonbandes ist unumgänglich.

Ähnliches gilt für ein Projekt meines Saarbrücker Kollegen Hans Ramge (jetzt: Gießen), »Sprachliche Interaktion im Klassenzimmer«. Es liegt ein »Entwurf eines Transkriptionsformulars« vor, das mit den neueren Freiburger Vorschriften verwandt ist. Auch hier fehlen explizite Vorschriften zur Textgliederung.[56]

k) Zusammenfassendes und Ergänzendes

1. Die Gliederungsproblematik wird in der untersuchten Literatur unterschiedlich behandelt. Überwiegend wird auf die grammatische Einheit »Satz« zurückgegangen. Einige Autoren überwinden diesen Standpunkt und nehmen der gesprochenen Sprache genuine Gliederungseinheiten an (Drommels »Phrase«). Gülichs genaue Untersuchung der Gliederungssignale führt implizit ebenfalls zu Gliederungseinheiten. Manche Autoren diskutieren explizit die Gliederungsproblematik nicht, behandeln aber ihr Material meist grammatisch. Das heißt, sie ordnen es als Satzesequenzen an. Summa: Bisher gibt es keine ausreichenden Untersuchungen zu Gliederungseinheiten (Äußerungseinheiten) für die gesprochene deutsche Sprache.

2. Ich gehe, wie schon mehrfach dargelegt, von der plausiblen Annahme aus (sie wird von den meisten Autoren, die sich mit gesprochener Sprache befaßt haben, geteilt), daß zwischen geschriebener und gesprochener Sprache auf der Ebene des Systems keine Unterschiede bestehen. Es werden die gleichen Regeln zur Bildung von Sätzen angewandt. Jedoch werden diese Regeln im Bereich ihres Vollzugs durch unterschiedliche Anwendungsbedingungen bestimmt, so daß sich unterschiedliche sprachliche Produkte ergeben.

3. Dies gilt auch und besonders für den Bereich der Gliederung. Schriftsprachlich grammatische Gliederung folgt anderen Anwendungsgesetzmäßigkeiten als gesprochensprachlich-kommunikative. Dabei bleibt es ganz unbestritten, daß jede Kommunikation sprachlicher Art an grammatische Regeln (s. o.) gebunden ist.

4. Zur Verdeutlichung des Unterschieds von grammatischer und kommunikativer Betrachtungsweise möchte ich diesen Abschnitt mit einem Bild abschließen. Dabei möchte ich betonen, daß mir Einwände gegen Vergleiche (»hinken«) und bildmäßige Veranschaulichungen (»nicht übertragbar«) bekannt sind. Dennoch ein Bild.

Der Lauf des Wassers richtet sich nach bestimmten physikalischen Gesetzmäßigkeiten. Es läuft bergab. Der Mensch macht sich diese Eigenschaft, wie überhaupt die Gravitation, zunutze. Diese Erscheinungen werden von physikalischen Wissenschaftszweigen beschrieben und als Gesetzmäßigkeiten erklärt. Dies ist die eine Seite des Wasserlaufs.

Etwas anderes ist nun die Untersuchung der Möglichkeiten zur Ausnutzung des Wasserlaufs. Bestimmte anwendungsorientierte Wissenschaften werden hier Daten liefern, die in letzter Konsequenz zur

Errichtung von Kraftwerken, Talsperren oder zur Anlegung von Erholungsgebieten mit Seen oder von Bewässerungssystemen führen. Das ist die andere Seite des Wasserlaufs.

So hat auch die Sprache zwei Seiten: Die grammatischen Regeln bestimmen den sprachinternen, syntaktischen und semantischen Verkettungsprozeß. Das Vorhandensein dieser Regeln und ihre Notwendigkeit für das Funktionieren von Sprache ist unbestritten und die sogenannte »Systemlinguistik« befaßt sich mit diesen Regularitäten. Ergebnisse sind bestimmte grammatische Erkenntnisse, z. B. über Wortstellungsfragen, über semantische Zusammenhänge, über *Satz*baupläne. Diese linguistischen Fragestellungen richten sich letzten Endes auf die zentrale Einheit »Satz«. Dies ist die eine Seite der Sprache. Die kommunikativen Fragestellungen entsprechen den Anwendungswissenschaften des Bildes. Es geht hier um Fragen, wozu und wie Sprache verwendet wird. Diese Fragen beziehen die Dialogteilnehmer, deren mögliche Motive zur Kommunikation und die situativen Faktoren mit ein. Es werden also die Regularitäten untersucht, die für Verständigung durch Sprechen von Wichtigkeit sind. Ergebnisse sind Erkenntnisse im Bereich kommunikativ relevanter Erscheinungen wie Anakoluthbildungen, Wiederholungen, kommunikative Gliederungseinheiten, Reduktionen, kommunikative Textkonstitution, Sprecher- und Hörersignale. Letzten Endes richten sich diese Fragestellungen auf die zentrale kommunikative Einheit, die Äußerungseinheit. Das ist die andere Seite der Sprache.

### *3.3.3 Praktische Vorschläge zur Bildung von Äußerungseinheiten*

#### *a) Aufgaben und Probleme*

Die Bildung von Äußerungseinheiten ist, wie in der einleitenden Problemstellung schon hervorgehoben, unter zwei Gesichtspunkten zu sehen: Einmal müssen die Gliederungssignale und die Äußerungseinheiten überhaupt erst einmal untersucht werden. Zum anderen müssen Vorschläge gemacht werden, wie diese Gliederungseinheiten bei der Verschriftung von Texten gesprochener Sprache praktisch erkannt und markiert werden können. Inzwischen dürfte es klar sein, daß die Angabe der Textgliederung zu denjenigen Transkriptionsvorschriften gehört, auf die in keiner Transkription verzichtet werden kann. Bevor ich die Gliederungssignale im einzelnen (mit Beispielen) bespreche, möchte ich an einem kurzen Textstück das Problem praktisch darstellen:

(46) I, 223

1 »ja aber das ist doch noch nich das ist doch noch
2 nich Ehe und[57] ich meine unter Ehe verstehen wir doch nich
3 nich nur eine Liebe so ne besondere Liebe zu einer Frau,
4 sondern Ehe is eine ganze Institution mit mit sagenhaft
5 vielen Verpflichtungen die beide Partner gegenüber haben
6 und also ich weiß nich ich müßte wir können das gar nich
7 so schrecklich schnell abtun. . .«

Wie soll dieses Textstück gegliedert werden, aus wievielen und welchen Gliederungseinheiten besteht es? Wenn ich von der grammatischen Gliederung des Textbuches ausgehe, dann verlaufen die Grenzen, gekennzeichnet durch die Punktsetzung, einmal zwischen »Ehe« und »und ich meine« (Punkt hinter »Ehe«), zum zweiten zwischen »Frau« und »sondern« (Punkt hinter »Frau«) und drittens zwischen »nich« und »ich«, Zeile 6 (Punkt hinter »nich«). Es wären also vier Einheiten anzunehmen.

Wackernagel-Jolles, die ebenfalls dieses Textstück (1973, S. 175) zitiert, übernimmt diesen Gliederungsvorschlag nur teilweise. Sie setzt Punkte hinter »Ehe« (Zeile 2), hinter »Frau« (Zeile 3) und hinter »haben« (Zeile 5). Den Punkt hinter »ich weiß nich« (Zeile 6) wandelt sie in ein Komma um.

Ohne genauere Diskussion der einzelnen Gliederungssignale in diesem Textstück möchte ich folgenden Gliederungsvorschlag machen:

ÄE I »Ja aber, das is doch noch nich das ist doch noch nich Ehe.

ÄE II Und ich meine, unter Ehe verstehen wir doch nich nich nur eine Liebe, so ne besondere Liebe zu einer Frau, sondern Ehe is eine ganze Institution mit mit sagenhaft vielen Verpflichtungen, die beide Partner gegenüber haben.

ÄE III Und also, ich weiß nich, (ich müßte) wir können das gar nich so schrecklich schnell abtun// . . .«

*Begründung:*

ÄE I: Die Stimmsenkung nach »Ehe« (Zeile 2) in Verbindung mit dem Eröffnungssignal der *folgenden* Äußerungseinheit stellen eine eindeutige Grenze dar.

ÄE II: Ihr Beginn wird durch ein lexikalisch-syntaktisches Eröffnungssignal eindeutig markiert. Das Ende wird signalisiert durch

Stimmsenkung und Pause (die allerdings nach einem Eröffnungssignal – »und« – gesetzt ist. Zu dieser Besonderheit weiter unten).

Die ÄE III beginnt mit eindeutigen lexikalisch-syntaktischen Gliederungssignalen und begrenzt so die vorhergehende und markiert den Beginn einer neuen Einheit. Mit »sondern« beginnt keine neue Äußerungseinheit: Die Intonation über »sondern« und dem vorangehenden »Frau« ist gleichbleibend, es gibt keine Pause vor »sondern« (wohl aber eine deutlich wahrnehmbare *Atem*pause *nach* »sondern«. Darüberhinaus kann hier »sondern« als disjunktive Konjunktion, nicht als Gliederungssignal nachgewiesen werden: es bezieht sich eindeutig auf das zuvor geäußerte »nicht«. Es gibt demnach keinerlei Anzeichen, nach denen eine Gliederungsgrenze vor »sondern« anzunehmen sei.

Dieses Einzelbeispiel verdeutlicht eine generelle Schwierigkeit bei der Rekonstruktion von Äußerungseinheiten. Die Gliederungssignale sind nicht immer so eindeutig, daß sie, für sich genommen, ausreichen, um eine Gliederungsgrenze zu markieren. Ich meine aber, daß trotz dieser Schwierigkeit an eine Verschriftung der Anspruch gestellt werden muß, Gliederungsgrenzen anzugeben. Die Sprecherbeiträge müssen als Sequenz von Äußerungseinheiten dargestellt werden, wobei selbstverständlich nicht verlangt werden kann, daß für jeden Gliederungsvorschlag eine explizite Begründung gegeben wird. Jedoch sollten die Gliederungssignale, aufgrund deren der Transkriptor eine Gliederung in Äußerungseinheiten vornimmt, deutlich als solche gekennzeichnet sein.

### *b) Gliederungssignale*

*Eröffnungs- und Schlußsignale, Redundanzen:* Seit der Arbeit von Gülich hat es sich eingebürgert, die am Anfang einer Gliederungseinheit stehenden Gliederungssignale »Eröffnungssignale«, die am Ende einer Gliederungseinheit stehenden Gliederungssignale »Schlußsignale« zu nennen.[58] Diese Unterscheidung ist zunächst hilfreich und nicht nur heuristischer Natur. Sie beruht nämlich auf distributionellen Analysen: Manche Signale treten nur am Anfang, manche nur am Ende einer Gliederungseinheit auf. An der Zweckmäßigkeit dieser Unterscheidung ändert sich auch nichts, wenn man an die Mehrdeutigkeit mancher dieser Signale denkt, z. B. »ja« als Eröffnungssignal und »ja?« als Schlußsignal. H. Wender hat sich in seiner unveröffentlichten Staatsarbeit »Probleme der Kohärenz in Texten gesprochener deutscher Standardsprache« (1976) mit den Grenzsignalen befaßt, und er problematisiert die Unterscheidung Gülichs (Eröffnungs-/Schlußsignale) m. E. zu Recht unter einem anderen Gesichtspunkt: Er kann zeigen, daß in vielen Fällen nicht unterschieden werden kann, ob ein Gliederungssignal am Anfang oder am Ende einer Gliederungseinheit steht. (S. 94ff.). Man wird also in diesen Fällen auf eine Differenzierung verzichten müssen. Wender spricht in diesem Zusammenhang von »Textfortsetzungssignalen«.[59]

Diese Überlegung – generell auf eine Unterscheidung von Eröffnungs- und Schlußsignalen zu verzichten – gewinnt an Kraft, wenn man an häufig auftretende Redundanzen denkt. Wenn nämlich die Grenze einer Äußerungseinheit mehrfach angezeigt ist, und zwar durch Eröffnungs- und Schlußsignale, dann fragt sich nämlich, ob es nicht angemessener ist, die Grenze zwischen Äußerungseinheiten insgesamt als eine Einheit aufzufassen.

Zunächst einige Beispiele für die Redundanzen:[60]

(47) III, 36

ÄE I »*Ja aber du mußt das doch verstehn*, ich hab ja viel mehr mit denen zu tun hier ↘ + *und dann äh + P*

ÄE II Du hättest vielleicht in der Situation genau dasselbe gemacht ↘

ÄE III (*Und hätt aber i*[61]) hätt ichs gemacht, wenn ichs mach und laß die Tür auf ↗+ *und dann + P*

*ÄE IV* Muß ich doch damit rechnen...«

Folgende Redundanzen treten auf: Das Ende der ersten und der Beginn der zweiten Äußerungseinheit sind durch folgende Gliederungssignale bezeichnet: ↘ + und dann + P.[62] Das Ende der zweiten und der Beginn der dritten Äußerungseinheit wird durch Stimmsenkung (↘) und durch das lexikalisch syntaktische Gliederungssignal »und hätt aber i« markiert. Und der Übergang von der dritten zur vierten Äußerungseinheit besteht aus: »und dann« + P.

Diese auftretenden Redundanzen sind, wenn man die Mehrdeutigkeit der einzelnen Gliederungssignale in Betracht zieht, in Wirklichkeit keine Redundanzen. Es sind gleichsam notwendige Redundanzen: Erst das Zusammenspiel mehrerer, für sich genommen, mehrdeutiger Gliederungssignale führt zu einer relativ eindeutigen Grenzbildung. Diese Grenzbildung allein ist wesentlich. Daher kann – dies sei vorgreifend gesagt, weil ich auf dieses Problem noch einmal zurückkomme – auf eine Unterscheidung von Schluß- und Eröffnungssignalen im Prinzip verzichtet werden.

*Intonation:* Darunter wird im allgemeinen Tonhöhenverlauf und Akzentverteilung verstanden.[63] Für die Gliederung ist in der Regel nur der Tonhöhenverlauf von Bedeutung, die Satzmelodie. Für Gliederung von Texten gesprochener Sprache ist vor allem die sogenannte terminale oder abschließende Kontur, d. h. das deutliche Herabsetzen der Tonhöhe zum Zwecke der Beendigung einer Einheit wichtig. Jede Textstelle mit einer deutlichen Tonhöhenherabsetzung kommt potentiell als Grenze einer Äußerungseinheit in Frage.

Auch hier stellt sich das Problem der Mehrdeutigkeit. Denn es gibt auch Stimmsenkungen, die nicht als Gliederungssignale fungieren, also keine Äußerungseinheit abschließen. Die Stimmsenkung allein reicht also nicht aus, eindeutig Gliederungsgrenzen zu markieren. Die folgende Textstelle enthält zwei deutlich wahrnehmbare Stimmsenkungen *innerhalb* einer Äußerungseinheit:

(48) I, 223
»...// Und meine These (...) is doch die, daß unsere Vorstellung ↘der abendländische Begriff der Ehe↘ wesentlich geprägt is durch das Christentum↘ //...«

Ich lasse hier die Frage außer Betracht, ob die Äußerungseinheit weitergeht oder nicht. Es kommt hier darauf an, zu zeigen, daß das Textstück, das der Nebensatz repräsentiert, und das *Teil* einer Äußerungseinheit ist, drei Tonhöhenherabsetzungen enthält, von denen die ersten beiden keine Gliederungssignale sind. Weder hinter »Vorstellung« noch hinter »Ehe« sind Grenzen von Äußerungseinheiten anzunehmen. Es fehlen weitere Gliederungssignale, die das bestätigen würden und man wird hier auch – dies soll nicht verschwiegen werden – intuitiv semantisch-thematisch argumentieren: es fehlte den so entstehenden Einheiten eine wesentliche Information, die Einheit wäre unkommunizierbar. Die Stimmhöhenherabsetzungen haben in diesem Textstück eine Betonungs- oder Hervorhebungsfunktion. Diese Funktionszuweisung, die Stimmsenkungen nicht als Gliederungssignale, sondern als Betonungszeichen zu interpretieren, führt zu einer wesentlich angemesseneren Gliederung und einer kommunizierbaren Äußerungseinheit. Äußerungseinheiten abschließende Intonation kann auch durch Stimmhebung realisiert werden, dann nämlich, wenn sie als Frageintonation identifiziert werden kann. Auch hier gilt, daß eine Tonhöhenerhebung, für sich genommen, mehrdeutig ist und daß weitere Kriterien – nämlich die im folgenden zu beschreibenden – berücksichtigt werden müssen.

Zusammenfassend: Äußerungseinheiten werden in der Regel durch Stimmsenkungen oder Stimmerhöhungen (mit) begrenzt. Aber nicht jede Stimmsenkung oder Stimmerhöhung stellt ein Gliederungssignal dar.

Pausen: Wir können hier auf die Arbeit Drommels (s. o.) verweisen, der die Pausen nach bestimmten Kriterien klassifiziert und ihre verschiedenen Funktionen beschreibt. Im Rahmen der Textgliederung kommt es darauf an, das ebenfalls mehrdeutige Phänomen ›Pause‹ im Zusammenhang mit den übrigen Gliederungssignalen als Grenzsignal zu erkennen. Ich möchte hier, in Ergänzung zu den obigen generellen Bemerkungen zu Drommel, die einzelnen Unterscheidungen kurz referieren.

*Erstens:* Syntaktische Pausen

(a) Verbindende Pausen: »Die verbindende Pause schafft (...) häufig anstelle eines Inventar-Junktors (deutsch: ›und‹, ›oder‹, ›aber‹, ›auch‹) (...) dieselben syntaktischen Nuancen wie dieser Junktor.« (S. 39). Der jeweilige »junktive Wert« der verbindenden Pause ist »aus dem Kontext [zu] erschließen.« (S. 40).

(b) Abgrenzende Pausen: Sie haben »syntaktische Abgrenzungsfunktion«. (S. 42). Sie »grenzen (...) syntaktische Einheiten voneinander ab« und erleichtern »dem Hörer das Textverständnis« (S. 61). Sie können durch den »präpausalen Tonhöhenverlauf« von den verbindenden Pausen unterschieden werden. (S. 43).

Diese abgrenzenden Pausen, die nach Drommel eine »Phrase« begrenzen, sind die eigentlichen Gliederungspausen.

Zu den syntaktischen Pausen ist noch festzustellen, daß die Stellen, »an denen der Sprecher syntaktische Pausen machen *kann*, die sogenannten ›Pausenstellen‹, dem Sprecher und dem Hörer »kraft ihrer muttersprachlichen *Kompetenz* bekannt sind. (S. 212). Das bedeutet aber, daß sie »an die syntaktische Struktur *einer* Sprache gebunden« sind. (S. 214; Hervorhebungen: R. D.).

*Zweitens:* Nichtsyntaktische Pausen

(a) Zögerungspausen: Sie »verweisen auf Selektions- und Koordinierungsschwierigkeiten, die normalerweise aufgrund hoher kognitiver Anforderungen entstehen.« Sie »gelten als Signale verschiedenartiger interner Prozesse (...) und sind (...) in hohem Maße Merkmale individueller Sprechergewohnheiten, also stark personengebunden (idiosynkratisch) (...)« (S. 32f).

(b) Emphatische Pausen: Sie sind aufzufassen »als intendierte Pausen mit dem Signalwert: ›Achtung, hohe semantische Information des nachfolgenden Elements in der Sprechkette!‹«. Sie kommen vor allem in »›nicht-syntaktischen Positionen‹« vor, z. B. zwischen Artikel und Substantiv. (S. 217f.).

Schwierigkeiten bereitet hier die Abgrenzung zwischen Zögerungspausen und Abgrenzungspausen. Dies auch im Zusammenhang mit der Klassifizierung sogenannter gefüllter Pausen wie »äh« oder »mh«. Nach meinen Untersuchungen kann eine Zögerungspause durchaus auch Grenzsignalfunktion haben und braucht nicht Ausdruck von »Selektions- oder Koordinierungsschwierigkeiten« (S. 32) zu sein.[64]

Ein m. E. plausibles Beispiel dafür, wo eine Zögerungspause in keine der angegebenen Kategorien paßt, ist das folgende:

(49) I, 238f.
»Und da meine ich, daß es eben bei intellektuellen Menschen besonders, ja, die das Gespräch ist, wo man die Mißverständnisse oder dieses Müde-Sein klären kann// Und zum andren nicht nur klären kann, sondern zum andren auch festellen kann, schön, [+ gefüllte Pause] ihre [+ P] körperlichen und ihre äußerlichen Reize, die sprechen mich nicht mehr an// ...«

Die Pause hat hier weder gliedernde Funktion noch ist sie – wie auch die gefüllte Pause vorher – auf »Selektions- oder Koordinierungsschwierigkeiten« zurückzuführen. Ferner handelt es sich nicht um eine verbindende Pause, die anstelle eines Junktors gesetzt wäre. Auch die Betonungsfunktion ist hier nicht gegeben. Wie aber ist dann diese Pause zu interpretieren? Man muß zunächst sehen, daß diese Pause nicht allein steht. Die Textstelle nach »feststellen kann« bis zur Pause ist durch verschiedene Merkmale als Verzögerungsstelle identifizierbar: gefüllte Pause, das verzögernde »schön« (semantisch nicht weiterführend) und die Pause selbst. Komplementär dazu ist die nach der Pause einsetzende starke Erhöhung des Sprechtempos. Die semantisch belangvolle Stelle der Aussage wird also sehr schnell gesprochen.

Der Grund der Verzögerungserscheinungen (und damit auch der Pause) und der Erhöhung des Sprechtempos kann darin gesehen werden, daß sich der Sprecher offenbar scheut, das auszusprechen, was er tatsächlich denkt. Er fürchtet offenbar, seine Gesprüchspartnerin damit zu verletzen. Nach Kenntnis der gesamten Diskussion erscheint mir diese Interpretation gesichert. Die Erhöhung des Sprechtempos ließe sich dann so erklären, daß der Sprecher, nachdem er sich nun einmal entschlossen hat, das, was er sagen will, auch tatsächlich auszusprechen, schnell hinter sich bringen will. Die an dieser Stelle erfolgte abrupte Unterbrechung des Sprechers durch die Sprecherin, deren sarkastische Reaktion und die überaus emotionale Stimmführung (die Stimme überschlägt sich fast) zeigen, daß die Befürchtung des Sprechers durchaus begründet ist. Die Verzögerung signalisiert hier also eine gewisse Unentschlossenheit, etwas auszusprechen. Kodierungs- oder Selektionschwierigkeiten brauchen dabei keine Rolle zu spielen.

*Lexikalische Gliederungssignale:* Die lexikalischen Gliederungssignale können danach unterschieden werden, ob es sich um Einzelwörter oder um zusammengesetzte Ausdrücke handelt. »und« als das häufigste Gliederungssignal (das übrigens bei Wackernagel-Jolles 1973 nur in Verbindung mit anderen Wörtern aufgeführt wird) wird beispielsweise oft als alleiniges Gliederungssignal benutzt. Zusammengesetzte Ausdrücke sind beispielsweise: »ich meine«, »und ich meine«, »ich glaube« u. a. Die lexikalischen »Gliederungssignale sind dadurch gekennzeichnet, daß ihre lexikalische Bedeutung stark reduziert ist.« (Gülich 1970, S. 297). Diese für das gesprochene Französisch getroffene Feststellung trifft auch für die deutschen Gliederungssignale zu. Ich gehe noch einen Schritt weiter. Die Gliederungssignale vermitteln in vielen Fällen überhaupt keine Bedeutung, weil sie eben keine semantische, sondern eine kommunikative Funktion haben. »ich meine« bedeutet eben *nicht* etwas anderes als »ich glaube«, »ich finde« oder »ich bin der Ansicht« bedeutet: hiermit wird der Beginn einer Äußerungseinheit gekennzeichnet. Auch hier sei noch einmal auf die Mehrdeutigkeit der lexikalischen Gliederungssignale hingewiesen: es kann natürlich ein »ich glaube« auftreten, das in Opposition zu einem »ich weiß« gebraucht wird. Dann natürlich verliert der Ausdruck seine kommunikative Funktion und ist allein semantisch zu interpretieren.

Hingewiesen sei auch noch einmal darauf, daß die lexikalischen Gliederungssignale kombiniert werden und zusammen mit übrigen Gliederungssignalen in komplexer Weise zusammenwirken können.

*Anakoluthe:* Es fällt auf, daß am Beginn von Äußerungseinheiten oft auch am Beginn der ersten Äußerungseinheit eines Sprecherbeitrags, Anakoluthe auftreten. Man wird sicher nicht sagen können, ein Sprecher produziere zum Zwecke der Gliederung Anakoluthe, wie etwa das folgende:

(50) I, 228
»...// (Denn [ gefüllte Pause] das das kann ich einfach nich sagen, ob ob das Christentum) Das is auch wieder ne ne Zwiespälterei//...«

Ein weiteres Beispiel ist
(51) I, 223
»...// Und also, ich weiß nich, (ich müßte) wir können das gar nich so schrecklich schnell abtun// ...«

In beiden Fällen Abbrüche am Beginn einer Äußerungseinheit. Sie lassen sich als Verzögerungsphänomene erklären, die entstehen, wenn der Sprecher auf der Suche nach einem Textanfang oder einer Textfortsetzung ist. Als solche sind sie für den Hörer durchaus Gliederungssignale, die zur Rekonstruktion der Gliederungsintention mit beitragen. Man kann hier vielleicht die von Gülich (S. 297) angedeutete und von Wender (S. 91ff.) explizierte und erweiterte Unterscheidung zwischen einer »Gliederungs- und einer Überbrückungsfunktion« der Gliederungssignale aufnehmen. In der Gliederungsfunktion »geben sie dem Hörer Orientierungshilfen für Aufbau und Inhalt der Rede des Sprechers«. (Gülich, S. 297). In der Überbrückungsfunktion »dienen sie dem Sprecher als Hilfsmittel bei der Formulierung seiner Rede.« (ebd). Diese für die *lexikalischen* Gliederungssignale gemeinte Unterscheidung läßt sich gut auf die Anakoluthe übertragen. Sie haben nämlich gleichzeitig einen hörerbezogenen und sprecherbezogenen Aspekt. Für den Hörer sind sie Orientierungshilfen – er verfolgt den Aufbau der Rede –, für den Sprecher, der ja generell, wenn er das Wort hat, unter Sprechzwang steht, bedeutet die Möglichkeit der Anakoluthsetzung Überbrückung.

Anakoluthe reflektieren die Schwierigkeiten, die mit einem Übergang, einem Neuanfang, einem Themawechsel für den Sprecher verbunden sind. Dem entspricht auch die Beobachtung, daß die Anakoluthe sehr viel seltener am Ende einer Äußerungseinheit stehen. Der Sprecher findet nach Anfangsschwierigkeiten (wobei diese auch innerhalb und nicht nur am Anfang eines Sprecherbeitrags auftreten) die »passende« Konstruktion, das »treffende« Wort. Hörbares Korrelat dieser Schwierigkeiten ist das Anakoluth, meist als Abbruch.

Zur Verdeutlichung möchte ich noch einmal sagen: Das Anakoluth wird nicht zum Zwecke einer Redegliederung produziert, wie etwa die Pause oder die lexikalischen Gliederungssignale. Es weist aber auf mögliche Gliederungsgrenzen hin, weil es eben signifikant oft an Anfängen von Äußerungseinheiten steht. Diese Tatsache scheint auf einen Zusammenhang hinzudeuten, der besteht zwischen einer kommunikativen Position (Beginn von Äußerungseinheiten) und den Planungsschwierigkeiten, diese Position im ersten Anlauf ohne Abbruch zu besetzen.

Angemerkt sei hier noch, daß damit – nach einer Erklärung des Anakoluths als Rest einer Korrektur –[65] auch der Ansatz einer Begründung gegeben wird für den Ort innerhalb von Sprecherbeiträgen, an dem Korrekturen durchgeführt werden.

### c) *Mehrdeutigkeit von Gliederungssignalen*

Es ist schon mehrfach darauf hingewiesen worden, daß Gliederungssignale, für sich, d. h. außerhalb des Kontextes betrachtet, nicht eindeutig sind. Dies gilt im Prinzip für alle Gliederungssignale:

- die fallende *Intonation* kann gliedern, indem sie eine Äußerungseinheit abschließt. Sie kann aber auch innerhalb von Äußerungseinheiten zum Zwecke der Betonung, Hervorhebung benutzt werden.
- Die *Pausen* haben wir als gliedernde (im Sinne der Begrenzung kommunikativer Einheiten) und nichtgliedernde kennengelernt.
- Die *lexikalischen Gliederungssignale* können durchweg auch andere, entweder grammatische oder semantische Funktionen übernehmen. Dabei wird die für die Gliederungsfunktion so charakteristische semantische Reduktion aufgehoben.
- *Anakoluthe* schließlich treten zwar häufig am Beginn von Äußerungseinheiten auf, sie können aber auch innerhalb solcher stehen. Dazu das folgende Beispiel:

(52) I, 223

». . .// Und [+ P gefüllt] in diesem in diesem ja großen Wandel, der sich im Augenblick vollzieht, zu dem gehört auch, daß daß dich die Vorstellung vielleicht der Ehe neue ja neue Gestalt annimmt //und . . .«

Am Beginn der Äußerungseinheit ein Wiederholungsanakoluth, in der Mitte eine Kontamination. (Vgl. Rath 1975 a)

Mit dieser Schwierigkeit der Mehrdeutigkeit kann man fertig werden, wenn nur das kombinierte Auftreten von Gliederungssignalen als Grenze von Äußerungseinheiten gewertet wird. In dieser Abstraktheit formuliert erscheint das unproblematisch. In der Praxis ergeben sich auch da noch erhebliche Probleme. Am folgenden Beispiel möchte ich dies verdeutlichen:

(53) I, 233

»... // Und man sollte also das Äußerste noch ertragen, immer wieder versuchen, noch die Ehe doch zu retten ↘ [+ P kurz] als als so dies leichtfertige Lösen-können //: ...«

Intonation und Pause hinter bzw. auf »retten« legen es nahe, dort die Äußerungseinheit als beendet anzusehen. Allerdings: Der »inhaltliche Zusammenhang«, nur sehr schwer zu operationalisieren und als Gliederungsmittel praktisch zu benutzen, legt es nahe, hier keine Grenze zu sehen. Ferner würde, nähme man hinter »retten« eine Grenze an, die nächste Äußerungseinheit kein Eröffnungssignal haben.

Hinzu kommt nun, daß der Verschrifter nicht an jeder Gliederungsgrenze die Zeit für lange theoretische Überlegungen hat. Daher muß nach einer anderen Möglichkeit gesucht werden, in einem ersten Zugriff die Grenzen von Äußerungseinheiten zu bestimmen. Sie muß verläßlich, praktizierbar und eindeutig sein. Ich bin aufgrund des Studiums sehr vieler Verschriftungen und der zugrundeliegenden Tonbänder (im wesentlichen die drei Freiburger Textbücher) zu der Überzeugung gelangt, daß im Regelfalle lexikalische Gliederungssignale – als obligatorische Anzeiger – zur Grenzbildung verwendet werden. Neben der Intonation haben wir damit eine zweite – lexikalische – obligatorische Grenzbildung. Daneben werden auch die übrigen Bildungsmittel verwendet. Für die Praxis bedeutet dies, daß (in der Regel) nur dort Grenzen von Äußerungseinheiten angenommen werden, wo ein lexikalisches Gliederungssignal auftritt. Damit genießen die lexikalischen Gliederungssignale einen Vorrang, der vor allem darin begründet ist, daß ihre Mehrdeutigkeiten leicht auflösbar, ihre Funktion leicht erkennbar ist.[66]

Eine gewisse Schwierigkeit besteht darin, daß es – in seltenen Fällen – vorkommt, daß Äußerungseinheiten nicht auch durch lexikalische

Gliederungssignale begrenzt werden. So etwa allein durch Pause und Intonation. Dazu das folgende Beispiel:

(54) I, 229
»...// Und dann werden pro Tag vierzig Ehen geschlossen↘+ P// Alles kühl und sachlich↘ //«

Auf »geschlossen« verändert sich der Tonhöhenverlauf: Stimmherabsetzung. Eine nicht lange, aber deutlich wahrnehmbare Pause folgt. Nach meiner Auffassung handelt es sich um den Abschluß einer Äußerungseinheit. Die Grenze wird bezeichnet ohne ein lexikalisches Gliederungssignal. Ein weiteres Beispiel:

(55) III, 37
»...// Es war ja auch doch äh äh war keine gar keine so Absicht (irgendein) (mit) durch irgendein Verhalten irgendwas zu bewirken↘+ P// Ich mußte ja hereinplatzen...«

Der gleiche Fall: Pause und Stimmsenkung markieren hier die Grenze einer Äußerungseinheit. Das (quasi) obligatorische lexikalische Gliederungssignal fehlt, und dennoch eine Gliederungsgrenze. Wie soll man hier nun verfahren?

Vorerst sind diese Schwierigkeiten im praktischen Bereich nicht lösbar. Wenn die Vorschläge zur Bildung von Äußerungseinheiten praktikabel und effizient bleiben sollen, indem die Markierung von Gliederungsgrenzen an das Auftreten von lexikalischen Gliederungssignalen gebunden wird, wird man eben eine Reihe von Textteilen unter Gliederungsgesichtspunkten weiterhin für interpretationsbedürftig halten müssen. Nach einem ersten Überblick hält sich die Zahl der Äußerungseinheiten ohne Begrenzung durch lexikalische Gliederungssignale in engen Grenzen.[67]

*d) Vorstellung und Kommentierung weiterer Beispiele*

Ich bringe Beispiele mit Kombinationen von Gliederungssignalen, die häufig belegt sind.
*Lexikalische Gliederungssignale als Eröffnungssignale (E)*
Kombination:↘+ P + E

(56) III, 30

»...// Und da hat er ne Vase genommen und durchs Fenster geschmissen ↘ + *P// Und dann* haben die Eltern ihn arg geschimpft und bestraft, daß...«

(57) I, 160

»...// Das ist zu einem solchen Klischee geworden und birgt die Gefahr in sich grad in unserm Land, daß... die restliche Bevölkerung... dann ohne Gewissen dahinvegetieren kann. ↘ + *P// + und* ich lehne es ab...«

Als Eröffnungssignale fungieren hier: »und« und »und dann«. Es handelt sich in solchen Fällen immer um eindeutig erkennbare Grenzen.

Kombination: ↘ + P + E + P

(58) I, 158

»...// Er spricht das Heidegger-Deutsch als Schülersprache ↘ + P// + *und deswegen* + P zwangsläufig muß dieser Nekrolog teilweise in Heidegger-Deutsch geschrieben werden// ...«

(59) I, 232

»... der kommt ja nicht mehr nich mehr in Himmel ↘ + P// *und* + P [*gefüllt, kurz*] da aber die fortschrittlich... fortschrittlich...«

Die Struktur dieser Gliederungsgrenze ist durch folgende Eigentümlichkeiten bestimmt: Das lexikalische Gliederungssignal nimmt eine Mittelstellung ein, es steht zentral zwischen zwei Pausen. Ferner: eine der Pausen wirkt als Eröffnungssignal. Dies ist insofern zunächst erstaunlich, als sich mit Pause, wenn wir sie als syntaktisch-abgrenzende Pause im Sinne Drommels (und das heißt auch als Gliederungspause) verstehen, die Vorstellung einer *abschließenden* Funktion verbindet. Eine Pause kann man doch erst dann machen, wen etwas vorhergegangen ist, wenn man einen gewissen Einschnitt oder Abschnitt, eine bestimmte abschließende Gliederung signalisieren will.

Diese Funktion kann in der vorliegenden Kombination ↘ + P + E + P der ersten Pause auch zugeschrieben werden, nicht aber der zweiten. Ihre Funktion kann nicht allein darin gesehen werden, dem Sprecher Zeit für die Formulierung zu gewähren. Das mag sicher mit eine Rolle spielen. Aber entscheidend scheint mir zu sein, daß diese Pause noch im Bereich der Grenze zwischen zwei Äußerungseinheiten liegt und daß dadurch diese Grenze noch deutlicher markiert und erkennbar wird.

Gülich nennt zwei Möglichkeiten der Interpretation dieser Grenzstruktur: Das lexikalische Gliederungssignal unterbricht die Pause, damit sie der Hörer nicht »mißversteht und seinerseits das Wort ergreift. Andererseits kann man auch die erste Pause als Gliederungselement und die zweite als Zeichen des Zögerns auffassen.« (S. 248f.).

Der Sprecher – und dies ist das Entscheidende bei der Struktur solcher Grenzsignale, wo eine Pause einem lexikalischen Eröffnungssignal folgt – macht erst dann eine Pause, »wenn er dem Hörer zu verstehen gegeben hat, daß er seine Rede fortsetzen will. Er benutzt das Eröffnungssignal dazu, sich gegen eine etwaige Unterbrechung von seiten des Gesprächspartners abzusichern.« (ebd. S. 245f.).

Kombination: ↘ + E (Gliederung ohne Pause)
(60) I, 227
»... // Denn ich weiß es von meiner eigenen Mutter her, daß sie diese dies vor vorm Altar gelobt hat, bis daß der Tod euch scheidet, ein unheimliches Band noch bietet ↘ // *Und* daß vielleicht die heutige Jugend...«

(61) I, 153
»... muß ein neues anfangen ↘ // *Und dann*, wenn wenn dieser Stoff sich einigermaßen (bis zu einem) bis zu dem Punkt abgeklärt hat...«

»und« – wie schon erwähnt das häufigste Gliederungssignal – gliedert an diesen und anderen verhältnismäßig schnell und kontinuierlich gesprochenen Stellen zusammen mit einer Tonerhöhung die Rede. Der Verzicht auf eine Pause beim Gliedern der Rede kann unter mehreren Gesichtspunkten gesehen werden: Einmal vermindert der Sprecher damit die Einspruchs- oder Unterbrechungsmöglichkeit durch den Hörer. Der Sprecherwechsel kann damit hinausgeschoben werden. Zum zweiten kann der Wegfall der Pause als Zeichen dafür angesehen werden, daß der Sprecher keine Übergangszeit (beim Übergang von einer Äußerungseinheit zur anderen) benötigt; Gliederungspausen sind gleichzeitig auch immer Zögerungspausen. (Dies widerspricht keineswegs der oben vorgenommenen Einteilung der Pausen in vier verschiedene Klassen. Dort sind die Hauptfunktionen festgehalten worden.). Schließlich kann der Wegfall der Pausen in Verbindung mit schnellem Sprechen auch als ein Anzeichen für den Grad der emotionellen Beteiligung des Sprechers am Dialog gewertet werden.

*Lexikalische Gliederungssignale als Schlußsignale (S)*

(62) III, 29 ↘ + S + P

»... dann hat das immer geklappt, wenn wenn ich wenn man das Krokodil weggeschickt hat und zu dir gebracht hat ↘ + *oder so +P II ...*«

Die Stimmsenkung ist nur undeutlich wahrnehmbar (Qualität der Aufnahme sehr schlecht).

(63) I, 224f. ↘ + S

»...haben sie auch die Verpflichtung, die Kinder, die sie erzeugen, zu erziehen ↘ + *ja // ...*«

»ja« trägt hier nach meiner Ansicht entgegen der Verschriftung keine Frageintonation.

Zu dieser Gliederungsart ist zunächst zu bemerken: Wenn ein Schlußsignal nicht zugleich auch das Ende eines Sprecherbeitrags markiert, kommt eine Pause verhältnismäßig selten vor. Dies offenbar im Gegensatz zum Material, das E. Gülich benutzt hat. Sie stellt nämlich fest: »Auf ein Schlußsignal (S) folgt im allgemeinen eine Pause (P).« (S. 252). Die Belege Gülichs sind, entsprechend einer anderen Zielsetzung, nicht danach unterschieden, ob das Ende einer Äußerungseinheit gleichzeitig auch das Ende eines Sprecherbeitrags ist.

Wenn das Ende einer Äußerungseinheit – die nicht zugleich das Ende des Sprecherbeitrags ist – eindeutig durch ein lexikalisches Gliederungssignal angezeigt ist, und der Sprecher eben noch weitersprechen will, ist auch *keine* Pause zu erwarten. Sie wäre insofern dysfunktional, weil sie vom Hörer als Signal, die Sprecherrolle zu übernehmen, aufgefaßt werden könnte.

Wenn nun aber der Sprecher auf eine Pause angewiesen ist – nicht in erster Linie als Gliederungssignal, sondern als Formulierungszeit – kommt es häufig vor, daß er zwischen Schlußsignal und Pause ein Eröffnungssignal einschiebt, das anzeigen soll, daß der Sprecherbeitrag trotz Pause noch nicht beendet ist. Eine solche Grenze hat die Struktur: ↘ + S + E + P. Dies ist im folgenden Beispiel der Fall:

(64) I, 228

»..../ / Und du sagst, es is nur übernommen worden↘ *ich weiß es nicht//* [= Schlußsignal] *Aber ich weiß nur,* [= Eröffnungssignal] + *P* daß daß für die katholische Kirche...«

Im Grenzbereich zwischen diesen Äußerungseinheiten bestehen starke Verzögerungserscheinungen: Pause, verhältnismäßig umfangreiche lexikalische Gliederungssignale und das mehrfache Sprechen eines Wortes. Da aber diese Verzögerung in den Grenzbereich fällt, gehört sie auch hierher und ist ein Merkmal der Grenze.

(65) III, 39

»Nein, man kann ja auch sagen, du wir müssen nochmal drüber reden, ich hab da noch ein paar Gesichtspunkte↘ oder so // [= Schlußsignal] Denn des is n des is so [= Eröffnungssignal] + P wäre die Möglichkeit...«

Die gleiche Grenzstruktur wie im vorigen Beispiel. Die Gliederungswirkung der Pause ergibt sich dadurch, daß sie im Grenzbereich zwischen Äußerungseinheiten liegt. Interessant ist in diesem Zusammenhang noch, daß selbst dann, wenn mit dem lexikalischen Schlußsignal ein Sprecherbeitrag beendet ist, oft keine Pause eintritt: Der Hörer übernimmt ohne zeitlichen Übergang das Wort.[68] Auch dies deutet auf die Vorrangstellung der lexikalischen Gliederungssignale hin.

(66) I, 229

Sprecher: »Also, daß wir zusammengehören, das wird durch eine Formalität bestätigt, ja?//

Sprecherin: Und das is für dich nur ne Formalität?//«

Die Sprecherin beginnt – ohne zeitlichen Übergang – also ohne eine Pause – sofort nach dem Schlußsignal der vorhergehenden Rede mit ihrem eigenen Sprecherbeitrag. Dabei verwendet sie »und« als Eröffnungssignal. Die Grenze hat damit die folgende Struktur: S + ↗ + E.

Als kurze Zwischenbemerkung möchte ich hier festhalten, daß in den zitierten Beispielen die Struktur der Gliederungsgrenzen, vor allem, wenn man das Zusammenwirken der einzelnen Gliederungssignale berücksichtigt, recht komplex ist. In der Regel wirken immer mehrere Grenzsignale zusammen und in den allermeisten Fällen ist ein lexikalisches Gliederungssignal beteiligt.

*e) Analyse und Gliederung einiger längerer Sprecherbeiträge*

Die bisher gemachten Beobachtungen lassen sich vertiefen, wenn wir an längeren Sprecherbeiträgen eine Rekonstruktion der Äußerungseinheiten vornehmen. Ich werde im folgenden zunächst den Text zitieren, und zwar ohne Gliederungszeichen und auch ohne sonstige Transkriptionszeichen. Im Anschluß daran folgt der gleiche Text, nun aber nach Äußerungseinheiten gegliedert. Dann ein Kommentar, in dem ich meinen Gliederungsvorschlag begründe.

(67) I, 223
»ja aber das ist doch[69] noch nich das is doch noch nich Ehe ich meine unter Ehe verstehen wir doch nich nich nur eine Liebe so ne besondere Liebe zu einer Frau sondern Ehe is eine ganze Institution mit mit sagenhaft vielen Verpflichtungen die beide Partner gegenüber haben. Und also ich weiß nich ich müßte wir können das gar nich so schrecklich schnell abtun und meine These, vielleicht is sie falsch, is doch die, daß unsere Vorstellung der abendländische Begriff der Ehe wesentlich geprägt is durch das Christentum[70] oder durch durch[71] christliche Vorstellungen. Und daß da wir im Augenblick eine große Wandlung sich vollzieht, und ich meine von von[72] von Säkularisierung[73] is das is schon n veralteter Begriff ja? also das Christentum[74] verliert immer mehr an Bedeutung oder verliert seinen Sinn und es ist viel viel schwerer noch noch den christlichen Glauben aufrechtzuerhalten bei[75] Weltraumforschung und bei allen grade biochemischen Erkenntnissen. Und man man is fähig irgendwie Plasma zu zeugen was weiß ich, und in diesem in diesem ja großen Wandel, der sich im Augenblick vollzieht, zu dem gehört auch, daß daß dich die Vorstellung vielleicht der Ehe neue, ja neue Gestalt annimmt, und daß daß also also eigentlich aus aus dieser Sicht heraus man sich die vielen Probleme auftun. Denn wie anders könnten sonst die Chinesen plötzlich quasi die Ehe abschaffen?...«[76]

Gegliederter Text:[77]

ÄE I »*Ja, aber* das is doch noch nich das is doch noch nich Ehe ↘

ÄE II *Ich meine,* unter Ehe verstehen wir doch nich nich nur eine Liebe, so ne besondere Liebe zu einer Frau, sondern Ehe is eine ganze Institution mit mit sagenhaft vielen Verpflichtungen, die beide Partner gegenüber haben

ÄE III *Und + P* [teilweise gefüllt] *ich weiß nich (ich müßte)* wir können das gar nich so schrecklich schnell abtun ↘

ÄE IV *Und + P* [gefüllt] *meine These, vielleicht is sie falsch, is doch die,* daß unsere Vorstellung der abendländische Begriff der Ehe wesentlich geprägt is durch das Christentum ↘ + *P*

ÄE V *Oder* durch durch christliche Vorstellungen ↘

ÄE VI *Und (daß)* da wir im Augenblick eine große Wandlung sich vollzieht ↗

ÄE VII *Und + P ich meine,* (von von Säkulari) Säkularisierung is das is schon n veralteter Begriff *ja* ↗

ÄE VIII *Also* das Christentum verliert immer mehr an Bedeutung oder verliert seinen Sinn ↘

ÄE IX *Und* es is viel viel schwerer noch noch den christlichen Glauben aufrechtzuerhalten bei Weltraumforschung und bei allen gerade biochemischen Erkenntnissen und man man is fähig irgendwie Plasma zu zeugen, *was weiß ich* ↘ + *P*

ÄE X *Und + P* [gefüllt] in diesem ja großen Wandel, der sich im Augenblick vollzieht, zu dem gehört auch, daß das dich die Vorstellung vielleicht der Ehe neue ja neue Gestalt annimmt. ↘

ÄE XI *Und + P* daß daß also also eigentlich aus aus dieser Sicht heraus man sich die vielen Probleme auftun. ↘

ÄE XII *Denn* wie anders könnten sonst die Chinesen plötzlich quasi die Ehe abschaffen ↘ / / . . .«

Zunächst notiere ich die Grenzen zwischen den einzelnen Äußerungseinheiten:

| | |
|---|---|
| I/II | ↘ + ich meine |
| II/III | ↘ + und + P (teilw. gef.) + ich weiß nich + Anakoluth |
| III/IV | ↘ + und + P (gef.) meine These, vielleicht is sie falsch is doch die |
| IV/V | ↘ + P + oder |
| V/VI | ↘ + und + Anakoluth |
| VI/VII | ↘ + und + P + ich meine + Anakoluth |
| VII/VIII | ja + ↗ + also |
| VIII/IX | ↘ + und |
| IX/X | was weiß ich + ↘ + P + P (gef.) |
| X/XI | ↘ + und + P |
| XI/XII | ↘ + denn |

*Kommentar*

(1) Es kommen im Text folgende Gliederungssignale vor:

- Tonhöhenänderungen (Tonerhöhungen und -herabsetzungen)
- Pausen (stille und gefüllte)
- lexikalische Gliederungssignale (»und«, »ja aber«, »ich weiß nicht«, »ich meine«, »oder«, »also«, »denn«, »ja«, »was weiß ich«)
- Anakoluthe (vgl. oben: als Indikatoren für Grenzen, nicht als eigentliche Gliederungssignale).

(2) Aus dieser Gliederung und Aufstellung geht hervor: alle Grenzen sind eindeutig erkennbar, weil sie mehrfach gekennzeichnet sind. Es bestätigt sich an diesem längeren Textstück, daß die Struktur der Gliederungsgrenzen es nahelegt, die auf den ersten Blick so einleuchtende Einteilung der Gliederungssignale in Eröffnungs- und Schlußsignale aufzugeben. Und zwar vor allem deswegen, weil fast immer eine Verschachtelung der einzelnen Signale vorliegt. Dies wird deutlich, wenn innerhalb einer Grenze mehrere Pausen vorkommen (IX/X) oder wenn eine Pause nach einem lexikalischen Gliederungssignal gesetzt ist (X/XI). Aber auch eine ganze Reihe der lexikalischen Gliederungssignale läßt sich auf die vorhergehende *und* die folgende Äußerungseinheit beziehen, so daß eine eindeutige Zuordnung nicht möglich ist.

(3) An diesem Sprecherbeitrag läßt sich zeigen, daß die Gliederung nach den kommunikativen Gliederungssignalen und nach eher textlinguistisch motivierten Kriterien (etwa der Wiederholung als Form der Wiederaufnahme) nicht parallel zu verlaufen braucht, also zu verschiedenen Gliederungsvorschlägen führen kann.

In der ÄE VI heißt es:

im Augenblick eine große Wandlung sich vollzieht

In der ÄE X heißt es:

in diesem großen Wandel, der sich im Augenblick vollzieht

Die ÄE VI, so scheint mir, war zunächst länger geplant. Dafür spricht vor allem die Nebensatzstellung. Während ihrer Realisierung bricht die Sprecherin diese Äußerungseinheit ab, weil ein erläuterungsbedürftiger Begriff – nämlich »Wandlung« – in einer Art weitgefaßter Parenthese zum Thema der folgenden drei Äußerungseinheiten gemacht wird:

VII Wandlung ist Säkularisierung
VIII Säkularisierung bedeutet Sinnverlust
IX Begründung für den Sinnverlust

In X wird dann das Thema »Wandel« fast mit den gleichen Worten wie in VI wieder aufgenommen und mit dem Thema »Ehe« verbunden. Diese Interpretation des Textes: Gliederung durch Wiederaufnahme (Wiederholung) wird gestützt durch den Tonhöhenverlauf, und zwar in doppelter Weise: einmal endet die ÄE VI mit Tonanstieg, ohne – ein seltener Fall – daß Frageintonation vorliegt. Tonanstieg hat meist die Funktion, die Spannung aufrechtzuerhalten, ist also ein Zeichen für Unabgeschlossenheit, ein Signal für noch zu erwartende Textergänzungen. Insofern könnte die ÄE X als die Textfortsetzung von VI angesehen werden. Zum anderen liegt das allgemeine Tonhöhenniveau von VII–IX insgesamt deutlich unter dem Tonhöhenniveau von VI und X, was aber nicht bedeutet, daß VII, VIII, IX nicht in sich durch Tonhöhenverlauf gegliedert wären. Nur bleiben die Tonhöhenänderungen unter dem Gesamtniveau von VI und X. Dies ließe sich folgendermaßen erklären: Die Sprecherin hält sich durch eine allgemeine Tonhöhensenkung den Weg offen, auch *intonatorisch* das Thema »Wandlung« wieder aufgreifen zu können. Der thematische Zusammenhang wird damit auch suprasegmental realisiert.

Daß dieser Zusammenhang besteht, zeigt neben den genannten Erscheinungen (thematische Wiederaufnahme, Tonhöhenverlauf) auch die Benutzung des deiktischen Pronomens »diesem« in X. Der Gebrauch dieses Pronomens deutet ebenfalls auf Vorerwähntheit hin.

Wie soll man nun einen solchen Text gliedern? Nimmt man *eine* Äußerungseinheit an, die durch mehrere, untereinander in Verbindung stehende Parenthesen unterbrochen ist, oder handelt es sich um *mehrere* Äußerungseinheiten, die thematisch – hier besonders eng – miteinander verbunden sind? Ich habe mich für die zweite Möglichkeit entschieden, weil ich den Grenzsignalen einen höheren Gliederungswert beimesse als der thematischen Gliederung. Mir scheint allerdings, daß es sich bei der aufgeführten Alternative nicht um einen Gegensatz handelt, sondern nur um verschiedene Möglichkeiten der Textgliederung, die beide realisiert bleiben, gleichgültig wie man sich entscheidet. Ein enger textlicher Zusammenhang schließt die Gliederung und damit die Trennung in kleinere Einheiten nicht aus.

(4) Zur ÄE IV und V: Hier wieder ein ähnliches Problem wie unter (3) behandelt: Die Gliederung durch Wiederaufnahme, die auf einen engen Zusammenhang der beiden Textteile deutet und die Gliederung durch Gliederungssignale, die für die Trennung in zwei Äußerungseinheiten spricht. Die Struktur der Grenze: ↘ + P + oder scheint mir

so eindeutig auf Trennung hinzuweisen, daß ich wiederum die Wiederholungsgliederung als eine thematische Gliederung betrachte, die unabhängig von der Bildung von Äußerungseinheiten besteht. Daß es sich bei der Äußerungseinheit V um eine elliptische Konstruktion handelt, spricht nicht gegen ihre Einstufung als ÄE: Denn »elliptisch« ist zunächst ein rein grammatischer Terminus, dessen Anwendung auf kommunikative Gliederungseinheiten problematisch erscheint. (Vgl. dazu das letzte Kapitel.)

(68) III, 36f.
»Ja aber du mußt das doch verstehn ich hab ja viel mehr mit denen zu tun hier und dann äh du hättest vielleicht in der Situation genau dasselbe gemacht und hätt aber i[78] hätt ichs gemacht wenn ichs mach und laß die Tür auf und dann muß ich doch damit rechnen, daß du mir das vorwirfst nachher und sagst ich hab dir doch noch extra gesagt also[79] das das war also schon immer daß ich dir gesagt hab des des ich kann das nicht durchführen weil ich in der konkreten Situation bin ich so anders.«

Gegliederter Text:

ÄE I »*Ja aber du mußt das doch verstehn,* ich hab ja viel mehr mit denen zu tun hier ↘

ÄE II *Und dann äh + P* du hättest vielleicht in der Situation genau dasselbe gemacht ↘

ÄE III (*Und hätt aber i*) hätt ichs gemacht, wenn ichs mach und laß die Tür auf ↗

ÄE IV *Und dann + P* muß ich doch damit rechnen, daß du mir das vorwirfst nachher und sagst, ich hab dir doch noch extra gesagt ↘ + *P*

ÄE V *Also das das war also* schon immer, daß ich dir gesagt hab, (des des) ich kann das nicht durchführen, weil ich in der konkreten Situation bin ich so anders.«Die Gliederungsgrenzen:

I/II ↘ + und dann + äh + P
II/III ↘ + und hätt + aber i
III/IV ↗ + und dann + P + Anakoluth
IV/V ↘ + P + also das das war also

Kommentar:

(1) Zu diesem Sprecherbeitrag wie zu dem gesamten Gespräch ist zu bemerken, daß die Aufnahmequalität sehr schlecht ist. Hinzu

kommt, daß bei der Sprecherin die phonologische Komponente oft sehr schwach kontrolliert ist. Beides wirkt sich so aus, daß einzelne Redestücke nicht immer sicher zu verstehen sind. Eine inhaltliche Erklärung: es handelt sich um ein Alltagsgespräch, das sich u.a. um die Behandlung und Erziehung der (eigenen) Kinder dreht. Die Formulierung in ÄE I »mit denen« bezieht sich auf die Kinder der beiden Gesprächspartner (die miteinander verheiratet sind). Die vierte Äußerungseinheit ist semantisch und syntaktisch unvollständig, aber durchaus verständlich: Auf »extra« geht die Stimme mit Betonung nach oben, was als Signal dafür gewertet werden kann, daß das, was die Sprecherin sagen will, selbstverständlich ist (nämlich: Mach aber die Türe zu) und daher nicht mehr formuliert zu werden braucht. Mit der Betonung und Tonerhöhung auf »extra« drückt die Sprecherin den vorwurfsvollen Tonfall aus, den der Partner ihrer Meinung nach realisieren würde, wenn die Sprecherin so, wie sie es sagt, gehandelt hätte.

(2) Als lexikalische Gliederungssignale treten auf: »Ja aber das mußt du doch verstehn«, »und dann«, »aber«, »also«.

(3) Eine gewisse Schwierigkeit bietet der Übergang von II nach III. Wohin gehört der abgebrochene Satz »und hätt«? Als Anakoluth steht er zwischen zwei Äußerungseinheiten. Die bisher von mir praktizierte Notation zwingt mich dazu, ihn einer ÄE zuzuordnen. Eine eindeutige Zuordnung erscheint mir aber nicht möglich. Es ist daher zu überlegen, ob die Grenzen zwischen Äußerungseinheiten ganz von diesen selbst gelöst würden. Dies wäre eine konsequente Fortsetzung dessen, was wir mit der Aufgabe der Trennung von Eröffnungs- und Schlußsignalen begonnen haben. Am Beispiel von II und III vorgeführt, bietet sich folgende Notation an:

| | |
|---|---|
| II: | du hättest vielleicht in der Situation genau dasselbe gemacht. |
| Grenze: | ↘ + und hätt + aber i |
| III: | hätt ichs gemacht, wenn ichs mach und laß die Türe auf. |

Eine gewisse Sonderstellung nähmen in diesem Falle Anfänge und Schlüsse von Sprecherbeiträgen ein. Zu Recht, wie mir scheint, denn sie stehen in engem Zusammenhang mit der Gliederung durch Sprecherwechsel.

(4) Die Grenze zwischen den Äußerungseinheiten III und IV ist geeignet, den Unterschied zwischen grammatischer und kommunika-

tiver Gliederung zu verdeutlichen. Der Beginn der Grenze wird durch Stimmerhöhung markiert. Dies deutet – vgl. auch Beispiel (67) auf eine Textfortsetzung, auf eine gewisse Unvollständigkeit hin. Syntaktisch gesprochen: es fehlt der Hauptsatz. Der Grammatiker würde an dieser Stelle keine Grenze annehmen und dies mit dem Vollständigkeitsgrundsatz begründen. Unter kommunikativen Gesichtspunkten läßt sich die Grenze folgendermaßen begründen: Einmal liegt ein eindeutiges lexikalisches Gliederungssignal vor. Ferner tritt eine Pause auf. Weiterhin kann man argumentieren, daß hier eine Art rhetorische Frage vorliegt. Diese Frage läßt sich ebenso als eine Einheit betrachten wie die Antwort, die in der nächsten Äußerungseinheit gegeben wird.

(69) I, 239 f.

»Oh nein nein[80] also ich[81] weiß nicht ich bin immer so allergisch dagegen wenn wir auf den Intellektuellen und und der geistigen Überlegenheit da herumpochen und meinen damit weiß was erlangt zu haben also ich glaube, daß einfache Leute sich auch ihre Worte finden, um sich auszusprechen und daß das überhaupt nicht intellektuell zu sein braucht, ich ich hab mich mit Herrn Frühbold heute wunderbar über menschliche Probleme unterhalten. Und der wird nich als Intellektueller bezeichnet. Also ich weiß nich dagegen muß ich mich unheimlich wenden weißt du das is so die Art, die wir Studenten einnehmen nich der Intellektuelle nich der Einblick hat weißt du so zu wissen, was die Welt im Innersten zusammenhält ja?«

Gegliederter Text (wobei entsprechend den bisher erzielten Ergebnissen die Gliederungsgrenzen von den Äußerungseinheiten getrennt notiert werden):

*Grenze I:* *»Oh nein nein also ich weiß nicht*

ÄE I: ich bin immer so allergisch dagegen, wenn wir auf den Intellektuellen und und der geistigen Überlegenheit da herumpochen und meinen damit weiß was erlangt zu haben.

*G I:II:* ↘ + *Also ich glaube*

ÄE II: daß einfache Leute sich auch ihre Worte finden, um sich auszusprechen und daß das überhaupt nicht intellektuell zu sein braucht. Ich ich hab mich mit Herrn Frühbold

| | |
|---|---|
| | heute wunderbar über menschliche Probleme unterhalten und der wird nicht als Intellektueller bezeichnet. |
| *G II/III:* | ↘ + *Also* + *P* + *ich weiß nich* + *P* [*gef.*] |
| ÄE III | dagegen muß ich mich unheimlich wenden |
| *G III/IV:* | ↘ + *Weißt du* + ↗ |
| ÄE IV: | das is so die Art, die wir Studenten einnehmen |
| *G IV/V:* | ↘ + *Nich* + ↗ |
| ÄE V: | der Intellektuelle nich, der Einblick hat, weißt du, so zu wissen, was die Welt im Innersten zusammenhält. |
| *G V:* | ↘ + *ja* ↗« |

Kommentar:

(1) Zunächst ist wieder festzuhalten, daß an jeder Grenze ein lexikalisches Gliederungssignal beteiligt ist. (»also ich weiß nich«, »also ich glaube«, »also ich weiß nich«, »weißt du«, »nicht«, »ja«). Ferner sind durch die Mehrfachbezeichnungen die Grenzen deutlich als solche zu erkennen, wenngleich hier in der ÄE II und III einige Probleme bestehen.

(2) Zur Äußerungseinheit II: Die Frage ist hier, ob eine oder zwei Äußerungseinheiten vorliegen. Sollte man nicht zwischen »braucht« und »ich ich« eine Grenze ziehen? Eine Grenze, die dann aber als solche nur minimal bezeichnet wäre mit einer Tonsenkung auf »braucht«. Inhaltlich-thematisch lassen sich Gründe für beide Einteilungsmöglichkeiten beibringen. In einer Äußerungseinheit wird das Thema allgemein, in der anderen wird es am Beispiel abgehandelt. Dieses Argument läßt sich aber auch umkehren: allgemeine und exemplifizierende Aussage gehören thematisch eng – in eine ÄE – zusammen. Da für mich die Setzung bzw. das Fehlen von Gliederungssignalen erstes Kriterium für die Bildung von Äußerungseinheiten ist, habe ich mich für *eine* Äußerungseinheit entschieden.

(3) Zur Äußerungseinheit III: Handelt es sich um eine eigene Einheit oder stellt sie als Ganzes eine Grenze dar? Hier stellt sich also das Problem des Übergangs von einem semantisch leeren Gliederungssignal zu einer semantisch relevanten Phrase. Es kommt (im vorliegenden Fall) darauf an, welchen inhaltlichen Wert man einer Äußerung wie »dagegen muß ich mich unheimlich wenden« beimißt. Ist sie als Kommentar zu einer bestimmten Meinung Gliederungssignal oder ist sie eine semantisch weiterführende Einheit? Es liegt hier m.E. ein Grenzfall vor, eine Äußerung des Übergangs. Ich notiere diese Äuße-

rung hier als eine ÄE, weil sie als solche eindeutig von (weiteren?) Gliederungssignalen umgeben ist. Man könnte hier aber auch anders verfahren.

(4) Auch dieser Sprecherbeitrag zeigt, daß die Gliederungssignale nicht immer eindeutig einer bestimmten Äußerungseinheit zuzuordnen sind. So ist nicht klar, wie die Gliederungsgrenzen von II/III, III/IV aufzuteilen und zuzuordnen sind. Eine weitere Bestätigung dafür, die Grenzen insgesamt als Grenzeinheiten aufzufassen, sie als Kommunikationssignale anzusehen, die von den Äußerungseinheiten gesondert zu notieren sind.

(5) In der Äußerungseinheit V kommen mehrere Vergewisserungssignale vor, die die gleiche Form haben wie bestimmte Gliederungssignale (»weißt du«, »nicht«). Sie haben ebenfalls gliedernde Funktion, gliedern aber die Äußerungseinheit intern. Dies ist das Thema des nächsten Abschnitts.

### *3.3.4 Schlußbemerkung*

Vor allem die Analyse längerer zusammenhängender Sprecherbeiträge hat gezeigt, daß dialogische Texte der gesprochenen Sprache außer durch Sprecherwechsel auch durch eigene Gliederungssignale gegliedert sind. Der Sprecher portioniert damit seine Texte und macht sie dem Hörer verfügbar. Die Gliederungssignale kommen aus sprachlichen und sprecherischen Bereichen. Sie sind für das gesprochene Deutsch erstmalig im Zusammenhang mit der Bildung von Äußerungseinheiten hier untersucht worden. Es ergeben sich für den Bereich der Binnengliederung (wie überhaupt der Gliederung des gesprochenen Deutsch) folgende weitere Aufgaben:

– Die Gliederungsgrenzen müssen auf breiter empirischer Basis untersucht, ihre Strukturen genauer, als dies hier geschehen ist, analysiert werden. Dabei wäre als Fragestellung einzubeziehen, ob gewisse Grenzstrukturen für bestimmte Textbereiche charakteristisch sind. Oder anders gefragt: Unter welchen Bedingungen werden welche Grenzen gebildet?

– Die Äußerungseinheiten selbst müßten weiter untersucht werden. Dabei wäre eine wesentliche Fragestellung: Welcher *thematische* Zusammenhang besteht zwischen den nach nicht-thematischen Gesichtspunkten gebildeten Äußerungseinheiten? Besteht überhaupt ein solcher?

– Schließlich könnte die Frage untersucht werden, ob zwischen der Äußerungseinheit und der Art ihrer Konstituierung, d.h. der Struktur ihrer Grenzen eine Beziehung besteht. Gibt es Typen von Äußerungseinheiten, die durch die Grenzen bestimmt werden?

Ansätze und Vorschläge zur Transkription sind explizit und implizit gemacht worden. Texte, die auf der Basis dieser Vorschläge hergestellt werden, sind für weitere textlinguistisch-kommunikative Fragestellungen geeignet.

Eine kommunikativ orientierte Grammatikforschung hätte in der Äußerungseinheit sozusagen ihren »Satz« gefunden, dessen Gesetzmäßigkeiten weiter erforscht werden könnten.

## 3.4 Exkurs: Sprecher- und Hörersignale

### *3.4.1 Allgemeine Funktion*

Neben der Organisation des Textes durch Gliederung (in Sprecherbeiträgen und Äußerungseinheiten) gibt es eine weitere, ebenfalls mit sprachlichen Elementen durchgeführte Organisation, die in erster Linie nicht der Portionierung des Textes, sondern der Dialogsteuerung dient. Es handelt sich bei dieser Steuerung um Sprecher- und Hörerkundgaben, die vor allem den Zweck haben, dem Partner zu signalisieren, daß man sich – wie auch immer – weiterhin an der Kommunikation beteiligt bzw. erwartet, daß sich der Partner an der Kommunikation beteiligt. Dabei erfolgt eine solche Bekundung *nicht explizit*. Ferner ist mit ihr nicht die Absicht verbunden, die bestehende Sprecher-/Hörerkonstellation zu ändern. Ein Sprecherwechsel ist also nicht beabsichtigt. Sprecher und Hörer benutzen neben nonverbalen Mitteln bestimmte sprachliche Formen, denen sich weder Bedeutungen als strukturierte Menge begrifflicher Merkmale noch – in referentieller Auffassung – Extensionen zuordnen lassen.[82] Diese sprachlichen Formen, die also nicht sach- sondern partnerbezogen geäußert sind,[83] werden Sprecher- bzw. Hörersignale genannt.

Wie angedeutet, wird der Text auf textgliedernder und dialogsteuernder Ebene organisiert. Sprecher- und Hörersignale können auf *beiden Ebenen* verwendet werden, d.h. sie können die Funktion der Textgliederung übernehmen bzw. mitübernehmen. Daher können die

Ergebnisse beider Organisationsformen zusammenfallen, wodurch der bereits erkannte kommunikative Charakter der Äußerungseinheiten bestätigt wird.

Zunächst ein Beispiel für ein Sprechersignal:

(70) I, 224
»... dazu brauchen se überhaupt nich verheiratet zu sein ja?// oder nich verheiratet in unserem Sinne.//«

Es geht hier um das mit steigender Intonation gesprochene »ja«. Welchen Sinn hat es, wozu wird es gesprochen? Schwitalla[84] meint zwar, daß es »im konkreten Fall« schwierig sei, zu bestimmen, welche Funktion ein solches Signal habe oder welche Funktion überwiege; ich bin der Meinung, daß es im Prinzip nur konkrete Fälle gibt und daß diese interpretiert werden müssen – mit allen Schwierigkeiten, die sich einer »Verstehenswissenschaft« stellen. In der Regel führt, wie auch im vorliegenden Fall, eine Textanalyse (natürlich in Verbindung mit dem Tonband) zu einer relativ sicheren Bestimmung. Es handelt sich bei diesem Sprechersignal um eine »Vergewisserungsform«. Die Sprecherin will sich vergewissern, ob der Hörer ihrer Argumentation folgt (im doppelten Sinne), ob er sie versteht und ihr womöglich explizit zustimmen kann. Für diese Bestimmung sprechen folgende Gründe: *Erstens* wird das »ja« mit Frageintonation gesprochen. Dies ist ein Zeichen dafür, daß der Sprecher den Hörer *direkt* in seine Äußerung einbezieht: Er spricht ihn an, er fragt ihn, ob er der Sache zustimmen könne, oder – die schwächere Bitte – ob er der Argumentation zunächst einmal »aufgeschlossen« folgen wolle. *Zweitens* folgt diesem »ja« eine mit »oder« angeschlossene Korrektur im Sinne einer Abschwächung oder Relativierung der vorgängigen Behauptung. Eine Korrektur, die es dem Hörer leichter macht (und machen soll), der Äußerung zuzustimmen. Wir haben damit, in einem kleinen zusammenhängenden Textstück, zwei ganz verschiedene Verfahren vor uns, wie im Dialog ein Konsens vom Sprecher aus angestrebt werden kann: einmal auf der Ebene der Partnerbeziehung, durch Verwendung eines vergewissernden, um Zustimmung werbenden Sprechersignals, zum anderen auf der Ebene der Inhalte die Verwendung einer Korrektur (mit dem Korrektursignal »oder«)[85] im Sinne einer Rücknahme, Relativierung oder Abschwächung einer vorgängigen Behauptung, deren volle Aufrechterhaltung möglicherweise zum Dissens führte.[86] *Drit-*

*tens* schließlich beginnt der Hörer nach einem Sprecherwechsel seinen Sprecherbeitrag mit einem Zustimmungssignal: Er gibt auf die Frage (= Vergewisserung) eine Antwort (= Bestätigung), indem er seinen Sprecherbeitrag mit »ja natürlich« beginnt.

Ein Beispiel für ein Hörersignal:

(71) I, 230
Spr.: »...// ich meine, das ist natürlich nur n Symbol// Aber
Hö.: ja
Spr.: dieses Symbol kann in gewissen Lebenssituationen dem Menschen einfach helfen ...«

Der Hörer gibt mit diesem »ja« unaufgefordert zu verstehen, daß er die Sprecherin verstanden hat, daß er ihren Äußerungen folgt, oder daß er, die stärkste Aussage, dem Inhalt der Äußerungen zustimmt, was die schwächeren Bestätigungen einschließt. Das Hörersignal hat also hier eine Bestätigungsfunktion.[87]

Sprecher- und Hörersignale weisen, das läßt sich bereits den beiden vorgestellten Beispielen entnehmen, zwei grundlegende Übereinstimmungen auf:

– Sie beziehen sich *nicht* auf einen Sachverhalt oder dergleichen (oder anders gesagt: Sie weisen kein Denotat auf, sie referieren nur auf die Partnerbeziehung. Sie wenden sich – gleichsam inhaltslos – an den Partner. Semantisch leer, bezeugen sie Teilnahme am Kommunikationsprozeß, sind kommunikative Kundgabe. Allerdings ist hier zu fragen, ob die Vergewisserungsfrage und die Zustimmungsantwort nicht auch so etwas wie Inhalte darstellen. Ich bin der Auffassung, daß die Vergewisserung als solche (Frage) und die Bestätigung als solche (Antwort) keine Inhaltvermittlung darstellt, sondern rein kommunikative Handlungen sind. In diesem Zusammenhang ist der Hinweis auf die wichtigste Grundunterscheidung der Sprechakttheorie angebracht: Illokution und Proposition. Die hier in Frage stehenden Sprecher- und Hörersignale könnten als illokutionäre Indikatoren aufgefaßt werden, die auf der »Beziehungsebene« (Watzlawick et al. 1972) mit die Partnerbeziehungen regulieren. Für diese Einstufung spricht, daß, wenn man diese kommunikativen Signale »übersetzt«, sofern dies überhaupt möglich ist, sozusagen die Standardform der Illokution benutzt werden kann, nämlich performative Verben. Beispielsweise: Der Sprecher *»fragt«*, der Hörer *»stimmt zu«*. Summa: Kommunikative Signale als Indikatoren bestimmter Illokutionen.

– Mit der Verwendung dieser kommunikativen Signale wird keine Änderung in der bestehenden Verteilung von Sprecher- und Hörerrolle angestrebt. Die Funktion dieser Signale besteht ja gerade darin, den bestehenden Zustand zu erhalten und sich dennoch an den Partner zu wenden. Auf eine »Zwischenfrage« (Vergewisserung) erhält der Sprecher einen »Zwischenbescheid« (Bestätigung). Diese Eigenschaft von Sprecher- und Hörersignalen legt es nahe, sie nicht im Rahmen von Sprecherwechseln zu beschreiben, selbst wenn, ganz formal betrachtet, ein Sprecherwechsel vorliegt, wie im vorangehenden Beispiel, in dem einen Augenblick lang das Wort wechselt und der Hörer sein Hörersignal spricht. Der Sprecher will beim Gebrauch von Sprechersignalen weitersprechen und der Hörer will beim Gebrauch von Hörersignalen weiter Hörer bleiben. Daß ein Sprechersignal auch am Ende eines Sprecherbeitrags verwendet werden kann, ändert an der prinzipiellen Neutralität des Sprechersignals im Hinblick auf den Sprecherwechsel ebensowenig etwas wie die Tatsache, daß Hörersignale in einen Sprecherwechsel übergehen, ihn vorbereiten können.[88]

Neben diesen beiden grundlegenden Übereinstimmungen zwischen Sprecher- und Hörersignalen gibt es einen weiteren Zusammenhang zwischen beiden. Die bedeutendste Klasse von Sprechersignalen und Hörersignalen, nämlich die Vergewisserungsformen und die Bestätigungsformen, enthalten jeweils Elemente, die sich komplementär zueinander verhalten. Eine Frage (Vergewisserung) führt (oft) zu einer Antwort (Bestätigung).[89] Dieses komplementäre Verhältnis kommt in direkten Verknüpfungen, ja sogar Verzahnungen von Sprecher- und Hörersignal zum Ausdruck. Dazu einige Beispiele.

(72) I, 227
Sprecherin: ». . . wie wars bei den Römern? Haben die eine Form der
Ehe geführt? Eigentlich ja nicht?//
Hörer: Doch ja
Sprecherin: (. . .)«

Die Sprecherin ist sich der Richtigkeit ihrer Aussage *fast* sicher. Sie will sich dessen aber versichern und benutzt dazu ein Sprechersignal. Der Hörer antwortet darauf sogleich mit einer Bestätigung, er setzt ein zustimmendes Hörersignal.

(73) I, 230

Sprecher: »Ich habe eine Frage, und das ist die Frage der Moral, nicht wahr?

Hörer: ja

Sprecher: der inneren Moral jedes Menschen// ...«

Dieses Beispiel ist deswegen besonders aufschlußreich, weil die Vergewisserungsintention gleich auf drei verschiedene Weisen ausgedrückt wird. Einmal wird explizit gesagt, daß der gesamte Komplex als eine »Frage« verstanden wird, daß also die gesamte Aussage ein ungelöstes Problem darstellt. Zum zweiten wird nach dem zentralen Begriff – der in Frage steht, die »Moral« – ein Sprechersignal gesetzt. Drittens schließlich wird dieses Sprechersignal mit Frageintonation gesprochen.

Der Hörer geht auf die Frage mit einem »ja« als Hörersignal ein.

(74) III, 119f.

Sprecherin »... schließlich und endlich hab ich nich nachgelassen, und dann hat sie s mir dann hinten im Mietbuch mit einquittiert, ne?//

Hörer: ja

Sprecherin: also öh das is irgendwie so öh zwiespältig. Man weiß nie ...«

Die Sprecherin verwendet als Vergewisserungsform »ne« mit Frageintonation, der Hörer antwortet mit der Bestätigungsform »ja«, das nicht simultan gesprochen ist. Die Sprecherin setzt darauf ihre Rede fort. Die Funktion der gegenseitigen Kontaktaufnahme ist erfüllt und zunächst abgeschlossen.

Die Beispiele ließen sich beliebig vermehren. Es zeigt sich, daß diese Art der gegenseitigen Kontaktnahme sehr häufig vorkommt.

### *3.4.2 Einige Einzelanalysen zu Funktion und Position von Sprecher- und Hörersignalen*

#### *a) Allgemeines*

Zunächst einige häufig belegte Sprecher- und Hörersignale. Es ist dabei zu beachten, daß manche Signalformen mehrdeutig sind, also auch in anderen Funktionen als den hier diskutierten verwendet werden können.

*Sprechersignale:* »ja«, »nicht?«, »nicht wahr?«, »stimmt doch?«, »weißt du«, »da gibst du mir doch recht«, »oder nicht?«, »verstehst du?«, »einverstanden?«.

*Hörersignale:* »ja«, »mhm«, »jawohl«, »meinst du?«, »stimmt«, »genau«, »in Ordnung«, »ich weiß«, »ja gut«, »na ja«, »eben«, »ich weiß nicht«.

Die Liste ist nicht vollständig, kann nicht vollständig sein, weil immer wieder neue, sich aus den einzelnen Kontexten ergebende Äußerungsteile zu kommunikativen Signalen umgewidmet werden können. Außerdem kann fast jedes »Inhaltswort«, wenn es in bestimmten Positionen mit Frageintonation versehen wird, sozusagen als Stütze für ein Sprechersignal oder, wenn es der Hörer bestätigend, zweifelnd, akzeptierend usw. aufnimmt, als Hörersignal benutzt werden.

(75) I, 138

| | |
|---|---|
| Sprecher: | ». . . man soll sich (. . .) anschauen anschauen |
| | \| einen Menschen \| |
| Hörer: | \| Ja anschauen \| |
| Sprecher: | ja?//« |

Kurz vor dem Abschluß seines Sprecherbeitrags erhält der Sprecher ein Hörersignal – bestätigend – in der Form einer identischen Wiederaufnahme eines »Inhaltswortes« (»einen Menschen anschauen« in Opposition zu »keinem Menschen trauen«), das simultan gesprochen wird.

Bei einer ersten Durchsicht der Beispiele zeigt sich, daß »ja« sowohl als Sprecher- wie auch als Hörersignal mit am häufigsten vorkommt. Nonverbale Mittel spielen in diesem Zusammenhang sicher auch eine Rolle. Auf der Sprecherseite gibt es eine Art »körperlicher Erwartungshaltung«, einen »Erwartungsblick«, Erscheinungen, die vor allem in Sprechpausen an kommunikativer Relevanz und Intensität gewinnen können.[90] Auf der Hörerseite dürften Kopfbewegungen (insbesondere Nicken und Kopfschütteln) und Handgesten die verbreitetsten nonverbalen Hörersignale sein. Schließlich ist in diesem Zusammenhang auch noch einmal auf die überragende Rolle der Intonation hinzuweisen: Den lexikalischen Vergewisserungsformen lassen sich Vergewisserungsintonationen und den Bestätigungsformen lassen sich

Bestätigungsintonationen zuordnen. (Entsprechend verhält es sich mit den weiteren Sprecher- und Hörersignalen).

*b) Zur Verwendung von Sprechersignalen*

*Sprechersignale am Ende einer Äußerungseinheit:*

(76) I, 223

| | |
|---|---|
| Sprecherin: | »... // und ich meine (von von Säkulari) Säkularisierung is das is schon n veralteter Begriff ja? // |
| | also das Christentum |
| Hörer: | ja |
| Sprecher: | verliert immer mehr an Bedeutung ...« |

Zunächst ist auf die Verzahnung von Sprecher- und Hörersignal hinzuweisen: Auf das fragende Sprechersignal »ja« antwortet mit einer leichten, aber durchaus im Rahmen üblicher Hörerreaktionen liegenden Verzögerung der Hörer (simultan) mit »ja« als einer Bestätigungsform.

Die Position des Sprechersignals ist das Ende einer Äußerungseinheit. Das Sprechersignal erfüllt damit eine Doppelfunktion: Es dient der Segmentierung, der Gliederung des Sprecherbeitrags; gleichzeitig wird ein Zeichen gegeben, der gemachten Aussage zuzustimmen. Wozu soll der Hörer seine Zustimmung geben, wozu setzt die Sprecherin dieses Signal?

Diese Fragen können nur durch inhaltliche Interpretationen der entsprechenden Textstellen beantwortet werden. Im vorliegenden Falle führt die Sprecherin den Gedanken aus, daß sich in unserer Gesellschaft zur Zeit ein großer Wandel vollziehe, von dem auch – wie auch immer – das Christentum betroffen sei. Kann man diese Wandlung – auch die des Christentums – mit Säkularisierung bezeichnen? Dies erscheint der Sprecherin selbst fraglich, weil »Säkularisierung« schon ein »veralteter Begriff« sei. Für diese Bewertung des Begriffs – die eine adäquate Verwendung in diesem Zusammenhang zweifelhaft erscheinen läßt – sucht die Sprecherin eine Bestätigung beim Hörer, die sie auch erhält. Diese Interpretation ist zweifellos überspitzt. Denn sie stellt keine angemessene und genau *kommunikative* Paraphrase dar, sondern sie ist eine im nachhinein gegebene paraphrastische Annäherung auf semantischer Ebene.

Ähnlich das folgende Beispiel:

(77) III, 118
Sprecherin: »... // und öh da muß man eben sich öh mehr durchboxen, als wenn man männlichen Beistand hat, ne? //
Hörer: ja
Sprecherin: und das weiß sie // ...«

Auch hier wieder die Verzahnung zwischen Sprecher- und Hörersignal: der Vergewisserung folgt die Zustimmung. Und auch hier wieder die Doppelfunktion des Signals: Textsegmentierung und Vergewisserung.
*Sprechersignale innerhalb von Äußerungseinheiten:*
Sprechersignale in Binnenposition treten seltener auf.

(78) I, 238
Sprecher: »Und da meine ich, daß es eben bei intellektuellen Menschen besonders, ja, die das Gespräch ist, wo man die Mißverständnisse oder dieses Müde-Sein klären kann // ...«

Der Sprecher vergewissert sich durch ein fragendes »ja« genau an der Stelle innerhalb einer Äußerungseinheit, auf der ein besonders betontes Wort, ein hervorgehobener Begriff steht. Er erstrebt den Konsens, er will die Zustimmung der Hörerin genau dort, wo er den »zustimmungsbedürftigen« Begriff einführt. Die Zustimmung wird dem Sprecher auch von der Hörerin gegeben. Und zwar durch ein leises, aber noch hörbares »mhm« (dies entgegen der Transkription, die dieses »mhm« offenbar dem Sprecher zuschreibt). Der erreichte Konsens ist hier allerdings eher formal aufzufassen, weil der Gesamtinhalt der Äußerungseinheit kaum antizipierbar ist (es fehlt die Prädikation): Die Hörerin signalisiert lediglich, weiter zuhören zu wollen.

In einer emotional geprägten Gesprächssituation können innerhalb einer Äußerungseinheit mehrere Sprechersignale auftreten:

(79) I, 240
Sprecherin: »... // Der Intellektuelle, nich, der Einblick hat weißt du, so zu wissen, was die Welt im Innersten zusammenhält, ja? //«

Die beiden Sprechersignale in Binnenposition (»nich«, »weißt du«) haben hier eine besondere Funktion. Die Sprecherin, durch eine vorangehende Äußerung des Partners etwas aufgebracht oder sogar erregt, widerspricht mit dieser Äußerung dem Partner. Dabei wirken die Sprechersignale nicht etwa abschwächend – also im Sinne einer Konsensherstellung – sondern die zum Ausdruck gebrachte Gegenposition verstärkend. Sie fordert mit ihnen zur Gegenrede heraus (die der Partner auch hält: »nein nein, so mein ich das gar nicht«). Die auf kommunikativen Konsens angelegten Sprechersignale werden hier gleichsam ironisch verwendet. Dadurch erhält die Äußerung Schärfe und Ablehnung.

*Zusammenfassung: Sprechersignale:* Sie stehen häufig am Ende von Äußerungseinheiten und haben dort neben der kommunikativ vergewissernden eine textsegmentierende Funktion. Sie können auch innerhalb von Äußerungseinheiten stehen, ohne daß hier Positionspräferenzen erkennbar wären. Ihre Setzung erfolgt, soviel kann man sagen, an solchen Stellen, die aus irgendeinem Grund vom Sprecher im Hinblick auf die direkte Kontaktnahme zum Hörer für wichtig gehalten werden und daher mit einem partnerbezogenen Signal besetzt werden. Eine gleichsam ironisch – nicht auf Konsensbildung gerichtete – Verwendung ist möglich.

### *c) Zur Verwendung von Hörersignalen*

Eine wesentliche Funktion der Hörersignale liegt, wie schon aus den bisherigen Beispielen ersichtlich, in ihrem Antwortcharakter. Allerdings geht nicht jedem Hörersignal ein Sprechersignal voraus. Es gibt im Gegenteil Hörersignale, die der Hörer unabhängig vom Sprecher setzt, und zwar an solchen Stellen, die dem Hörer kommunikativ wichtig erscheinen. Eine solche Betrachtungsweise setzt voraus, daß dem Hörer im Dialog eine aktive und potentiell dialogsteuernde Rolle zugeschrieben wird. Man kann – die Belege lassen dies zu – noch einen Schritt weitergehen, indem man sagt, daß der Hörer durch Verwendung verschiedener Hörersignale einen Dialogverlauf ebenso bestimmen kann, wie der den Dialog nach außen hin dominierende Sprecher.

Daß Hörersignale als selbständige Steuerungsformen verwendet werden können, liegt daran, daß Sprecher und Hörer den kommunikativen Wert von Äußerungen grundsätzlich unterschiedlich beurteilen können. Einige Beispiele für selbständige, d. h. nicht-komplementäre Hörersignale:

(80) I, 239

| | |
|---|---|
| Sprecher: | »... du mißverstehst mich. // Ich meine, daß es eben daß es eben für solche Momente eben wichtig ist, daß eben nicht allein auf solcher Basis die Ehe gegründet ist. // |
| Hörer: | Na |
| | \| gut aber \| |
| Sprecher: | \| Daß auch auch \| |
| | gewisse gewisse geistigen Interessen |
| Hörer: | Ja |
| Sprecher: | notwendig sind, um dann in der Krise die Ehe zu überbrücken // |
| Hörer: | Ach |
| Sprecher: | Und die Krise überhaupt die Krisenzeit |
| | \| zu überbrücken !! \| |
| Hörer: | \| Oh nein also ich \| ...« [folgt Sprecherwechsel] |

Um dieses Dialogstück zu verstehen, muß nachgetragen werden, daß die beiden Diskussionspartner kurz zuvor einen Zusammenstoß hatten, in dessen Verlauf der weibliche Diskussionsteilnehmer den männlichen ziemlich heftig attackiert.

Der Sprecher versucht daraufhin seine Äußerung, die zu der heftigen Reaktion der weiblichen Teilnehmerin geführt hat, etwas zu verdeutlichen, vielleicht sogar auch etwas abzuschwächen. Dies geschieht nun in dem zitierten Textstück. Die Hörerin gibt während dieses Sprecherbeitrags in drei Hörersignalen,[91] *denen kein Sprechersignal vorausgeht,* dem Sprecher zu verstehen, daß sie seinen Äußerungen mit Zweifel, ja mit Unbehagen folgt, daß sie also die Sprechermeinung keineswegs teilt. Sie bringt zum Ausdruck, dies zeigt auch ihr folgender Sprecherbeitrag, daß sie eine andere Meinung hat über Krisenbewältigung in der Ehe. Sie setzt nun pointiert an die Stellen, wo sie deutlich und abhebbar anderer Meinung ist als der Sprecher, Hörersignale, die diese andere Meinung in Form von Bezweiflungskundgaben ausdrücken.

Die Setzung derartiger Hörersignale hat – nunmehr etwas allgemeiner formuliert – folgende Funktionen:

- Der Sprecher wird in eine bestimmte Richtung gelenkt: Er kann dazu gebracht werden, weitere Argumente – möglichst vorzeitig – zu bringen, damit der Hörer sie nach einem Sprecherwechsel insgesamt widerlegen kann.

– Der Hörer bereitet die eigene explizite Stellungnahme vor, in unserem Beispiel fällt diese natürlich negativ aus.

Es zeigt sich hiermit deutlich, daß Hörersignale nicht nur Bestätigungs-, sondern auch Steuerungsfunktion haben können, wobei damit gleichzeitig Zweifel, Ablehnung, Infragestellung, Abwertung, aber eben auch Zustimmung verbunden sein können.

(81) I, 192

Sprecher: »Verzeihung, Herr Schmidt, jetzt tun sie mir hier Unrecht,<br>
ich habe hier den Präsidenten<br>
| des Bundestages |<br>
Hörer 1: | Eben |<br>
Sprecher: gebeten,<br>
Hörer 2: Eben<br>
Sprecher: ein Schlußwort<br>
| zu reden, er hat es so gehalten, |<br>
Hörer 1: | Und weil er so angesprochen war |<br>
Sprecher: wie er es eben für richtig hält / / . . .[92]

In diesem Beispiel wird das Hörersignal »eben«, das in diesem Textstück von zwei verschiedenen Hörern verwendet wird, dem Sprecher (= Diskussionsleiter) entgegengehalten. Die Funktion dieser beiden Hörersignale läßt sich dem Kontext entnehmen: 1. Diskussionsleiter Appel erteilt dem Bundestagspräsidenten Gerstenmaier »in dieser Sache« (Strauß in der neuen Regierung) das »Schlußwort«. 2. Gerstenmaier interpretiert den Regierungseintritt seines Parteifreundes Strauß so, »daß dieses Haus (= Bundestag) . . . in seiner überwältigenden Mehrheit an diesem Punkt (die Rolle von Strauß in der Spiegelaffäre) einen Strich gezogen hat . . .«. 3. Schmidt nimmt sich daraufhin das Wort und bringt zum Ausdruck, daß der Präsident des Bundestages hier nicht unbedingt die Meinung des Parlaments wiedergebe. Der Präsident müsse bei der Interpretation des Willens der Mitglieder des Bundestages »zurückhaltender« sein. Nach einem kurzen Meinungsaustausch zwischen Schmidt und Gerstenmaier folgt die oben zitierte Stelle. Mit dem »eben« machen die Hörer den Diskussionsleiter darauf aufmerksam, daß die vom Diskussionleiter getadelte Intervention von Schmidt ihren Grund in der vom Diskussionsleiter genannten Funktion von Gerstenmaier (Präsident des Bundestages) hat. Die Hörer verwenden das Hörersignal unmittelbar nach der vom Diskussionsleiter erwähnten Funktion von Gerstenmaier.

Eine Paraphrase für »eben« wäre demnach: Weil Gerstenmaier als Bundestagspräsident angesprochen ist – wie Sie Herr Appel selbst noch einmal wiederholen – darf er nicht so reden, wie er geredet hat, und deswegen ist die Intervention erfolgt.

Diese umständliche und komplexe Paraphrase verdeutlicht, welche kommunikative Kraft in diesen kurzen und daher sehr ökonomischen Formen steckt.

Daß diese Hörersignale die Diskussion steuern können, indem sie sie in eine bestimmte Richtung lenken, zeigt die dieser Textstelle folgende Passage. Nachdem Schmidt (und ein weiterer Hörer) durch dieses »eben« (und durch ein folgendes: »und weil er so angesprochen war«) die Problematik der Stellungnahme des Bundespräsidenten zum Ausdruck gebracht hat, geht nun Gerstenmaier seinerseits in einem längeren Sprecherbeitrag auf *diese* Problematik ein. Damit hat sich aber die Thematik der Diskussion wesentlich geändert: Statt über das Thema: Rechtfertigung von Strauß durch das Parlament, weil dieses dem Regierungseintritt von Strauß zugestimmt hat, wird nun über das Thema diskutiert: Interpretation eines Parlamentsbeschlusses durch den Bundestagspräsidenten. Dies ist nicht nur eine thematische Akzentverschiebung, sondern eine Themaveränderung. Den Hörern ist es damit gelungen, durch Hörersignale die Diskussion in eine von ihnen gewünschte Richtung zu lenken. Ein abschließendes Beispiel hierzu:

(82) I, 156

Sprecher: »Aber ich wollte unbedingt heute noch ne provozierende
Frage stellen,

Hörer: ah ja

Sprecher: und zwar provozierend aber zitiert// ...«

Das Beispiel stammt aus dem »Schulklassengespräch mit Günter Grass«. Hörer Grass kommentiert hier die wertende Ankündigung einer Frage durch das Hörersignal »ah ja«, was hier etwa bedeutet: da bin ich aber gespannt. Damit signalisiert der Hörer seine besondere Aufmerksamkeit, sein kritisches Zuhören, was wiederum den Sprecher veranlaßt, sich selbst im Sinne einer Absicherung zu kommentieren oder zumindest eine kurze Erläuterung zu »provozieren« zu geben. Damit wird auch durch dieses Hörersignal Einfluß auf den gerade laufenden Sprecherbeitrag genommen: Es ist nämlich überaus fraglich, ob der absichernde Kommentar auch abgegeben worden wäre, wenn der Hörer kein Hörersignal gesetzt hätte.

### *3.4.3 Abschließende Wertung und Klassifizierung von Sprecher- und Hörersignalen*

*a) Hörersignale*

Hörersignale haben nach den bisherigen Analysen zwei verschiedene Funktionen:

– Einmal werden sie als Antwortsignale mit verschiedenen kommunikativen Werten – meist bestätigend – verwendet. In dieser Funktion sind sie komplementärer Teil einer größeren kommunikativen Einheit, die man »Kontaktgröße«, »Kontaktformel« nennen könnte und die potentiell aus Hörer- *und* Sprechersignal besteht. Diese Hörersignale sind in erster Linie Reaktionen auf Sprechersignale, die ihrerseits vergewissernde und dialogsteuernde Funktion besitzen.

– Die zweite Gruppe der Hörersignale enthält die gerade besprochenen selbständigen Steuerungselemente, die nicht Antworten, Reaktionen auf Sprechersignale darstellen, sondern als *Aktionen* des Hörers (nicht in der Absicht verwendet, einen Sprecherwechsel herbeizuführen) anzusehen sind. Diese Hörersignale sind Kommentare oder »Zwischenrufe«, sie ermöglichen dem *Hörer* eine Diskussionssteuerung.

*b) Sprechersignale*

Auch hier lassen sich wie bei den Hörersignalen zwei verschiedene Gruppen unterscheiden.

– Einmal diejenigen Sprechersignale, die komplementär Teil einer größeren kommunikativen Einheit sind, die sie zusammen mit den Hörersignalen bilden. Sie sind meist Vergewisserungsformen, schließen Äußerungseinheiten ab oder stehen innerhalb von Äußerungseinheiten. Sie haben die Funktion, sich der Aufmerksamkeit, des wohlwollenden Zuhörens oder der Zustimmung des Hörers zu vergewissern.

Sie werden an solchen Stellen innerhalb von Sprecherbeiträgen eingesetzt, die dem Sprecher wichtig und »zustimmungsbedürftig« erscheinen.

– Aber auch auf der Sprecherseite gibt es eine Art *selbständiger*, kommentierender Signale, ebenfalls an den Hörer gerichtet, aber nicht in der Absicht, eine Hörerreaktion hervorzurufen, sondern in der Funktion, eine eigene Aussage für den Hörer zu bestätigen. Dazu das folgende Beispiel:

(83) I, 223
». . . // Und in diesem, in diesem ja großen Wandel, der sich im Augenblick vollzieht, zu dem gehört auch, daß daß dich die Vorstellung vielleicht der Ehe neue, ja neue Gestalt annimmt // . . .«

In diesem Beispiel kommen zwei selbständige, nicht Antwort fordernde Sprechersignale vor: »in diesem *ja* großen Wandel« und »neue *ja* neue Gestalt«. Warum kann man diese »ja« als Sprechersignal einstufen, welche Funktionen haben sie? Das »ja« vermittelt keine semantische Bedeutung, der Sprecher benutzt es in einem Stadium des Formulierungsprozesses, wo er sich offenbar noch nicht ganz klar ist über seine endgültige Formulierung. Er teilt dies dem Hörer in Form der Sprechersignale mit. Eine semantische Annäherung wäre etwa: Ich finde im Augenblick keine bessere Formulierung, ich räume hiermit diese Unsicherheit ein. Trotz der nicht ganz treffenden, nicht ganz präzisen Ausdrucksweise, trotz gewisser eigener Vorbehalte gegenüber meinen Worten wähle ich sie und stehe auch zu ihnen.

Für diese Interpretation der beiden »ja« sprechen folgende Gründe: Das Sprechtempo wird erkennbar an beiden Stellen erheblich verlangsamt. An beiden Stellen treten Wiederholungen auf: »in diesem, in diesem« und »neue, ja neue«. In beiden Fällen ist das Sprechersignal von gefüllten Pausen umgeben. Insgesamt also ein Textstück, das durch deutliche Verzögerungserscheinungen gekennzeichnet ist. Dies läßt auf gewisse Formulierungsschwierigkeiten schließen, die mit dem Sprechersignal eingeräumt werden. Gleichzeitig aber bestätigt der Sprecher seine Formulierungen und bittet damit auch den Hörer um Zustimmung. Diese Art von Sprechersignalen wird ohne Frageintonation gesprochen, ein Zeichen dafür, daß kein *direkter* Partnerbezug angestrebt wird. Diese Sprechersignale nähern sich in ihrer Funktion den kommunikativen Partikeln.[93] Ein weiteres Beispiel:

(84) I, 170
»... ist nicht die heute vollzogene Regierungsbildung einer kleinen Koalition in Düsseldorf aus SPD und FDP ein gewisses Zugeständnis an diese, nun sagen wir mal, kritische Stimmung in ihrer Partei?//«

Die Formulierung »nun sagen wir mal« hat die gleiche Funktion wie im vorhergehenden Beispiel das jeweilige »ja«. Der Sprecher setzt an einer wie auch immer *kritischen* Stelle seines Formulierungsprozesses ein Sprechersignal, um sie als solche zu markieren.

Die selbständigen Sprechersignale erfüllen bei geringfügigen Unterschieden im einzelnen die Funktion, sprecherseits Formulierungsschwierigkeiten, nicht ganz befriedigende Formulierungen einzuräumen. Der Sprecher bringt, nunmehr allgemein formuliert und nicht auf Kodierungsschwierigkeiten bezogen, zum Ausdruck, daß seine Formulierungen Vorschlagscharakter haben. Er ist von vornherein bereit, Abänderungen zu akzeptieren.

### c) *Zusammenfassung*

Hörersignale und Sprechersignale treten in jeweils zwei verschiedenen Grundfunktionen auf. Einmal die Realisierung des direkten Partnerbezugs: Der Sprecher fragt durch ein Sprechersignal, der Hörer antwortet durch ein Hörersignal. Sprecher- und Hörersignal hängen funktionell sehr eng zusammen; sie bilden notwendige Möglichkeiten, Kontakte zwischen den Kommunikationspartnern zu realisieren, ohne daß diese Kontakte an konkrete Inhalte gebunden sind. Es handelt sich, wenn man der Unterscheidung Watzlawicks et al. zwischen digitaler und analoger Kommunikation folgen will, um »eine Digitalisierung praktisch rein analoger Phänomene.«[94]

Die zweite Klasse von Sprecher- und Hörersignalen enthält jeweils Elemente, die nicht aufeinander bezogen sind, sondern jeweils selbständige Kommunikationssignale darstellen, die sich zwar, wie alles, an den Partner richten, die aber nicht als Frage oder Antwort angelegt sind. Als Hörersignale sind sie eigenständige Elemente zur Dialogsteuerung, als Sprechersignale sind sie eigenständige Elemente zur Markierung problematischer oder kritischer Formulierung.

Sprecher- und Hörersignale sind notwendige Bestandteile jeder mündlichen Kommunikation. Bei weiterer genauer empirischer Untersuchung dieser Signale werden sich Fragen nach dem Zusammenhang zwischen Art und Zahl der Kommunikationssignale und der Kommunikationssituation sowie Kommunikationsart näher diskutieren lassen. Ferner wird man dann auch das überaus wichtige Problem der *Verweigerung* derartiger Kommunikationssignale behandeln können. Offene Fragen, die hier nur angedeutet werden können.

# 4 Zwei Verfahren ökonomischer Sprachverwendung in der Kommunikation: Ellipsenbildung und Ausklammerung

## 4.1 Zur Ökonomie in der Sprache

### *4.1.1 Einführung*

Unter Ökonomie versteht man im allgemeinen »Wirtschaftlichkeit« oder die Lehre davon. Ein ökonomisches Verfahren erzielt mit geringem Aufwand einen hohen Wirkungsgrad. Man hat diesen Begriff auch auf den Bereich der Sprache übertragen und spricht von »sprachlicher Ökonomie« (Moser 1970) oder vom »Prinzip der Ökonomie, das unsere natürlichen Sprachen zu allen Zeiten und in allen Bereichen beherrscht und ihnen ihre besondere Beschaffenheit gibt.«[95] Unter sprachlicher Ökonomie wird verstanden, »mit möglichst geringem Aufwand möglichst viel aus(zu)drücken«,[96] oder, wie Moser formuliert: »Streben nach Einsparung sprachlicher Mittel und nach besserer Ausnutzung sprachlicher Mittel.«[97] Neben der Redundanz in der Sprache besteht als Gegentendenz »die Eliminierung dieses Überflusses, die Tendenz zur Ökonomie, zur Einsparung von Energie, zur lakonischen Kürze.«[98] Brinkmann spricht in diesem Zusammenhang von »Vereinfachung.«[99]

Man könnte demnach sagen: eine Möglichkeit sprachlicher Ökonomie besteht darin, einen bestimmten Inhalt mit möglichst wenig Ausdruck zu vermitteln. Nun ist schon mehrfach gesehen worden, daß es sprachliche Ökonomie auf der Ebene des Systems und der Ebene der Verwendung gibt.[100]

Bei der Untersuchung der systembezogenen sprachlichen Ökonomie stehen vor allem Erscheinungen des Sprachausgleichs, insbesondere auch des sog. Paradigmenausgleichs im Mittelpunkt.[101]

Aber auch in der Syntax gibt es auf systembezogener Ebene sprachökonomische Erscheinungen wie etwa im Bereich des Vergleichs: Vergleichsglied als die gegenüber dem expliziten Vergleichssatz ökonomischere Form.

Mir geht es hier *nicht* um Sprachökonomie im Sprachsystem, sondern um ökonomische Verfahren im Bereich der alltäglichen Kommunikation, und zwar um Ellipsenbildung und Ausklammerung in Dialogen des gesprochenen Deutsch.[102] Dabei ist aber auch für diese Bereiche festzustellen, daß die Verwendung ökonomischer Formen an Regularitäten gebunden ist. Es mögen andere sein als die im Bereich des Sprachsystems, aber die von mir untersuchten Verfahren treten nicht willkürlich auf, sie unterliegen bestimmten Bedingungen. Diese sind zum Teil nicht-sprachlicher Natur.

#### *4.1.2 Geschriebene und gesprochene Sprache*

Die beiden von mir untersuchten Verfahren treten in gesprochener und geschriebener Sprache[103] auf. Aufgrund der in beiden Sprachbereichen bestehenden unterschiedlichen Sprachverwendungsbedingungen können die für die einzelnen Bereiche herausgefundenen Regularitäten nicht ohne weiteres übertragen werden, obgleich wohl gerade hier einige Gemeinsamkeiten zwischen geschriebener und gesprochener Sprache bestehen. In jedem Falle wird man hier wie dort Ellipsenbildung und Ausklammerung auch unter dem Gesichtspunkt der sprachlichen Ökonomie erklären können.

## 4.2 Ellipsenbildung

### *4.2.1 Zur Theorie der Ellipse*

*a) Vorbemerkung*

Ein Blick in einige neuere Terminologiesammlungen und -erklärungen der Linguistik zeigt, daß der Begriff der Ellipse nicht einheitlich verwendet wird. So gibt Abraham z. B. drei Ellipsendefinitionen (Heringer, Steinitz, Helbig), die einander teilweise direkt widersprechen. Heringers Definition: »Ellipsen sind in der *Parole* ausgelassene Plereme oder Pleremverbindungen, die aus Kontext oder Situation hervorgehen. Dabei müssen die Dependenzregeln das Vorliegen einer Ellipse anzeigen.« Steinitz: »Für eine Ellipse soll gelten, daß ein Element eines Satzes weggelassen werden kann, ohne daß sich das Verständnis des Satzes und seine Bedeutung verändern.« Helbig grenzt fakultative Valenz von der Ellipse ab: »Dem gegenüber ist im Falle der Ellipse (...) nur *eine* Ausfüllung der eliminierten Stelle möglich: die volle Bedeutung ist deshalb auch unabhängig vom Kontext eindeutig. Das hauptsächliche Kennzeichen der Ellipse besteht darin, daß eine völlige Bedeutungsgleichheit zwischen der vollständigen und der reduzierten Form besteht.«[104]

»Kontext oder Situation« machen die Ellipse eindeutig? Oder ist sie »unabhängig vom Kontext eindeutig«?

Auch Lewandowski zählt einige Gebrauchsweisen des Begriffs auf, während sich Stammerjohann um eine zusammenfassende, integrierende Darstellung bemüht.[105]

Eine neuere Arbeit auf diesem Gebiet – die von Anne Betten – zeigt in anschaulicher Weise die Widersprüche gerade bei der Ellipsendefinition.[106] Für den Bereich der gesprochenen Sprache wird das Ellipsenproblem erstmals in größerer Breite behandelt. Neben Ellipse sind eingebürgerte Begriffe: »Ersparung« und »Reduktion«.[107]

### *b) Ersparung und Vollständigkeit*

Die Ellipsendiskussion bezieht sich, wie schon angedeutet, zentral auf Ersparungen und Weglassungen, und zwar von Redeteilen, Satzgliedern usw. Daß die Ellipse eine *Kurzform* ist, ist unbestritten, nur: Kurzform von welcher Normalform oder Langform? Diese Frage wird in der Regel im Zusammenhang mit Rekonstruktionskriterien diskutiert: Unter welchen Bedingungen ist es möglich, die Langform – die Form, für die die Ellipse steht – zu rekonstruieren? Die Unterschiedlichkeit der Ellipsendefinitionen hat prinzipiell ihren Grund darin, daß verschiedene Kriterien für die Rekonstruktion der Langform angenommen werden. Dabei handelt es sich im Prinzip um die beiden folgenden Positionen: Die Langform ist grundsätzlich allein aus der Ellipse rekonstruierbar. D. h. auch: ohne den sprachlichen oder situationellen Kontext. Diesen sehr engen Ellipsenbegriff vertritt (s. o.) Gerhard Helbig. Die andere Position: Die Langform ist rekonstruierbar aus sprachlichem und/oder situationellem Kontext sowie aus der Ellipse selbst.[108] Es spricht einiges dafür, den rein grammatischen Ansatz der Ellipsenbestimmung, wie er auf dependenzieller Basis von

Helbig vorgetragen wird, hier als nicht weiterführend zu vernachlässigen. Und zwar vor allem deswegen, weil mit dieser Bestimmung kaum zwischen Ellipse und Satz unterschieden werden kann. Denn die angenommene *zwingende Notwendigkeit einer bestimmten Ergänzung*, die sich *allein* aus der Ellipse ergibt, ist quasi so, wie das Dastehen der Ergänzungen. Ich sehe da keinen wesentlichen, nicht-trivialen Unterschied. Bei einer solchen Ellipsendefinition bleiben auch kreative Aspekte des Hörers (und Lesers) außer Betracht.
Die genaue umgekehrte Schwierigkeit besteht, wenn der Ellipsenbegriff zu weit ist, wie sich dies bei Isačenko (1965) andeutet. Er unterscheidet nämlich im Zusammenhang mit Antworten auf Fragen zwischen explizitem Satz, nichtexplizitem Satz und Ellipsen, wobei die nicht-explizite Antwort (Satz) sich von der expliziten durch Pronominalisierung unterscheidet, während bei der Ellipse ein »Glied verlorengeht«.[109] Der nichtexplizite Satz erscheint als eine Art Vorstufe der Ellipse, womit sich der gesamte »elliptische Bereich« stark ausweitet und die Möglichkeit eröffnet wird, nichtexplizite Beziehungen zwischen Satz und Vorgängersatz prinzipiell als elliptisch anzusehen.

*c) Allgemeiner Kontext/Vorverständnis*

Wir finden Kurzformen, die durch ein allgemeines Vorverständnis, durch den allgemeinen Kontext, in dem sie stehen, verständlich werden. Beispiele dafür sind: Telegramme[110], Wetterberichte[111], Schlagzeilen.[112] Allen diesen Kurzformen ist gemeinsam, daß sie nicht durch einen speziellen sprachlichen Kontext, sondern durch ihre »Bindung an die Mitteilungssituation« (Sandig) eindeutig interpretierbar sind. Derartige Ellipsen sind – schon wegen oftmaliger Wiederholung der Mitteilungssituation – weitgehend konventionalisiert und daher ohne sprachlichen Kontext interpretierbar. Die Konventionalisiertheit geht sogar so weit, daß sie selbst ohne Kenntnis des allgemeinen Kontextes interpretiert werden können. »Heiter bis wolkig«, »ankomme morgen 12 Uhr« oder »Gromyko am Mittwoch beim Papst«[113] wird wohl jeder kompetente Sprecher des Deutschen als Teil des Wetterberichtes bzw. als Telegramm bzw. als Zeitungsüberschrift interpretieren, auch wenn diese Texte nicht in ihren üblichen Kontexten stehen.

Diese konventionalisierten Ellipsen (es gibt weitere) können, wie geschehen, syntaktisch untersucht und klassifiziert werden. Es gibt grammatische Regeln für ihren Gebrauch. Da sie als standardisierte Formen erkannt und weitgehend erklärt sind, werden sie hier nicht weiter behandelt, zumal sie überwiegend dem schriftsprachlichen Bereich angehören.

### *d) Kontext und Satz*

Es gibt nun Ellipsen, die durch den speziellen sprachlichen (und in der gesprochenen Sprache auch situationellen) Kontext und durch ihre eigenen Elemente interpretiert werden. Allerdings sind diese bisher weniger beschrieben worden, ihre Gebrauchsbedingungen sind nach meiner Kenntnis noch nicht in vollem Umfange erforscht. Ihr hauptsächliches Kennzeichen ist ihre Abhängigkeit vom Kontext. Erste Untersuchungsansätze finden sich bei Brinkmann und Schimanski.

Brinkmann erklärt solche Kontextellipsen als Reduktionen in einer »alternierenden Satzfolge«. »Die Struktur des Vorgängersatzes gilt weiter für den Nachfolgesatz.«[114] Als einziges Beispiel, das nicht im Zusammenhang von Frage und Antwort steht, bringt er folgenden Werbeslogan: »Sir international ist eine Herrenserie neuen Typs. Herb, klar, ausgesprochen männlich. Von internationalem Format. Mit dem Siegel einer weltweit anerkannten Qualität.« Brinkmanns Interpretation: »In mehreren Schritten wird der Substantivsatz (...) ausgebaut. Dabei entsteht so etwas wie eine Nachtragssyntax.« (147f.). Die anderen Beispiele Brinkmanns sind Ellipsen, die ohne Kontextkenntnis in ihre volle Form übertragbar sind.

Ähnlich bei Schimanski. Sie formuliert zwar geradezu programmatisch, wenn sie schreibt: »Auf Grund der durch den sprachlichen, situativen oder den Kulturkontext bedingten Konventionen werden auch sehr stark verkürzte Strukturen eigenständige Zeichen und damit kommunikationstauglich (...). Als Beispiele werden im folgenden Sätze beschrieben, bei denen ein Satzglied oder auch mehrere erspart sind.«[115] Sämtliche Beispiele aber, die nun grammatisch analysiert werden (Klassifizierung und Rubrizierung unter dem Gesichtspunkt, welche Glieder weggelassen sind), lassen sich *kontextfrei* ergänzen. (Beispiele: ›Bin vollkommen ihrer Meinung → ich bin vollkommen ihrer Meinung.‹ ›Gut geschlafen? → hast du/haben Sie gut geschlafen?‹ ›Ziemlich früh, muß ich sagen → Es ist ziemlich früh, muß ich sagen.‹). Daß die wirklichen *Kontext*ellipsen bisher kaum behandelt worden sind, ist nicht verwunderlich. Denn die herrschende Linguistik ist nach wie vor eine Satzlinguistik. Ihre Domäne ist der Bereich des Satzes, der Satzglieder, Wortarten usw. Es ist ferner nicht zu übersehen, daß, abgesehen von der Arbeit Bettens (1976) fast ausschließlich Ellipsen der Schriftsprache diskutiert worden sind. Zentral für die Erklärung von Ellipsen ist, sie dem isoliert betrachteten Satz gegenüberzustellen, der damit im Prinzip den Maßstab für die Ellipsenerkennung und -bestimmung abgibt. Besonders deutlich wird dies, wenn die fehlenden Satzglieder zum Einteilungskriterium für die Ellipsenbestimmung gemacht werden.[116] Im Prinzip wird damit die Ellipse aus der ihr zugehörigen Langform erklärt, die sich zwingend aus ihr selbst ergibt. Am rigorosesten ist hier, s. o., Helbig. Aber auch wenn Brinkmann, Schimanski oder Isačenko vom Kontext sprechen – im Prinzip wird daran festgehalten, daß der Ellipse ein vollständiger Satz zugrundeliegt oder ihr entspricht, und daß dieser Satz aufgrund von *grammatischen Vollständigkeitsbedingungen* allein aus den realisierten Elementen der Ellipse rekonstruiert werden kann. Dieser Ellipsenbegriff ist für die gesprochene Sprache, insbesondere auch für dialogische Texte nicht hinreichend. Er muß für diesen Bereich erweitert und gleichzeitig präzisiert werden. Bevor ich dies weiter diskutiere, soll ein Sonderfall – der gleichermaßen für Schriftsprache und gesprochene Sprache interessant ist – hier etwas ausführlicher besprochen werden: Das Problem der Zusammengehörigkeit von Frage und Antwort.

### *e) Frage und Antwort*

Diese Problematik war und ist für die traditionelle Grammatik[117] deswegen besonders schwierig, weil zu ihrer Untersuchung (und Frage- und Antwortformen kommen auch im Schriftdeutschen vor) die Satzgrenzen überschritten werden müssen. Unter eher formal-syntaktischen Gesichtspunkten stellt der Fragesatz einen vollständigen Satz dar. Er enthält als solcher alle fakultativen, alle obligatorischen Angaben. Erst durch die Struktur möglicher Antwortformen, die dem Fragesatz folgen – sie können nach Isačenko elliptisch, nichtexplizit, explizit sein – kann man genötigt sein, Frage und Antwort als eine im Prinzip satzüberschreitende Einheit aufzufassen. Denn erst so können bestimmte (»unvollständige«) Antworten erklärt und verstanden werden.

Die kontextuelle Behandlung bestimmter sprachlicher Einheiten erfolgt aus innerstrukturellen Gründen. Das regelmäßige Auftreten elliptischer Antworten führt zur Überschreitung der Satzgrenze. Zur Rekonstruktion derartiger Antworten ist immer ein Rückgriff auf die vorangehende Frage erforderlich. Die elliptische Antwort ist insofern ein Sonderfall der Ellipse, als sich ihr Auftreten ziemlich genau vorhersagen läßt. Weiterhin ist interessant, daß erst durch die Antwort (Ellipse) die voraufgehende Frage semantisch interpretierbar wird, die Frage als Frage aufgehoben wird. Die Antwort ist es, die es erlaubt, statt der Frage nunmehr eine Behauptung zu setzen. Wir haben hier den genau umgekehrten Vorgang vor uns wie bei der oben zitierten Werbeellipse, wo die Ellipse durch den Vorgängersatz interpretiert wird. Zwar ist in beiden Fällen eine Gesamtinterpretation von Ellipse und Vorgängersatz erst durch die Berücksichtigung beider Textstücke möglich, insofern ist Kontext *und* Ellipse oder Ellipse *und* Kontext zum Verständnis des Textes nötig. Nur die Interpretationsrichtung ist gewissermaßen verschieden. Einmal kataphorisch (die Frage, die durch die Antwort interpretiert wird) und einmal anaphorisch (die Ellipse, die durch die Weitergeltung des vorangehenden Textes interpretiert wird). Dies mag Brinkmann (1974) veranlaßt haben, der Frage-Antwort in diesem Zusammenhang eine bestimmte Sonderstellung einzuräumen: »Eine andere Art der Reduktion gilt in einer alternierenden Satzfolge, die im Gespräch von Partnern gemeinsam aufgebaut wird. Modellfall ist eine Ergänzungsfrage, die dem Partner eine Stelle offen hält, die er inhaltlich besetzen soll. . .« (S. 147). Dies ist eine Paraphrase des Ausdrucks: »Die Frage wird durch die Antwort interpretiert.«

Diese wenigen Bemerkungen zeigen bereits, daß zwischen Frage und Antwort ein anderes Verhältnis besteht als zwischen gleichsam neutralen Satzfolgen, Folgen von Aussagesätzen z. B. Durch die strukturell gekennzeichnete inhaltliche Offenheit der Frage wird es zu einer Selbstverständlichkeit, sie *zusammen* mit der Antwort (auch strukturell) zu behandeln. Es ist zwar richtig und von Isačenko überzeugend dargestellt worden, daß die Antwort verschiedene Strukturen haben kann (Beispiel: Hat Peter den Brief bekommen? Explizite Antwort: Ja, *Peter* hat *den Brief* bekommen; nichtexplizite Antwort (= pronominalisiert): Ja, *er* hat *ihn* bekommen.; elliptische Antwort: Ja). In jedem Falle aber steht sie in einem festen, unauflöslichen Verhältnis zur Frage. Diese nicht auflösbare Verbindung ist für mich der Grund dafür, warum ich elliptische Antworten nicht mit den übrigen Kontextellipsen gleich behandele.

Ein weiterer wesentlicher Unterschied zwischen der Folge: Frage-Antwort und anderer Folgen (beispielsweise Behauptung – Behauptung) besteht darin, daß die Frage im Prinzip eine verdeckte aber strikte Anweisung darstellt, eine Aufforderung zum Antwortgeben, deren Nichtbefolgung einer Kommunikationsverweigerung gleichkommt und zum Abbruch der Kommunikation führen kann.

Frage und Antwort stehen demnach in einem komplementären Verhältnis, während beispielsweise die Folge Behauptung – Behauptung in einem eher symmetrisch zu benennenden Verhältnis zueinander stehen. Es gibt keine strukturellen oder semantischen Kriterien, in diesen symmetrischen Folgen Ellipsen vorherzusagen. Dies liegt sicher daran, daß der semantische Zusammenhang bei der Frage und Antwort strikt festgelegt ist. Diese strikte Festlegung erzeugt damit auch eine gewisse Redundanz, die ihrerseits die Möglichkeit der Ellipsenbildung begünstigt. Auf die Feststellung meines Freundes Eugen (Behauptung), er habe großen Hunger, sind – in Abhängigkeit von der Situation – u. a. folgende Antworten denkbar:
Das glaube ich nicht.
Dann gehen wir nach Hause.
Wir haben doch gerade erst gegessen.
Du mußt dich noch etwas beherrschen.
*Ich* habe Durst.
Drüben ist ein Gasthof.
Ich habe leider nichts zu essen im Haus.
Du darfst noch nichts essen, du hast dir doch den Magen verdorben.

Schließlich ist, allerdings nicht voraussehbar, u. a. die folgende Ellipse möglich:
Ich auch.

Den gleichen Satz zur Entscheidungsfrage gewendet (Hast du Hunger?), läßt im Prinzip nur drei Antworten zu (wobei jede der drei Antworten explizit, nichtexplizit oder elliptisch sein kann):

1. Ja/ Ja ich habe Hunger/ Ja ich habe
2. Nein/ Nein ich habe keinen Hunger/ Nein ich habe keinen
3. Vielleicht/ Ich weiß nicht, ob ich Hunger habe/ Ich bin mir dessen nicht sicher.

Die Oberflächenformen der Antworten können sicher noch variiert werden, der semantische Zusammenhang aber bleibt bestehen. Dies ist in dem Behauptungsbeispiel anders: weitere semantische Zusammenhänge sind denkbar. Ich werde im folgenden Antwortellipsen nicht weiter behandeln.

## 4.3 Ellipse in gesprochener Sprache

### *4.3.1 Äußerungseinheit und Ellipse*

In der grammatisch orientierten Forschung, die ihrerseits schriftsprachliche Normen reflektiert, basiert die Ellipsenbestimmung im wesentlichen auf dem Vollständigkeitsprinzip und zwar so, daß als Maß für sie ein ihr entsprechender vollständiger Satz gilt. Oder anders: Ellipsen sind unvollständige Sätze.

In der gesprochenen Sprache können wir – wie oben ausführlich begründet – nicht vom Satzbegriff ausgehen.[118]

Gibt es dann überhaupt in der gesprochenen Sprache Ellipsen, wo doch Ellipsen als vom Satz abgeleitet betrachtet werden? Wenn als wichtigstes Kriterium der Ellipsenbestimmung ihre auf den Satz bezogene Vollständigkeit bzw. Nichtvollständigkeit angenommen wird, ist die Frage nach Ellipsen in der gesprochenen Sprache irrelevant. Kriterien für Ellipsen in gesprochener Sprache können entsprechend der Bestimmung von Äußerungseinheiten nur im kommunikativen Bereich liegen. Das wichtigste Kriterium scheint mir in diesem Zusammenhang die Verstehbarkeit zu sein: Äußerungseinheiten, die *nicht ohne Kontext* verstehbar sind, nenne ich elliptische Äußerungseinheiten oder einfach Ellipsen. Ich möchte dies an einigen Beispielen verdeutlichen:

(85) I, 158
»//er spricht das Heidegger-Deutsch als Schülersprache // und deswegen zwangsläufig muß dieser Nekrolog teilweise in Heidegger-Deutsch geschrieben werden//...«

(86) I, 229
»Ja das genügt ja auch«//
Sprecherwechsel
»Ja mir nich«//

In diesen Beispielen treten Äußerungseinheiten auf, die ohne Kontext verstehbar sind (das heißt hier ohne die vorangehende ÄE) und es tritt eine Äußerungseinheit auf, (»ja mir nich«), die nur durch die vorangehende Äußerungseinheit verstehbar wird.[119] Mit anderen Worten: Es gibt selbständige Äußerungseinheiten und es gibt unselbständige Äußerungseinheiten.

Es ist klar, daß zwischen den schriftsprachlichen Ellipsen und denen der gesprochenen Sprache bestimmte Ähnlichkeiten und Gemeinsamkeiten bestehen. Auch in der Schriftsprache gibt es Ellipsen, die nur durch ihre Umgebung verstehbar werden. Nur das Prinzip der Ellipsenbestimmung ist in der Schriftsprache nicht die Verstehbarkeit, sondern die vorhandene oder nicht vorhandene grammatische Vollständigkeit, während ich hier aufgrund des kommunikativen Ansatzes und aufgrund der Gliederung des Textes in Äußerungseinheiten die Verstehbarkeit, die Selbständigkeit der Äußerungseinheit als Kriterium der Ellipsenbestimmung verwende. Dies schließt nicht aus, daß das Kriterium der Verstehbarkeit auch grammatische Vollständigkeitsbedingungen impliziert. Wie aber kann man Verstehbarkeit operationalisieren? Ich gehe davon aus, daß, wenn eine Äußerungseinheit verstehbar ist, sie auch paraphrasiert werden kann. Maß für die Einstufung einer Äußerungseinheit als Ellipse oder als selbständige Äußerungseinheit ist die Nichtmöglichkeit bzw. Möglichkeit, sie ohne Zuhilfenahme des Kontextes zu praphrasieren. In unseren Beispielen können die ersten drei Äußerungseinheiten praphrasiert werden, die letzte nicht oder nur mit Hilfe des Kontextes.[120]

Eine Konsequenz dieser Bestimmung der elliptischen Äußerungseinheit besteht darin, daß herkömmlich bestimmte Ellipsen (nach dem grammatischen Vollständigkeitsprinzip) hier durchaus als selbständige Äußerungseinheiten auftreten können. Ferner können innerhalb von Äußerungseinheiten Elemente vorkommen, die üblicherweise ebenfalls als Ellipsen bezeichnet würden, die aber hier wegen der gewährleisteten Verstehbarkeit nicht als solche eingestuft werden.

(87) I, 229
»//Alles kühl und sachlich//«

Diese Äußerungseinheit, als solche eindeutig abzugrenzen, stellt nach grammatischen Gesichtspunkten eine Ellipse dar. Das Prädikat ist unvollständig. Hier wird sie als selbständige Äußerungseinheit betrachtet, weil sie ohne Kontext verständlich und daher auch paraphrasierbar ist. Am naheliegendsten: Alles ist kühl und sachlich. Ein weiteres Beispiel:

(88) II, 171
»... was was die Leute dazu sagen würden, wenn ich mit nem Kinderwagen daherfahre und kein Mann, nich?// dann würden sie sich natürlich erkundigen nach dem Mann// ...«

In der ersten – selbständigen – Äußerungseinheit kommt, nach schriftsprachlichen Kriterien gemessen, eine Ellipse vor: »und kein Mann«. (»nich« mit Frageintonation ist Sprecher- und Gliederungssignal, es zeigt u. a. die Grenze der ÄE an). Da die Grenzen der Äußerungseinheit eindeutig sind, wird der gesamte Ausdruck als eine Äußerungseinheit – die, weil verstehbar, auch voll paraphrasierbar – betrachtet.

(89) I, 224
»... dazu brauchen se überhaupt nich verheiratet zu sein, ja?// Oder nicht verheiratet in unserem Sinne//«

Die zweite Äußerungseinheit ist eine Ellipse, sie ist ohne den Kontext nicht verstehbar. Inhaltlich gesehen handelt es sich um eine Präzisierung (Grenzbereich Paraphrase/Korrektur), und daher wird auch ihr elliptischer Charakter erklärbar: Die Präzisierung ist nur verständlich zusammen mit dem Element, das präzisiert wird.

### *4.3.2 Analyse und Erklärung weiterer Beispiele*

#### *a) Klassifikation der Ellipsen nach ihrem Kontextbezug*

Man kann die Ellipsen der gesprochenen Sprache – prinzipiell alle Kontextellipsen –[121] nach der Art ihres Kontextbezugs klassifizieren. Der Kontext muß ja auf irgendeine Weise die Ellipse in ihrer Bedeutung aufschließen. Genauer: Die der Ellipse vorangehende Äußerungseinheit (in der Regel diese) gibt der Ellipse eine Bedeutung. Das bedeutet *nicht*, daß die Ellipse die Bedeutung der vorangehenden Äußerungseinheit annimmt. Das heißt vielmehr: Die vorangehende Äußerungseinheit besitzt (semantische und/oder syntaktische) Merkmale, deren Übertragung auf die Ellipse dieser zu einer eigenen Bedeutung verhilft. Wie aber geht dies vor sich?

*b) Konstruktionsübernahme*

Die verbreitetste Form des Kontextbezugs besteht darin, daß sich die Ellipse syntaktisch (und auch semantisch) an die vorangehende Äußerungseinheit anschließt. Die Ellipse »paßt« syntaktisch in die vorhergehende Konstruktion, sie läßt sich als ein Teil dieser Konstruktion auffassen. (Einen ähnlichen Gedanken hatte bereits Brinkmann: »Die Struktur des Vorgängersatzes gilt weiter für den Nachfolgesatz.« (s. Anmerkung 114). Brinkmann hat diesen Gedanken aber nicht weiterverfolgt). Einer solchen Ellipsenbildung liegt die Konvention zugrunde, daß Konstruktionen solange in Geltung stehen, bis erkennbar eine neue beginnt. Der Sprecher kann sich entweder auf eigene oder fremde (nach einem Sprecherwechsel) vorangehende Konstruktionen implizit so beziehen, daß er eine neue Äußerungseinheit bildet, indem er auf diese die vorangehende Konstruktion überträgt. Dies läßt sich gut am Beispiel (86) demonstrieren:

(86) I, 229
1. Sprecher: »Ja das genügt ja auch//
2. Sprecher: Ja mir nich//«

Die Ellipse »ja mir nich« ist nur durch die Geltung der syntaktischen Konstruktion der vorangehenden Äußerungseinheit verstehbar. Ohne diese vorangehende Äußerungseinheit, also isoliert betrachtet, wären ihre Paraphrasierungsmöglichkeiten unbegrenzt und daher wäre sie *nicht* paraphrasierbar. Einige Paraphrasierungsvorschläge: »Mir gefällt das nicht.« »Mir leuchtet das nicht ein.« »Mir ist nicht kalt.« »Mir gehört das nicht.« »Mir erlaubt er das nicht.« usw. Daß zwischen der Ellipse und der vorangehenden Äußerungseinheit ein »aufschließender« *syntaktischer* Zusammenhang besteht, wird an dem Dativobjekt »mir« deutlich. Denn nur ein solches paßt in die vorhergehende Konstruktion. Die weiteren syntaktischen Funktionen » realisiert in den übrigen Kasus des Personalpronomens (Subjekt, Genitivobjekt, Akkusativobjekt) – würden zu abweichenden Konstruktionen führen und vom Gesprächspartner sicher nicht akzeptiert, falls nicht Korrekturen durchgeführt würden:

1. Sprecher: Das genügt ja auch
2. Sprecher: *ja { ich / mich / meiner } nicht.

(90) I, 237
1. Sprecher: ».../ / Aber das wäre einfach also die Ehe überhaupt aufzuheben//
2. Sprecher: Ja also diesen formalen Akt, weißt du// ...«

Die elliptische Äußerungseinheit lautet: »ja also diesen formalen Akt, weißt du.« Wenn man die Gliederungssignale hier einmal außer Betracht läßt, ist in der elliptischen Äußerungseinheit nur ein Akkusativobjekt realisiert. Dies wird erst interpretierbar auf dem Prädikatskomplex der vorangehenden Äußerungseinheit, die ihrerseits zur Interpretation der Ellipse voll in Geltung gehalten werden muß. Der Infinitiv der vorangehenden Äußerungseinheit wird in seiner Geltung auf die Ellipse übertragen oder anders formuliert: das Akkusativobjekt wird sozusagen ausgewechselt. Die so vom Sprecher präsentierte Äußerungseinheit gehört in einen neuen Sprecherbeitrag und gilt nun in diesem Rahmen. Die Ökonomie dieses Verfahrens besteht in der Anwendung der (oben schon genannten) Regel: Die vorhergehende Konstruktion wird solange in Geltung gehalten, bis erkennbar eine neue Konstruktion gilt. Allerdings wird diese Geltung insoweit eingeschränkt, daß statt des ursprünglichen das »ausgewechselte«, das als Ellipse realisierte Element gilt.
Durch die Geltung dieser Regel sind die Kommunikationsteilnehmer stets gehalten, zu prüfen, ob und wie die realisierten Äußerungseinheiten zu den vorhergehenden bzw. zu den nachfolgenden »passen«. Diese Art der Kontextausnutzung ist nicht beschränkt auf den Fall des Sprecherwechsels. Dies zeigt das folgende Beispiel:

(91) I, 223
1. Sprecher: »... daß unsere Vorstellung (...) der Ehe wesentlich geprägt is durch das Christentum / / Oder durch
| durch |
2. Sprecher: | ähm |
1. Sprecher: christliche Vorstellungen / / ...«

Elliptisch ist die Äußerungseinheit »oder durch christliche Vorstellungen«. Erst durch Rückbezug auf die vorangehende Äußerungseinheit erhält sie ihre volle Bedeutung. Man könnte hier einwenden, es handele sich nicht um eine eigene Äußerungseinheit, dieses Textstück gehöre syntaktisch und semantisch zur vorhergehenden Äußerungseinheit, daß man hier von einem Nachtrag, von einer Apposition, sprechen sollte. Dagegen ist aber zu sagen: Wenn ich meine eigenen Vorschläge zur Bildung von Äußerungseinheiten erst nehme, muß hier eine – wenn auch elliptische – Äußerungseinheit angenommen werden: Stimmsenkung, Pause und Gliederungssignal (»oder«) sprechen hier eine eindeutige Sprache. Die Gliederung der Rede durch den Sprecher (durch Bildung von Äußerungseinheiten) ist der fundamentale Aspekt einer sprachlichen Handlung. Entsprechend dieser Bewertung der Redegliederung räume ich diesem Aspekt den Vorrang ein. Das kann, wie im vorliegenden Falle, zu Einordnungsschwierigkeiten führen. Hier möchte man die in Frage stehende Äußerungseinheit aus naheliegenden Erwägungen, die weitere Aspekte von sprachlichen Handlungen betreffen, zu der vorhergehenden rechnen. Noch deutlicher wird dieses Problem in der folgenden Passage:

(92) I, 225f.
»... du gehst gleich auf einen auf einen Präzedenzfall hin ja?// die Scheidung// Ich meine ...«

Nach den Kriterien zur Bildung von Äußerungseinheiten stellt »die Scheidung« eine eigene Äußerungseinheit dar. Stimmsenkung, Gliederungssignal und eine kurze Pause sind das geradezu klassische Ende einer Äußerungseinheit. Andererseits besteht diese Äußerungseinheit nur aus zwei Worten, einer Nominalgruppe, die in einem sehr engen appositiven Verhältnis zu einem Präpositionalobjekt der vorangehenden Äußerungseinheit steht. Man möchte seiner sprachlichen Erfahrung folgen und diese Gruppe zur vorhergehenden Äußerungseinheit rechnen. Dagegen spricht aber die kommunikative Gliederung, die eindeutig zur Bestimmung einer eigenen Äußerungseinheit führt. Das Beispiel zeigt in aller Deutlichkeit, daß grammatische und kommunikative Gliederung nicht übereinzustimmen brauchen.

*c) »Eigenkonstruktionen« bei Übernahme des engeren semantischen und/oder situationellen Kontextes*

Ein anderes ökonomisches Verfahren der Ellipsenbildung besteht darin, sich nicht direkt an eine syntaktische Konstruktion anzuschließen, sondern sich mit einer Eigenkonstruktion in den engeren semantischen Zusammenhang einzugliedern. Die so entstehende elliptische Äußerungseinheit wird nicht unbedingt von der vorhergehenden Äußerungseinheit erschlossen, sondern vom engeren semantischen Zusammenhang. Dies ist nicht so zu verstehen, daß das allgemeine Thema der Diskussion, Unterhaltung usw. – also das, was wir *allgemeines* Vorverständnis genannt haben – die Ellipse interpretiert, sondern ein spezieller, von den Kommunikationsteilnehmern im Laufe ihrer Kommunikation selbst aufgebauter semantischer Zusammenhang.

(93) III, 56

| | |
|---|---|
| 1. Sprecherin: | »Und das würde ich auch nicht unbedingt erzählen nich? / / |
| 2. Sprecherin: | Ja ich wollt das auch irgendwie so<br>am \| Bademantel \| |
| 1. Sprecherin: | \| Man is da äh \| |
| 2. Sprecherin: | da äh im Saum oder<br>\| oder und oder so nich? / / \| . . .[122] |
| 1. Sprecherin: | \| Oder in n Saum ja ja« \| |

Es geht mir hier um die Ellipse: »ja ich wollt das auch irgendwie so am Bademantel da äh im Saum oder oder und oder so nich?« Der simultan gesprochene Wortergreifungsversuch und die simultan gesprochene Bestätigung können hier vernachlässigt werden.

Die elliptische Äußerungseinheit ist als solche einwandfrei zu bestimmen, für sich genommen ist sie nicht interpretierbar. Aber auch die unmittelbar vorhergehende Äußerungseinheit erschließt nicht die Bedeutung der Ellipse. Diese wird erst erkannt, wenn man das engere Gesprächsthema kennt: Mögliche Geldverstecke auf einer Ferienreise. Es kommt hinzu, daß etwa 20 Sekunden vor der zitierten Stelle von »zunähen« und »reinnähen« – nämlich Geld in die Taschen eines Kostüms – die Rede war, womit die Bedeutung der Ellipse ganz klar wird.

(94) III, 83

1. Sprecher: »Und jetzt macht er s nich mehr? //
2. Sprecher: Nein, wir haben den Stand schließen lassen nich? // Geschäftsschädigung //«

Es geht hier um die Äußerungseinheit »Geschäftsschädigung«, die syntaktisch nicht an die vorhergehende anzuschließen ist. Die Bedeutung dieser Ellipse – die bereits an standardisierte Ellipsen grenzt – wird durch den semantischen Zusammenhang vermittelt. Der Stand ist geschlossen worden *wegen* Geschäftsschädigung.

(95) III, 85

». . . // Nein Nein, ich mach nich mehr mit // Mein Alter und so weiter und so weiter // . . .«

Wie im vorigen Beispiel so besteht auch hier keine Möglichkeit, die Ellipse syntaktisch anzuschließen. Aber der Gesprächszusammenhang (»Ich hab gekündigt bei der Firma«) macht sie ohne Komplikationen verständlich.

(96) II, 77f.

». . . // Wir rüsten mehrere tausend Ärzte mit diesen Koffern aus, daß er des Notwendigste bei sich hat // Das bekommt er // Die Kennzeichnung der Arztwagen, damit wir auch durchkommen bei bei Stockungen und Stauuungen . . .«

Es handelt sich bei »Die Kennzeichnung der Arztwagen« um eine Ellipse, denn es sind mehrere einander widersprechende Paraphrasen möglich (womit die Äußerung sich einer Interpretation verschließt): Die Kennzeichnung ist/war erforderlich; Die Kennzeichnung ist erfolgt/selbstverständlich/schwierig usw. Ein syntaktischer Anschluß an die vorhergehende Äußerungseinheit ist nicht möglich. Der Hörer versteht die Ellipse, weil er den Gesprächszusammenhang kennt: In dieser Diskussion über Verkehrsprobleme erklärt der ADAC-Vertreter, was seine Organisation für das Unfallrettungswesen leistet. Im Rahmen dieser Leistungsaufzählung steht die Ellipse, in der Bedeutung dann: wir kennzeichnen die Arztwagen. . . wobei durchaus offen bleibt, wie weit dies schon geschehen ist, wie weit daran noch gearbeitet wird.

Ein letztes Beispiel dieses Typs:

(97) II, 94
»... da fangen sie mit irgendeinem Kleinwagen oder was altem an// Noch unsicher// Und dann kaufen sie sich plötzlich ein Auto mit ganz anderen Eigenschaften// Und dann fliegen sie zum Beispiel raus// Wechsel von Heckmotor auf Frontantrieb// Solche Geschichten (...) sind oft dabei beteiligt//«

»Wechsel von Heckmotor auf Frontantrieb« ist syntaktisch nicht an die vorhergehende Äußerungseinheit anschließbar.[123] Die Bedeutung wird aus dem semantischen Zusammenhang erschließbar: Der Wechsel von Heckmotor auf Frontantrieb stellt eine mögliche Gefahrenquelle für Anfänger im Autofahren dar, weil sie noch zu wenig Erfahrung haben, um mit einem solchen Wechsel verbundene Änderungen in den Fahreigenschaften des Autos richtig einschätzen zu können. Linguistisch lassen sich diese Ellipsen nicht näher klassifizieren. Denn es handelt sich bei ihnen um ganz unterschiedliche Konstruktionen. Praktisch ist jede Konstruktion möglich, wenngleich die einfache Setzung von Substantiven im Nominativ – hier nicht als Funktionskasus, sondern gleichsam als unmarkierter Kasus – etwas häufiger vorkommt als Fälle wie (93). Der hier diskutierte Ellipsentyp (Eigenkonstruktion) weist Ähnlichkeiten mit dem Anakoluth (Abbruch) auf. Phänomenologisch läßt sich hier keine Abgrenzung vornehmen. Man vergleiche z.B.

(93)
»Ja ich wollt das auch irgendwie so am Bademantel da äh im Saum oder oder und oder so nich?//...« mit dem Anakoluth (97a) I, 226 »...//(Und die Frau hat bestimmte) (Da is es sogar so, daß daß der also) ...«

Man könnte in beiden Fällen von Abbrüchen (oder Ellipsen) sprechen, denn äußerlich zumindest bestehen keine Unterschiede. Dennoch sollte man, meine ich, an einer Unterscheidung festhalten: Die unterschiedliche Intentionalität der beiden Textstücke, die auch ein Oberflächenkorrelat besitzt. Abbrüche werden korrigiert, indem *neu* angesetzt wird. Ellipsen werden nicht korrigiert. Die Neuansätze bei den Anakoluthen setzt die vorhergehenden Elemente teilweise oder ganz außer Kraft. Dem entspricht auf seiten der Ellipse, daß der vorangehende Kontext gerade in Geltung bleibt. Ellipsen sind durch Gliederungssignale begrenzt, die eine Abgrenzung als Äußerungseinheit erlauben. Das oben zitierte Beispiel (93) schließt mit dem eindeutigen Schlußsignal »oder so nich?« (Außerdem wird der Sprecherbeitrag mit dieser Ellipse beendet). Dies deutet darauf hin, daß die Äußerungseinheit in solchen Fällen als abgeschlossen betrachtet wird, während bei den Abbrüchen ein Kontextcharakteristikum gerade darin besteht, daß sie als nicht abgeschlossen angesehen werden, daß ihnen im Gegenteil ein Neuansatz (oder mehrere) folgt, indem die Wahl der Konstruktion korrigiert wird.

Trotz gewisser phänomenologischer Übereinstimmungen (und trotz der Tatsache, daß Anakoluthe auch Bedeutung vermitteln können) gibt es, wie gezeigt, Unterscheidungsmöglichkeiten. Von den bisher besprochenen Eigenkonstruktionen, die durch den semantischen Zusammenhang erschlossen werden können, sind *die* Ellipsen zu unterscheiden, die durch den situationellen Zusammenhang in ihrer Bedeutung erschlossen werden. Allerdings ist eine exakte Abgrenzung kaum möglich, weil auch die Situation sprachlich bewältigt sein muß und als solche auch sprachlich in Erscheinung tritt.

(98) III, 170<br>
1. Sprecher: »...//Sehr schön das Service nich?//<br>
2. Sprecher: Ja<br>
1. Sprecher: | Öh für zwölf Personen neunhundertvierzehn |<br>
2. Sprecher: | aber sehr |<br>
ja praktisch ja wirklich sehr gebunden nich?//«

Es kommt mir hier auf die Ellipse »öh für zwölf Personen neunhundertvierzehn« an. Die Bedeutung wird trotz der Kenntnis des engeren semantischen Kontextes nicht sofort klar. Erst wenn man weiß, daß es sich um ein Verkaufsgespräch (auf einer Messe) handelt, kann man die Paraphrase bilden: Das Service ist für 12 Personen (soweit allein aus dem engeren Gesprächszusammenhang ableitbar), und es kostet 914 Mark. Erst das zusätzliche Wissen darüber, in welchem Zusammenhang das ganze Gespräch steht, also die Kenntnis der Situation erschließt die Ellipse in ihrer vollen Bedeutung. Es ist allerdings zu fragen, ich habe das bereits angedeutet, wie weit die außersprachliche Situation aus dem Text rekonstruiert werden kann. Ich meine: weitgehend. Aus dem gleichen Gespräch ein weiteres Beispiel:

(99) III, 170

1. Sprecher: »Doch das is n gutes Zinn//
2. Sprecher: Ja?
1. Sprecher: ja ja da sind sogar noch Engelszeichen drauf. Ich hab mir das
| gemerkt// |
2. Sprecher: | ah ja | hm hm
1. Sprecher: dreiundfünfzig-fünfzig mit Aufhängevorrichtung//«

Durch die Kenntnis der Gesprächssituation wird die Ellipse interpretierbar. Isoliert betrachtet könnte die Zahlenangabe auch verstanden werden als Gewichtsangabe, Längenmaß oder ähnliches. In einer Messehalle an einem Verkaufsstand für Geschirr ist eine solche Ellipse eindeutig verstehbar: Der Verkäufer nennt den Preis für einen bestimmten Zinnteller und sagt weiter, was im Preis eingeschlossen ist. Zusammenfassung: Auch bei den Eigenkonstruktionen gilt die Konvention über die Geltung des Kontextes. Allerdings werden hier nicht bestimmte Konstruktionen, sondern bestimmte semantische Merkmalkombinationen in Geltung gehalten. Ellipsen dieser Art müssen in den bereits eröffneten Rahmen passen.

Für die situationellen Eigenkonstruktionen gibt es eine zusätzliche Bedingung: Sprecher und Hörer kennen ihre Sprechsituation; die sich aus dieser Situation eindeutig ergebenden Sachverhalte usw. brauchen sprachlich nicht realisiert zu werden.

### *d) Standardisierte Kurzformen*

Auch in der gesprochenen Sprache treten verschiedenartige standardisierte Kurzformen auf. Diese Kurzformen können in der Regel paraphrasiert werden und sind deswegen als selbständige Äußerungseinheiten aufzufassen. Sie zählen demnach nicht zu den Ellipsen.[124]

Andererseits stellen sie ebenfalls ökonomische Formen dar und weisen mit den Ellipsen phänomenologische Gemeinsamkeiten auf. Aus diesem Grunde möchte ich sie in diesem Zusammenhang kurz aufführen. Sie haben verschiedenartige kommunikative Funktionen, ihre Gemeinsamkeit liegt in ihrer ökonomischen Form: verkürzte Versatzstücke, universell einsetzbar, leicht verständlich. Ohne Anspruch auf Vollständigkeit seien hier einige wichtige Typen, gegliedert nach ihrer kommunikativen Funktion, aufgeführt:

*Gruß- und Verabschiedungsformen:* Guten Tag, bis dann, bis morgen, also dann, auf Wiedersehen ...

*Andere Kontaktformen:* Alles Gute, Vielen Dank, Schönes Wetter ...

*Redeorganisierende Formen:*

(100) II, 63
»...//Vielleicht noch, bevor wir unseren Hörern die Möglichkeit geben, an sie als Experten Fragen zu stellen, ein anderer Komplex//...«
II, 70
»... das vielleicht zum Schluß dieses Themenkomplexes//...«
II, 82f.
»...//Vorher noch einmal die Rufnummer unserer Sendung ...«
II, 338
»...//Hier ein paar Zitate//...«

Diese Kurzformen unterscheiden sich dadurch von der Ellipse, daß sie als solche standardisiert sind. Ihre Verwendung ist nicht in dem Sinne kontextabhängig, daß der Kontext ihren Sinn erschlösse. Eher ist es – vor allem bei den redeorganisierenden Formen – umgekehrt: sie organisieren die Rede (und determinieren damit auch ihre Bedeutung), d.h. sie geben den einzelnen Textstücken ihren Stellenwert, z.B. als Schlußwort. Diese Kurzformen haben einen formelhaften Charakter: ihr Sinn ist eng begrenzt, die sie tragenden Elemente z.T. erstarrt (etwa bei den Grußformeln). Die Formelhaftigkeit verhindert teilweise eine Paraphrasierung.

### *4.3.3 Zur Funktion der Ellipse in gesprochener Sprache*

#### *a) Ökonomie*

Was heißt ökonomische sprachliche Formen: Zunächst handelt es sich bei den Ellipsen um Verkürzungen. Ellipsen sagen *mehr*, als ihre sprachlichen Formen vermitteln. Das heißt aber auch zugleich: Ellipsen sagen *weniger* als ihre sprachlichen Formen. Denn für sich betrachtet, vermitteln die sprachlichen Formen keine, oder vorsichtiger gesprochen, eine unvollständige Bedeutung: sie sind stark ergänzungsbedürftig. Ellipsen sind also eine Art paradoxer Erscheinungen.

Dieses »mehr« oder »weniger« läßt sich dann erklären, wenn man die Ellipsen, wie andere ÄE auch im jeweiligen Zusammenhang sieht. Denn sie stehen in natürlicher Kommunikation nicht isoliert da. Der »natürliche« Zusammenhang von sprachlichem Kontext und außersprachlicher Situation hat im Zusammenhang mit der Interpretation von Ellipsen eine dominierende Stellung. Die Geltung dieses Zusammenhangs erlaubt eine problemlose Interpretation auch dieser kurzen Formen.

Eine solche Betrachtungsweise setzt voraus, daß es eine ziemlich generelle Konvention gibt in der Kommunikation, daß nämlich die Kohärenz eines Textes wesentlich von der Geltung semantischer und syntaktischer Merkmale bzw. Konstruktionen abhängt. Syntaktische Konstruktionen und semantische Zusammenhänge gelten solange, bis sie implizit oder explizit außer Kraft gesetzt werden. Eine implizite Außerkraftsetzung hat man sich so vorzustellen, daß z.B. eine Konstruktion solange gilt, bis erkennbar eine neue gesetzt wird. Ein Beispiel für eine explizite Außerkraftsetzung besteht darin, daß ich über ein anderes Thema sprechen möchte und dies ankündige. Die folgenden Äußerungen sind dann nur noch auf das neue Thema zu beziehen.

Diese Grundbedingung der semantischen und syntaktischen Geltung des Kontextes (und der pragmatischen Geltung der Situation) ermöglicht auch die Bildung von Ellipsen. Diese muß selbst so gebaut sein, daß sie diejenigen Informationen enthält, die den Anschluß an den Kontext ermöglichen.

Ist aber Kürze gleich Ökonomie? Diese Frage ist nicht leicht zu beantworten. Sprecher und Hörer müssen über die Kenntnis der Bedingungen zur Bildung von Ellipsen verfügen. Sonst wäre eine Kommunikation nicht oder nur sehr eingeschränkt möglich. Sprecher und Hörer müssen eine spezielle, für die Ellipsenbildung und Ellipsenrezeption notwendige Behaltensleistung (Geltung des Kontextes muß aufrechterhalten werden) erbringen. Oder anders formuliert: Es müssen sprecher- und hörerseits gewisse Tilgungen vorgenommen werden, um die Kurzformen als solche produzieren bzw. rezipieren zu können. Ist dann aber noch die Ellipse als ökonomische Form zu bezeichnen? Wenn ökonomisch heißt: Umfang des geäußerten sprachlichen Materials im Verhältnis zu seiner Bedeutung, dann ist die Ellipse eine Kurzform, eine ökonomische Form. Wenn aber ökonomisch heißt: der gesamte geistige Aufwand, der zur Interpretation einer Ellipse erforderlich ist, dann ist die Antwort auf die Frage, ob die Ellipse eine ökonomische Form sei, nicht mehr so klar. Denn man könnte die Auffassung vertreten, daß die zusätzlichen Operationen, die zur Interpretation einer Ellipse erforderlich sind, einen größeren Aufwand darstellen als den, der mit der Realisierung der entsprechenden Langform verbunden ist. Ich kann diese Frage hier nicht entscheiden. Nur sollte klar sein, daß die Frage nach der Ökonomie nicht so einfach zu beantworten ist, wie es zunächst den Anschein hatte. Hier zeigt sich im übrigen der Vorteil der Unterscheidung zwischen Kurzform und Ellipse: Für die Kurzform gilt eben nicht die Notwendigkeit der Kontextinterpretation. Sie ist aus sich heraus verständlich, weil weitgehend standardisiert. Als verkürzte und formelhafte Versatzstücke der Rede – durchaus nicht etwa überflüssig – sind sie praktisch kontextfrei einsetzbar, daher ganz sicher ökonomische Formen. In diesem Zusammenhang möchte ich noch einmal auf die eingangs diskutierte Frage nach den »Ergänzungen« eingehen. Müssen Ergänzungen zur Erklärung der Ellipse herangezogen werden? Sicher ist, daß wir, wenn wir (als Kommunikationsteilnehmer) einem Text folgen, der Ellipsen enthält, *nicht explizit Ergänzungen vornehmen und zu paraphrasieren beginnen.* Auf der anderen Seite bedeutet aber die selbstverständliche Kontextübertragung und die selbstverständliche (in der Regel implizite) Selektion der Teile, die zum Verständnis der Ellipse erforderlich sind, nichts anderes als: ergänzen. Um diese klare Festellung kommen wir auch deswegen nicht herum, weil sich eindeutig gezeigt hat, daß es Ellipsen gibt, die aus sich heraus keine Bedeutung vermitteln, nicht interpretierbar sind. Und die daraus zu ziehende Folgerung heißt, daß wir aus dem Kontext diejenigen Teile auswählen, die zu einer Interpretation führen. Diese Selektion mag schnell, unbewußt, implizit, sukzessiv oder wie auch immer vor sich gehen: in jedem Falle aber findet sie statt. Daß bei situationellen und semantischen Ellipsen Ergänzungen (als notwendige Folgen ihrer charakteristischen Eigenschaften) angenommen werden müssen, steht m.E. außer Zweifel. Das Problem scheint mir darin zu bestehen, daß der im nachhinein interpretierende Linguist diese Ergänzungen sprachlich festlegen muß, wenn er mit seinen Hörern oder Lesern über diese Problematik überhaupt kommunizieren will. Der Linguist muß versuchen, diesen schnellen, unbewußten, impliziten Vorgang der Auswahl der relevanten Kontextinformationen zur Interpretation der Ellipse in einer expliziten, nachvollziehbaren Weise plausibel zu machen, eine Erklärung dafür anzubieten. Der Linguist muß bei der Erklärung der Ellipse die Ergänzung beim Namen nennen. Sprecher und Hörer in der Kommunikation brauchen das nicht. Sie sind bei der Bildung und Interpretation von Ellipsen nicht gehalten, die Ergänzung „zur Sprache zu bringen", sie ins Wort zu bringen. Das Problem liegt also darin, daß die Auswahl der relevanten Kontextinformationen und der daraus resultierenden Ergänzungen einmal – auf kommunikativer Ebene – implizit, einmal – auf linguistischer Ebene – explizit erfolgt.

Für die große und auch wichtige Ellipsenklasse der Konstruktionsübernahme gelten diese Überlegungen nur begrenzt. Denn diese Ellipsen sind relativ fest an den Kontext angeschlossen, daher bleibt wenig Spielraum für die Wahl der Ergänzungen. Dazu noch einmal ein Beispiel:

(101) II, 165
1. Sprecher: »... sie empfinden ihre Tochter als schwierig oder als nicht schwierig?//
2. Sprecher: Ja ich hab sie als schwierig empfunden//
1. Sprecher: Ihre Tochter sie auch?//«[125]

Es handelt sich hier um die Ellipse: »ihre Tochter sie auch?«. Sie ist für sich genommen nicht interpretierbar (es wären viele einander ausschließende Interpretationen möglich: Hat ihre Tochter sie auch geliebt, gehaßt, gesehen, gehört, belogen ...). Nur durch die Übernahme der Konstruktion der vorangehenden Äußerungseinheit, in Sonderheit des Prädikats »als schwierig empfinden« wir die Ellipse interpretierbar. Es läßt sich an diesem Beispiel ferner zeigen, daß die Bildung der Ellipse selbst nicht willkürlich erfolgt. Es werden genau jene Valenzen besetzt, die der zu übernehmende Verbalkomplex eröffnet: Subjekt und Objekt. Eine Verminderung der Valenz (»ihre Tochter auch?«) hätte möglicherweise zu einem Mißverständnis geführt. Denn dann wären die Paraphrasen möglich:
a) Hat ihre Tochter sie auch als schwierig empfunden? (wie bisher).
b) Hat ihre Tochter *sich* auch als schwierig empfunden?

Diese beiden Fragen sind untereinander keine Paraphrasen. Die Ellipse wäre also in diesem Falle nicht interpretierbar. Das gleiche träte ein, wenn die Valenz vermehrt würde, etwa um ein präpositionales Objekt: Ihre Tochter sie ihm gegenüber auch? Die Ellipse wäre unbeziehbar und es würde sich damit um eine abweichende Konstruktion handeln. Allerdings nur in dem vorgegebenen Kontext unbeziehbar!

Es wäre durchaus ein Kontext vorstellbar, in dem diese hier abweichende Äußerung passen würde und dort nicht abweichend wäre:

1. Sprecher: Ich habe meine Tochter meinem Mann gegenüber verteidigt.
2. Sprecher: Ihre Tochter sie ihm gegenüber auch?

Kontext und Ellipsenkonstruktion führen bei diesem Typ von Ellipsen in der Regel zu eindeutigen Ergänzungen.

*b) Ellipsen als eigenwertige Formen mit emotionalem Wert?*

Ellipsen haben in bestimmten Kontexten eine Funktion, die sicher mit ihrer Kürze zusammenhängt, ihr darüberhinaus einen emotionalen Wert gibt.

(102) I, 225
»...//Man spricht vom vom heiligen Sakrament der Ehe// Jedenfalls bin ich wiederum so erzogen worden// Unlösbar// Nichts is nich ne Scheidung is nich möglich//...«

Die Ellipse »unlösbar« wird mit starker Betonung gesprochen, wie überhaupt dieser inhaltliche Bereich – Ehen dürfen/sollen prinzipiell nicht gelöst werden – für die Sprecherin in dieser Diskussion stark emotionsbesetzt ist. Wenn sie auf diese Problematik zu sprechen kommt, spricht sie schneller, lauter, unkontrollierter (mehr Anakoluthe), kurz: emotioneller. Die Kürze der Ellipse nun eignet sich zur Hervorhebung. Ihre Kürze macht sie einprägsam und verleiht ihr daher eine emotionelle Kraft.[126] Bekannt ist, daß in der Werbung, in der nichts dem Zufall überlassen wird, in der jedes sprachliche Element auf seine suggestive Wirksamkeit hin genauestens überprüft wird, die Ellipsen sehr häufig auftreten. Dies darf als Reflex für ihre emotionelle Kraft angesehen werden.

(103) I, 227

1. Sprecher: »... wie wars bei den Römern, haben die eine Form der Ehe geführt?
   Eigentlich ja nicht? //
2. Sprecher: Doch ja

1. Sprecher. | Ja natürlich
2. Sprecher: | (sie hatten doch auch nur ein | ein eine)
| die Römer haben ja auch nur eine Frau gehabt / /
1. Sprecher: | Ja ja die griechische
Antike / / Oder überhaupt die griechische Mythologie / / Denk doch Zeus und seine Hera / / . . .«

Mir kommt es hier auf den letzten Sprechbeitrag an, der aus einer elliptischen Äußerungseinheit besteht. Der emotionale Charakter dieses Sprecherbeitrags wird besonders in den sprecherischen Mitteln, hier der Intonation, deutlich. Daß diese Stelle einen besonderen emotionalen Wert hat, geht auch aus dem inhaltlichen Zusammenhang hervor. Die Sprecherin ist an der zitierten Stelle genötigt, eine zuvor geäußerte Behauptung, nämlich die, daß die Ehe christlichen Ursprungs sei, zurückzunehmen. Sie selbst bringt an dieser Stelle die Gegenbeispiele, wohl zu ihrer eigenen Überraschung. Und genau der Überraschungseffekt, die plötzliche Erinnerung – auch wenn es gegen die eigene These geht und das Erinnern dadurch Einräumungscharakter erhält – wird in der Ellipse und durch die Ellipse ausgedrückt. Ebenfalls in diesen Zusammenhang gehören Ellipsen, die stark an bestimmte Hörersignale erinnern, schnell hingeworfene Gegenmeinungen, die, kurz und bündig, die Diskussion steuern, einprägsam und daher von großer emotionaler Kraft sind. Sie treten relativ häufig in Streitgesprächen auf, wie etwa in der Nannen-Löwenthal-Auseinandersetzung.

(104) II, 241f.
1. Sprecher: ». . . nun bin ich hier/ / Nun lassen sie mich mal kontinuierlich die Geschichte weitererzählen/ /
2. Sprecher: | Ihre Version |
1. Sprecher: | (Herr Kindler) |
2. Sprecher: Ihre Version
1. Sprecher: Nein nein eine durch Dokumente zu beweisende Version/ /. . .«

Zur Erklärung der Textstelle: Nannen will einen bestimmten Vorgang darstellen, wird aber dabei mehrfach unterbrochen. Dann folgt die oben zitierte Stelle. Es wird abermals – simultan – ein Einwand gebracht (»ihre Version«; gleichzeitig mit »Herr Kindler«, der aber nicht

Diskussionsteilnehmer ist, sondern eine Person aus Nannens Geschichte. Es handelt sich also nicht um eine Anrede). Zunächst geht Nannen nicht auf den elliptischen Einwand ein. Nachdem dieser wörtlich wiederholt wird, wird er von Nannen kommentiert, ebenfalls in einer Ellipse. Ellipsen passen wegen ihrer Kürze außerordentlich gut in die Rede des Partners, können in sie hineingesprochen werden, um den Verlauf der Diskussion im Sinne des Hörers zu steuern. Ellipsen sind hier Hörersignale. Ein letztes Beispiel hierzu:

(105) II, 249f.

1. Sprecher: »Sagen sie es doch dem Richter Herr<br>
Nannen / / Tun sie mir doch den Gefallen / /<br>
2. Sprecher: Nein nein den Zuschauern, den den<br>
Fernsehzuschauern / / [127]<br>
1. Sprecher: Ja aber die können<br>
ja überhaupt nicht beurteilen, woraus sie hier zitiren ...«

Die hier gemeinte Ellipse: »den Zuschauern, den Fernsehzuschauern«. Sie wird teilweise in die Rede des ersten Sprechers gesprochen, teilweise spricht der erste Sprecher, nachdem der 2. Sprecher das Wort erobert hat, simultan in diese Ellipse. Wiederum erweist sich hier die Ellipse als ein Steuerungselement in der Hand des Hörers: Nannen erreicht, daß sich einer seiner Geschäftspartner mit seinem Einwand beschäftigt. Ich halte zu den emotionalen Ellipsen fest: Als kurze einprägsame Form ist die Ellipse geeignet, in emotional gefärbten Kontexten eingesetzt zu werden. Darüberhinaus dienen sie als Hörersignale und können als solche den Verlauf von Dialogen von der Hörerseite aus steuern.

### *4.3.4. Exkurs: Kurzsätze in der Fußballreportage*

Die Fußballreportage, durch unsere Medien jedermann mehr oder weniger als eine besondere Textart bekannt, stellt eine anschauliche Möglichkeit dar, eine bestimmte ökonomische Form des Sprechens vorzustellen, den »Kurzsatz«.[128] Darüberhinaus läßt sich hier besonders gut zeigen, daß zwischen Vorverständnis und Kontextkenntnis ein wesentlicher Unterschied besteht, ein Unterschied, der die Unterscheidung Kurzsätze/Ellipsen ermöglicht und rechtfertigt. Der Kurzsatz ist paraphrasierbar unter der Voraussetzung, daß das Thema des Textes (hier: Fußballreportage) bekannt ist. Die elliptische Äußerungseinheit ist bei gleichem Vorverständnis nicht paraphrasierbar: Kontextkenntnis muß hier hinzukommen. *Zur Sprechsituation »Reportage«:* Es handelt sich in der Regel um eine monologische Situation (gelegentlich auch zwei Sprecher am Mikrophon, die aber einander ablösen), in der zwischen Sprechzeit und Aktionsverlauf ein simultanes Verhältnis besteht. Ereignis und Bericht laufen quasi gleichzeitig ab. Zwischen Text und Situation besteht also eine überaus starke Verschränkung.[129] Ferner ist noch von Wichtigkeit, daß der Reporter bei seinen Hörern prinzipiell die Kenntnis der Spielregeln, der Fachterminologie und der allgemeinen Situation in der betreffenden Spielart (Meisterschaft, Tabellenstand, Weltmeisterschaft usw.) voraussetzt. Zunächst einige Beispiele für Kurzsätze.[130]

(106) I, 103
»Und Gegenangriff der Werderaner«
(107) I, 103
»Einwurf für Werder Bremen durch Ferner«
(108) I, 103
»Einwurf ausgeführt«
(109) I, 104
»In der sechsundvierzigsten Minute schon, also in der ersten Minute nach Wiederbeginn das Eins zu Eins durch Rupp im dritten Nachschuß, nachdem zweimal Abwehrspieler und Torhüter Wessel für die Dortmunder Borussen gerettet hatten.«
(110) I, 107
»Piontek zu Ferner«
(111) I, 108
»Held gegen zwei Werderaner«

Diese Beispiele – sie könnten leicht vermehrt werden – lassen sich sämtlich paraphrasieren, allerdings unter der Voraussetzung, daß ein Mindestmaß an allgemeinem Vorverständnis vorhanden ist. Man braucht nicht Fußballkenner zu sein, eine ungefähre Kenntnis der Spielregeln usw. reicht aus, um die Kurzsätze paraphrasieren zu können.[131] Daß dieses allgemeine Vorverständnis zur Interpretation der Kurzsätze erforderlich ist, läßt sich gut an (110) zeigen: Ohne Vorver-

ständnis sind mindestens zwei einander ausschließende Interpretationen möglich:
Piontek sagte zu Ferner;
Piontek spielt (im Handballspiel, Hockeyspiel usw.) zu Ferner.

Mir kommt es hier nicht weiter darauf an, die Kurzsätze zu typisieren. Klar scheint zu sein, daß sie ökonomische Formen darstellen; Möglichkeiten der Typisierung bestehen darin, daß man sie nach den möglichen „ersparten“ Redeteilen klassifiziert. Der entscheidende Unterschied zwischen Kurzsätzen und Ellipsen sei noch einmal festgehalten: Kurzsätze stellen Verkürzungen dar, die bei einem gegebenen allgemeinen Vorverständnis aus sich heraus ohne Kenntnis des speziellen Kontextes verstehbar und damit auch paraphrasierbar sind. Teilweise sind diese Kurzsätze schon standardisiert. Elliptische Äußerungseinheiten dagegen benötigen zu ihrer Interpretation in der Regel die Kenntnis des speziellen Kontextes. Abschließend zur *Quantität* der Kurzsätze: Die von mir untersuchte Reportage enthält 165 ÄE. Davon waren rund 20% Kurzsätze (absolut: 33). Weitere Untersuchungen zu diesem Themenkomplex – aber auf breiterer empirischer Basis – sind notwendig.

## 4.4 Ausklammerung

### *4.4.1 Klammerbildung, Ausklammerung, Ökonomie*

»Typisch für den deutschen Satz ist der *Satzrahmen*.«[132] Diese Feststellung – in ganz ähnlicher Weise von mir 1965 getroffen – besagt, daß im Bereich des deutschen Aussage- und Fragesatzes ein mehrteiliges Prädikat diskontinuierlich angeordnet sein kann, einen »Rahmen« oder eine »Klammer« bildet und andere Teile des Satzes umschließt.[133] Zunächst muß man einmal das Nichtselbstverständliche an dieser Erscheinung hervorheben: Eine semantische Einheit – der Prädikatskomplex im engeren Sinne, das Verb – werden in unserem eher analytischen Sprachsystem in bestimmte Formen, in verschiedene »Wörter« aufgeteilt (»werde kommen«, »kann geschehen«, »nimmt teil«, »war gesagt worden«, usw.). Dann werden bei der Bildung von Sätzen diese semantisch ganz eng zusammengehörenden Teile diskontinuierlich angeordnet, es entstehen »diskontinuierliche Konstituenten«. Beispiele: Gestern morgen *bin* ich erst gegen 9 Uhr *aufgestanden.* Heute *stehe* ich um 11 Uhr *auf*. Das Prädikat (kursiv) bildet in diesen Sätzen eine Satzklammer.[134]

Es besteht nun die Möglichkeit, diesen Satzrahmen zu durchbrechen, die Klammerbildung einzuschränken oder die Diskontinuität zu beseitigen oder zu vermindern, indem Teile aus der Klammer herausgenommen und ans Ende des Satzes gestellt werden. Vom Prädikat her formuliert: Der infinite Prädikatsteil wird näher an den finiten Prädikatsteil gerückt. In diesem Falle spricht man von Ausklammerung oder Nachfeldstellung.[135] Wir erhalten dann Sätze des folgenden Typs:

Er kam gestern an in unserer Stadt.

Er hat gepokert den ganzen Abend.

Diese von mir konstruierten Beispiele mögen genügen, um hier in einer kurzen Einführung die Ausklammerung vorzustellen. Eine ausführliche Behandlung der grammatischen Grundverhältnisse erübrigt sich, weil für den Bereich der Schriftsprache die Ausklammerung gut erforscht ist.[136] Für die gesprochene Sprache ist die Ausklammerung erst kürzlich genauer untersucht worden. 1976 sind zu diesem Themenkomplex zwei Staatsarbeiten bei mir angefertigt worden (Schöps 1976, Stucky 1976). Die Arbeit von Stucky ist eher experimenteller Natur und befaßt sich im wesentlichen mit psycholinguistischen Motiven bei der Ausklammerung. Schöps leistet für den Gesamtbereich der Ausklammerung in gesprochener Sprache sorgfältige Grundlagenarbeit, vor allem werden genaue statistische Angaben geliefert. Auf diese Arbeit, besonders auf den statistischen Teil, werde ich mich beziehen.

Was hat nun die Klammerbildung bzw. Ausklammerung mit sprachlicher Ökonomie zu tun? In der Literatur findet man hierzu kaum mehr als gelegentliche Hinweise.[137] Diese Hinweise beziehen sich allein auf die Schriftsprache.[138] Ich gehe zunächst davon aus, daß die Ausklammerung gegenüber der Klammerbildung das weniger aufwendige Verfahren darstellt und deswegen ökonomischer ist. Im einzelnen werde ich diesen Zusammenhang im Abschnitt »Motive und Funktion der Ausklammerung« darstellen. Hier vorerst nur soviel, daß die diskontinuierliche Anordnung semantisch eng zusammengehöriger Teile eine zusätzliche Behaltensleistung von den Kommunikationsteilnehmern verlangt.

Es ist allerdings nicht ganz unproblematisch, die Ausklammerung

ohne Einschränkung als sprachökonomisch zu bezeichnen. Zwei Einwände wären hier geltend zu machen:
1. Einmal ist es ja gerade die Klammerstellung (in Verbindung mit anderen Mitteln), die die Einheit des Satzes darstellt, sie kenntlich macht, sie vollzieht. Das »Nacheinander als Miteinander« im Satz, oder zeitlich formuliert: Der Verlauf als Gleichzeitigkeit kommt ja nicht unwesentlich durch die Klammerbildung zustande. Wir können also zwei gegenläufige Tendenzen beobachten: Einerseits die Tendenz zur Klammerbildung, interpretiert als Sicherung der Satzeinheit; andererseits die Tendenz zur Ausklammerung, interpretiert als Sicherung des Satzverständnisses.
2. Der zweite Einwand gegen die einschränkungslose Annahme, Ausklammerung sei ein ökonomisches Verfahren, ist darin begründet, daß sehr unterschiedlich ausgeklammert wird: bestimmte Elemente werden oft, andere so gut wie nie ausgeklammert. Ob gesprochen oder geschrieben: manche Ausklammerungen werden von kompetenten Sprechern des Deutschen als Abweichungen betrachtet, wie etwa das folgende Beispiel:
Gestern hat besucht er mich vs. Gestern hat er mich besucht.
Wenn wir also die Ausklammerung hier als ein sprachökonomisches Verfahren betrachten, so geschieht dies mit gewissen Einschränkungen. Oder anders formuliert: Auch Klammerbildung kann unter bestimmten Bedingungen ökonomisch sein.

### *4.4.2 Ausklammerung in gesprochener Sprache*

a) Methodische Probleme

Im Zusammenhang mit der Ausklammerung habe ich nicht von »Äußerungseinheit« sondern von »Satz« gesprochen. Dies ist sicher zunächst gerechtfertigt dadurch, daß die Ausklammerung auch in der Schriftsprache auftritt. Ferner gibt es ein weiteres allgemeines Argument, im Zusammenhang mit Ausklammerung den Satzbegriff zu verwenden: Ausklammerung ist ein syntaktischer Begriff und bezieht sich auf eine syntaktische (Wortstellungs-) Regel. Weiterhin bezieht sich dieser Begriff auf bestimmte Satzglieder, vornehmlich auf das Prädikat des Satzes. Insofern entspricht dem Begriff der Ausklammerung auf der Seite der Einheitenbildung der des Satzes.

Nun haben wir aber mit guten Gründen davon abgesehen, den Begriff des Satzes zum Kriterium der Segmentierung der gesprochenen Sprache zu machen. Wir haben aufgrund kommunikativer Kriterien Äußerungseinheiten gebildet, wobei diese durchaus mit den Satzgrenzen übereinstimmen können (das ist wohl auch in der Mehrheit der Fälle so). Äußerungseinheiten können aber auch größer oder kleiner sein als der Satz.[139]

Es sollte aber auch noch einmal betont werden, daß Äußerungseinheiten *nicht gegen* die Grammatik gebildet werden. Die Regeln der Grammatik werden auch in der gesprochenen Sprache nicht außer Kraft gesetzt, nur werden sie in einem Bereich angewandt, dessen Bedingungen Auswirkungen auf die Durchführung der Regeln haben. Oft – und das ist der unkomplizierteste Fall – unterscheiden sich die Produkte aus der Schriftsprache und der gesprochenen Sprache nicht. Das bedeutet, daß die Regelhandhabung im gesprochenen Bereich keiner gegenläufigen Anwendungsbedingung unterworfen war oder aber die Kraft zur normgerechten Durchführung der Regel stärker war als die evtl. vorhandene gegenläufige Tendenz. Zu diesen unkomplizierten Fällen gehört auch die Übereinstimmung in den Grenzen von Satz und Äußerungseinheit. (Natürlich bei Aufrechterhaltung des begrifflichen Unterschieds zwischen beiden). Oft aber unterscheiden sich Satz und Äußerungseinheit in ihrer Ausdehnung. Wie ist in diesem Falle nun die Ausklammerung zu behandeln?

Die Ausklammerung kann nur in Sätzen untersucht werden, und zwar in solchen, die überhaupt eine Klammerstruktur haben. Dabei sind drei Fälle zu unterscheiden: Satz und ÄE stimmen überein. Der Satz ist größer als die ÄE. Der Satz ist kleiner als die ÄE.[140] Daß diese grammatische Betrachtungsweise für die gesprochene Sprache von großem Nutzen sein kann, wird sich spätestens dort zeigen, wo wir nach den Motiven der Ausklammerung fragen. Denn diese Motive können nicht auf der Ebene des Systems gesucht werden. Dort können nur alternative Regeln für Klammerbildung und Ausklammerung angeboten werden, und zwar für solche Satzbildungen, für die der kompetente Sprecher des Deutschen beide Möglichkeiten grammatisch akzeptieren würde.[141]

Ein weiteres methodisches Problem ergibt sich bei der Beurteilung der Gliederungssignale im Zusammenhang mit den Ausklammerungen. Es geht einmal um solche Ausklammerungen, die am Ende einer ÄE stehen (Satzgrenze und Grenze der ÄE stimmen überein) und denen noch ein weiteres, aber eben nicht ausgeklammertes sprachliches Element folgt – ein Gliederungssignal.

(112) III, 31
»... bis er eines nachts gesagt hat, Mama heut nacht hab ich ihn weggeschickt den Hund oder das Krokodil oder was es war//...«

Ausgeklammert ist hier ein Teil des Akkusativobjekts (»den Hund oder das Krokodil«), danach folgt das Gliederungssignal »oder was es war«. Der zweite hier interessierende Fall ist der, in dem eine vollständige Klammer vorliegt (Satzgrenze und ÄE stimmen überein), wo dem zweiten Klammerteil aber noch ein Gliederungssignal folgt.

(113) III, 83
»...//Ich führe jetzt schon sechzehn Jahre diese Töpfe vor, nich?//...«

An dieser Stelle wird abermals deutlich, wie wichtig die Unterscheidung zwischen Satz und Äußerungseinheit ist: Sie stimmen in ihren Grenzen, auch wenn es den Anschein hat, doch nicht ganz überein: *Die letzte Position der Äußerungseinheit* – dies veranschaulichen die beiden letzten Beispiele – ist jeweils von einem Gliederungssignal besetzt, das als Schlußsignal die Grenze der Äußerungseinheit anzeigt. *Die letzte Position des jeweiligen Satzes* ist einmal mit einem ausgeklammerten Akkusativobjekt, einmal mit einem Verbzusatz (»vor«) besetzt. Der Satz ist gleichsam in die kommunikative Einheit eingebettet, erst so kann er seine kommunikative Funktion erfüllen.

*b) Statistische Angaben*

Die von mir schon erwähnte Arbeit von Karin Schöps hat Ausklammerungen in den Textsorten Interview, Reportage, Diskussion und Unterhaltung untersucht. Die jeweils zugrunde gelegte Textmenge erlaubt verläßliche statistische Angaben.[142]

Die Verfasserin hat für die Textsorte Interview 983 Sätze mit »durchbrechbarem Rahmen« (S. 77), d.h. mit Ausklammerungsmöglichkeiten, für die Reportage 929 Sätze (S. 80), für die Diskussion 2069 Sätze (S. 82) und für die Unterhaltung 844 Sätze (S. 84f.) zur

Materialgrundlage gemacht. Es ergeben sich folgende Werte für Ausklammerungen:

| | |
|---|---|
| Interview: | 25,4% |
| Reportage: | 31,1% |
| Diskussion: | 28,3% |
| Unterhaltung: | 24,6%[143] |

Demnach spielt die Ausklammerung in der gesprochenen Sprache ebenfalls eine bedeutende Rolle. Im Durchschnitt wird etwa in jedem 4. Satz mit Satzklammer diese durchbrochen. Offenbar wird aber auch, daß in der gesprochenen Sprache die Regel der Klammerbildung durchgehend angewandt wird.

Die statistischen Ergebnisse über den Anteil der einzelnen Satzglieder an der Ausklammerung (nach Schöps, S. 77ff.):

| | Interv. | Report. | Disk. | Unterh. |
|---|---|---|---|---|
| Nebensätze | 53,2 | 24,1 | 47,8 | 47,1 |
| Adverbiale Bestimmungen | 15,4 | 44,3 | 17 | 19,7 |
| Präpositional-objekte | 6,6 | 7,0 | 5,0 | 4,5 |
| Akkusativobjekte | 1,5 | 1,0 | 1,6 | 1,3 |
| Subjekte | 1,1 | 4,4 | 1,0 | 3,1 |
| Appositionen | 3,7 | 2,5 | 1,6 | 1,3 |
| Adverbien (Einzelw.) | 1,1 | 1,0 | 3,2 | 9,4 |
| Vergleichglieder | 3,7 | 4,1 | 2,7 | 0,4 |
| Anschlüsse (mit Konjunktionen) | 4,4 | 1,0 | 4,5 | 6,7 |
| Nachträge | 7,0 | 5,4 | 10,6 | 3,6 |
| Attribute | – | 3,8 | 0,8 | 0,9 |
| Rest | 2,2 | 1,6 | 4,5 | 1,7 |

Diese Zahlen lassen folgendes erkennen (es erfolgt hier keine exakte Auswertung, sondern nur eine allgemeine Charakterisierung):

*Erstens:* Die Textsorte »Reportage« unterscheidet sich im Bereich der Ausklammerung durch drei Erscheinungen wesentlich von den drei übrigen Textsorten: Die Zahl der ausgeklammerten Nebensätze ist nur etwa halb so groß wie bei den übrigen Textsorten. Die Zahl der Subjektausklammerung ist ebenfalls wesentlich höher als bei den übrigen Textsorten.

*Zweitens:* Die Textsorten »Interview«, »Diskussion« und »Unterhaltung« zeigen bei allen Einzelunterschieden wesentliche Gemeinsamkeiten: am häufigsten werden Gliedsätze, am zweithäufigsten werden adverbiale Bestimmungen ausgeklammert. Relativ selten werden Akkusativobjekte und Subjekte ausgeklammert.

In einigen Rubriken sind die Werte nicht einheitlich (vgl. z.B. die hohe Zahl der Ausklammerung der adverbialen Einzelwörter in der Textsorte Unterhaltung!). Ich halte aber die Unterschiede insgesamt gesehen nicht für so gravierend, daß sich aufgrund ihrer die Textsorten spezifizieren ließen.[144]

Die Sonderstellung der Textsorte »Reportage« erklärt sich wohl aus der Sonderstellung der Sprechsituation Reportage. Die überaus starke Verschränkung von Sprache und Text, die Gleichzeitigkeit von Aktionsverlauf und Sprechzeit führen zu bestimmten sprachlichen Besonderheiten, die sich auch im Bereich der Ausklammerung bemerkbar machen.

### c) *Motive und Funktion der Ausklammerung in gesprochener Sprache*

Wir kommen in diesem Abschnitt auf die Frage nach der sprachlichen Ökonomie im Zusammenhang mit der Ausklammerung zurück. Ich möchte von vornherein bemerken, daß die hier im einzelnen aufgeführten Motive für die Ausklammerung in der Regel *nicht* einzeln, sondern kombiniert und oft nicht voneinander abgrenzbar auftreten. Wenn ich dennoch hier eine – analytische – Trennung vornehme, so deswegen, um bestimmte Motive oder Motivkomplexe verdeutlichen zu können.

1. Psycholinguistisch-ökonomische Funktion der Ausklammerung: Gedächtnisentlastung

Ich gehe in diesem Zusammenhang davon aus, daß Sprecher und Hörer bei der Bildung von Einheiten bestimmte Teileinheiten behalten müssen, um aus mehreren dieser Teileinheiten den Sinn, die Bedeutung, den Inhalt von größeren Einheiten aufbauen zu können. Dabei ist es klar, daß sich dieser Sinn von größeren Einheiten, wie zum

Beispiel unseren selbständigen Äußerungseinheiten, nicht durch einfache »Zusammenzählung« der einzelnen Wortbedeutungen ergibt. Vielmehr spielen grammatische Hierarchie, Reihenfolge der Realisierungen, die gesamte Prosodie, kommunikative Signale eine bedeutende Rolle beim Aufbau des Sinns von Äußerungen.

Sprecher und Hörer müssen bis zum erkennbaren Abschluß von Äußerungseinheiten (und manchmal, z. B. bei der Produktion von Ellipsen, sogar länger) alle zu dieser Einheit gehörenden sprachlichen Elemente »irgendwie« behalten, um den Gesamtsinn erfassen zu können.

Dies gilt natürlich auch und gerade im grammatischen Bereich, in dem eine strukturelle Ordnung herrscht. Erst wenn ich diese strukturelle Ordnung der auch in der gesprochenen Sprache wirksamen Grammatik »verstanden« habe, kann ich eine Äußerungseinheit »verstehen«. Es wird auf jeden Fall vom Sprecher und Hörer verlangt, bestimmte Teile bis zu bestimmten Grenzen auch strukturell zu behalten. Psycholinguistische Experimente haben ergeben,[145] daß das Behalten von syntaktischen Strukturen sehr viel schwerer ist als das Behalten semantischer Komplexe. Dennoch aber müssen auch syntaktische Strukturen behalten werden, denn die Semantik wird über die Syntax vermittelt.

Was hat dies mit Ausklammerung und Sprachökonomie zu tun? Bei der Bildung von Klammern kommt zur »normalen« Behaltensleistung eine weitere hinzu: Sprecher und Hörer müssen den ersten Teil der Klammer als Teil einer semantischen Einheit solange »offen« halten und behalten, bis der zweite Teil der Klammer realisiert ist. Dann müssen beide Teile zusammengefügt werden. Diese Behaltensleistung wird um so größer, je weiter die beiden Klammerteile auseinanderstehen. Diese zusätzlich geforderte Behaltensleistung bei der Klammerbildung kann zu drei verschiedenen Ergebnissen führen:

(i) Die zusätzliche Behaltensleistung wird erbracht. Es kommt zu einem Satz mit vollständiger Klammer.

(ii) Die Erbringung der zusätzlichen Behaltensleistung wird zwar erstrebt, aber nicht erreicht: es kommt zu einem Anakoluth.

(iii) Die zusätzliche Behaltensleistung wird sozusagen intentional reduziert: Es wird ausgeklammert, dadurch kommt es zu einer Verminderung oder gar Beseitigung der Klammer.

Dazu einige Beispiele.

Zu (i):

(114) II, 148

»...//Ebenso *sind* die Großkrankenhäuser, auf die wir leider, wie Herr Professor Schulte ja sagte, nicht verzichten könnten, zum Teil schon und das nicht nur im Rheinland, sondern auch in Westfalen und anderen Gebieten in kleine überschaubare Spezialkliniken *aufgeteilt worden*...«

Schöps meint zu diesem Satz, daß er nur einem »recht geübten Sprecher« (S. 101) gelinge (man muß wohl hinzufügen: mit einem guten Gedächtnis!). Diese längeren Klammern sind aber gar nicht so selten belegt, vor allem bei Berufssprechern, wie unseren Spitzenpolitikern, kommen sie oft (und zwanglos) vor. Zum Beispiel:

(115) I, 170

»...//Dort *haben* die Freunde aus meiner Partei, die zur Nordrhein-westfälischen Landtagsfraktion gehören, in einer über mehrere Tage dauernden gleichfalls schweren Auseinandersetzung *versucht* ...«

Die zusätzliche Behaltensleistung wird in diesen Fällen erbracht. Was wird konkret *zusätzlich* gefordert? Dies hängt von der gewählten Satzkonstruktion, vom Verbparadigma, von der Semantik des Verbs ab. Dazu nur zwei Beispiele: Wird eine Klammer durch Zeitenbildung verursacht, (haben/sein + Partizip II) müssen Sprecher und Hörer zweierlei behalten: einmal die allgemeine Semantik des zu setzenden Verbs; die Wahl des Verbums selbst braucht erst im letzten Moment, unmittelbar vor seiner Realisierung als Partizip entschieden werden. Die Entscheidung erfolgt in Abhängigkeit der gesetzten nominalen Glieder, wobei hier die Prüfung der semantischen Verträglichkeit zwischen verbalem und betroffenem nominalem Bereich eine wesentliche Rolle spielt. Zum anderen muß behalten werden, ob eine Form von haben oder sein als Personalform gesetzt worden ist, denn davon wird auch die Wahl des Vollverbs (hier vertreten durch das Partizip II) bestimmt.

Wird eine Klammer – dies als zweites Beispiel – durch die Wahl eines trennbaren Verbs verursacht, dann müssen *alle* Verbinformationen bis zur Setzung des Verbzusatzes präsent gehalten werden. Weiterhin müssen Sprecher und Hörer behalten, daß das Verb erst teilweise realisiert ist und der Verbzusatz noch fehlt. Bilde ich also beispielsweise eine Klammer mit dem Verb »teilnehmen«, so wird zuerst der Teil (ich) »nehme« gesagt. Beim Sagen dieses Teils muß ich aber wissen, daß ich »teilnehmen« sagen will, denn davon hängen ja schließlich die nominalen Glieder ab. Sind nun die nominalen Glieder realisiert, muß ich noch, um zu einem nichtabweichenden Satz zu kommen, mich daran erinnern, daß das Verb erst zu einem Teil realisiert ist und daß jetzt der Verbzusatz – und zwar »teil« – gesprochen werden muß.

Zu (ii)

(116) II, 351

». . .//Also von von der Linguistik ist auf dem Gebiet, wo's darauf ankommt, ein historisches Bewußtsein und ein kritisches Bewußtsein dem gegenüber, was heutzutage an an an Populärkultur auf einen einstürmt, zu entwickeln, da ist die Linguistik einfach am falschen Fleck, nich?//. . .«

Dieses Beispiel ist schwer zu durchschauen. Seine Struktur ist unübersichtlich und komplex. Dies zeigt sich u. a. deutlich an der Schwierigkeit, die nur teilweise realisierte Klammer ganz zu rekonstruieren.[145a] Der erste Teil der Klammer – »ist « – ist realisiert. Der zweite Teil fehlt. Er könnte heißen: »nicht zu erwarten« oder: »nichts zu erwarten«. Diesen beiden Lesarten liegen verschiedene Gesamtstrukturen zugrunde: 1. »ist nicht zu erwarten« (verkürzt: von der Linguistik ist – auf dem Gebiet wo's drauf ankommt – nicht zu erwarten, ein historisches Bewußtsein zu entwickeln.)

2. Von der Linguistik ist – auf dem Gebiet, wo's drauf ankommt, ein historisches Bewußtsein zu entwickeln – nichts zu erwarten.

Im ersten Falle ist der Infinitivsatz Subjekt des Hauptsatzes (wobei ich offen lassen möchte, ob diese Version grammatisch ganz korrekt ist) und als solcher formal vom Prädikat des Hauptsatzes abhängig. Im zweiten Falle stellt »nichts« das Subjekt des Hauptsatzes dar, der Infinitiv ist nunmehr formal vom Prädikat des Nebensatzes (»drauf ankommen«) abhängig. Zur Verdeutlichung die beiden folgenden provisorischen Stemmata, die den Unterschied in der Struktur beider Sätze zeigen:

1.

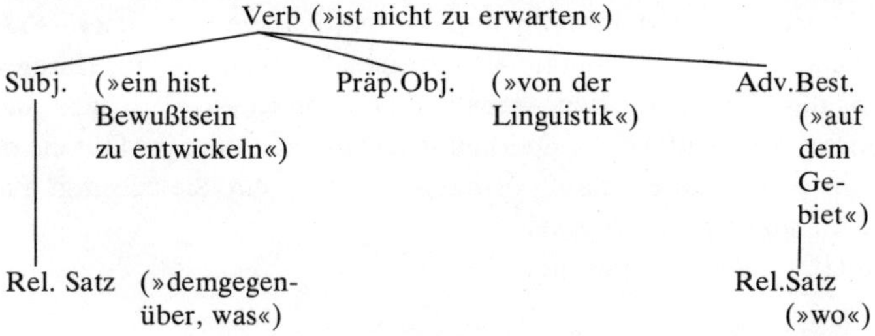


2.

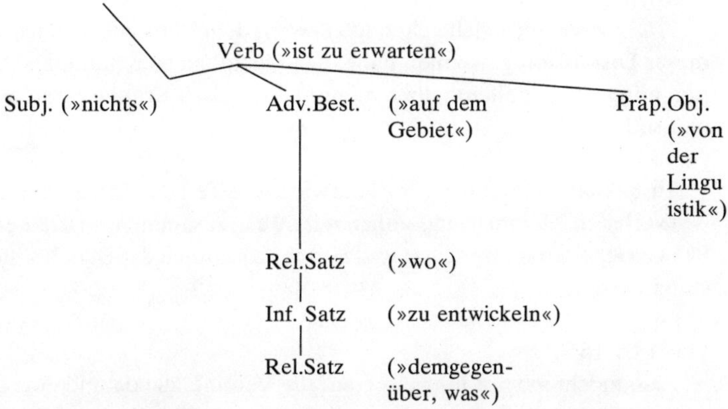


Semantisch, so scheint mir, besteht kein großer Unterschied zwischen beiden Versionen. Wichtig ist nun in unserem Zusammenhang, daß die Klammerbildung mißlingt. Statt des korrekten zweiten Klammerteils wird, gleichsam als Ersatz, ein syntaktisch nicht anschließbarer Hauptsatz gesetzt. Dabei ist zu beachten, daß die vorangehenden Teile nicht etwa außer Kraft gesetzt werden, im Sinne einer Korrektur. Der Sprecher findet den zweiten Klammerteil nicht, er weiß aber, daß noch etwas fehlt, so bildet er einen neuen – semantisch auf der gleichen Linie liegend wie der ursprünglich geplante – Hauptsatz. Die realisierten Nebensätze gelten weiterhin. Verständnis wird erzielt, aber mit welchem Aufwand! Verursacht wird er durch die Klammerbildung und deren Mißlingen.

(117) I, 238
» . . ./Denn in n meisten Fällen is ja so n bißchen Müde-Sein von der Ehe wird in jedem Fall auftreten// . . .«

Auch hier wird der zweite (klammerschließende) Teil der Klammer nicht gefunden und durch ein neues – abermals eine Klammer – Prädikat ersetzt. Zwei Deutungen sind für den Abbruch – bei Ingeltunghaltung des Vorangehenden – möglich: Die Sprecherin weiß nicht mehr, welche Personalform sie überhaupt gewählt hat, oder ihr fällt die passende Fortsetzung (»da«, »vorhanden«) nicht ein. Sie beseitigt durch die Ersatzform jeden Zweifel.
Zu (III) (Ausklammerung)

(118) II, 157
». . . *lassen* sie mich vielleicht *schließen* mit dem Eindruck, den ich aus dieser Diskussion gewonnen habe, daß eigentlich eine nationale Aktion nötig ist, daß allenthalben mehr für psychisch Kranke getan werden sollte // . . .«

Ausgeklammert ist der ganz überwiegende Teil des Satzes, die beiden verbalen Klammerteile stehen relativ eng zusammen, so daß keine Schwierigkeiten für Sprecher und Hörer hinsichtlich der Behaltensleistung bestehen.

(119) II, 155
». . . so möcht ich nur hinweisen auf die Vereine, die da und dort gegründet werden auf die auf die Aktionsgruppen Elan und und Robinson oder wie sie alle heißen// . . .«

Auch hier ist der überwiegende Teil des Satzes ausgeklammert, mit dem Ergebnis, daß die beiden Verbteile fast kontinuierlich stehen. Durch die Zusammenrückung der Prädikatsteile können längere Satzteile ohne die Erbringung einer zusätzlichen Behaltensleistung an das Prädikat angeschlossen werden. Die Beseitigung oder Verringerung der Diskontinuität ist unter diesen Gesichtspunkten sicher als ein ökonomisches Verfahren anzusehen. Diese Argumentation wird verstärkt, wenn man die Fälle einbezieht, in denen eine Klammer mißlingt und wo in einem aufwendigen Verfahren der zweite Klammerteil ersetzt werden muß. Dem widerspricht auch nicht die Beobachtung, daß es Sprecher gibt, die überlange Klammern bilden können. Potentiell besteht bei diesen Sätzen immer die Gefahr, daß sie nicht durchgeführt werden können.

Allerdings kann auch die Verringerung oder Aufhebung der verbalen Klammer eine andere Diskontinuität bewirken. Vom Prädikat eines Satzes – hier: von seinem semantischen Teil – hängen oft Nebensätze direkt ab, wohl am häufigsten die »daß«-Sätze. Dieser unmittelbare Zusammenhang findet Ausdruck in der kontinuierlichen Abfolge: Prädikat-Konjunktion-Nebensatz. Wenn nun aber Teile aus einer Klammer herausgenommen werden und zwischen klammerschließenden Prädikatsteil und den konjunktionalen Nebensatz zu stehen kommen, wird eine Kontaktstellung dieser ebenfalls zusammengehörenden Teile verhindert.

(120) II, 68
». . .//Ich *habe* jedenfalls *angeregt* im Verkehrsausschuß des Deutschen Bundestages, daß eine sorgfältige Bestandsaufnahme erfolgt . . .«

Ausgeklammert wird: »im Verkehrsausschuß des Deutschen Bundestages«. Dadurch treten näher zusammen:
»habe . . .angeregt«. Gleichzeitig wird die dem zweiten Klammerteil folgende Position durch das ausgeklammerte Glied besetzt. Ergebnis: Der konjunktionale Nebensatz und der ihn dominierende Prädikatsteil geraten in eine diskontinuierliche Stellung. Mit der Textstellung konkurriert die Stellung mit vollständiger Klammerbildung. Diese Konkurrenz ist Ausdruck eines gewissen Dilemmas: Ein und dasselbe ökonomische Verfahren: Beseitigung von Diskontinuitäten, kann im konkreten Satz auf verschiedene sprachliche Einheiten angewandt werden und dadurch jeweils andere Diskontinuitäten hervorrufen. Das Material reicht nicht aus, um diese Gedanken weiter verfolgen zu können.

2. Kommunikative Motive

Unter kommunikativ motivierten Ausklammerungen verstehe ich solche, in denen die ausgeklammerte(n) Einheit(en) durch die Ausklammerungsstellung betont werden soll(en). War im vorhergehenden Abschnitt der Blick in erster Linie auf die Klammerteile und auf die Verminderung ihrer diskontinuierlichen Stellung gerichtet, so steht hier die Ausklammerung selbst im Mittelpunkt. Die Verminderung der Diskontinuität ist hier eher Nebenergebnis. Nach übereinstimmender Ansicht der Grammatikforschung kommt der Endstellung eines Satzes eine gewisse Exponiertheit zu. Sie gilt – ganz in

Übereinstimmung mit Grundannahmen der Thema-Rhema-Forschung – als die Position mit dem höchsten Mitteilungswert. (Allerdings ist hier darauf hinzuweisen, daß sprecherische Mittel, wie Intonation, Betonung und Pause den Mitteilungswert von grammatischen Positionen weitgehend relativieren können).

Die Betonung durch Ausklammerung kann auch als »stilistischer Effekt« (Beneš, 1968) gesehen werden, der dadurch eintritt, daß die Ausklammerungsstellung als ungewöhnlich und auffällig empfunden wird.

(121) II, 248
». . .//Es ist nämlich nich nur ein Junge umgekommen, sondern es sind umgekommen vier Personen// . . .«

Ausgeklammert ist hier das Subjekt »vier Personen«. (Wir erinnern uns: in der Textsorte »Diskussion« beträgt der Anteil der Subjekte an den Ausklammerungen 1%). Der Hervorhebungseffekt dieser Ausklammerung wird verstärkt durch die Betonung von »ein« und »vier«. Und vor allem durch die Pause vor »vier«. Der Sprecher benutzt alle ihm zur Verfügung stehenden Mittel –u. a. auch die Ausklammerung – um den wichtigsten Teil seiner Äußerung hervorzuheben. Auch der weitere inhaltliche Zusammenhang läßt deutlich die Pointierungsabsicht des Sprechers erkennen. Er setzt diejenigen Teile seiner Aussage außerhalb der Klammer, mit denen er einer vorgängigen Behauptung widerspricht; der Sprecher vollzieht eine Richtigstellung und deutet gleichzeitig an, daß seine Kontrahenten falsch recherchiert und berichtet haben. (Es handelt sich ja um ein erbittert, ja direkt feindselig geführtes Streitgespräch zwischen Nannen und Löwenthal).

(122) II, 93
» . . . da müssen alle mithelfen, aber wirklich alle//«

Auch hier handelt es sich – ungewöhnlich genug – um ein ausgeklammertes Subjekt. Die Hervorhebungsfunktion der Ausklammerung wird dadurch verstärkt, daß das Subjekt – in seiner ersten Realisierung stark betont – wiederholt wird und gleichzeitig durch die ihm vorangehende Partikelfolge »aber wirklich« als emotionsbesetzter Äußerungsteil gekennzeichnet wird. Betonung, Wiederholung, Emotionalisierung durch Partikelverstärkung – und eben eine Lösung aus der Klammer – verleihen dem ausgeklammerten Satzteil eine dominierende Stellung.

Solche Beispiele finden sich natürlich nicht in Massen. In vielen Fällen wird man auch eine gewisse Hervorhebungsfunktion der Ausklammerung konstatieren, selten aber in dieser eindeutigen Form wie sie die obigen Beispiele repräsentieren. Einige gleichsam »normale« Hervorhebungsbeispiele:

(123) II, 250
»...//Wo haben wir wo haben wir vorsätzlich manipuliert zum Zwecke der politischen Diffamierung?//«
(124) II, 253
»Herr Maier, alle Interviews sind geführt worden von je einem Redakteur, von je einem Dolmetscher. Sie sind auf Tonband geführt worden. Sie liegen auf Tonband vor ...«
(125) II, 66f.
»...//Ich darf ihnen sagen, zunächst sollte man dankbar sein den freiwilligen Hilfsorganisationen, die das in Deutschland machen ...«

Dazu einige Erläuterungen: Für die ersten beiden Beispiele gilt, daß eine Ausklammerung aus psycholinguistischen Gründen nicht in Frage kommt: Die Klammern sind relativ klein. Beim dritten Beispiel muß ein solches Motiv mit in Betracht gezogen werden.

Zu (123): Es kann hier angenommen werden, daß die »politische Diffamierung« die Hauptaussage darstellt, weil dieser Vorwurf, von Nannen an ein öffentliches Massenmedium (ZDF) gerichtet, für dieses Medium ein besonders schwerwiegender Vorwurf ist.

Zu (124): Es handelt sich hier um eine Totalausklammerung, das Verb ist kontinuierlich angeordnet. Ausgeklammert ist das Agens eines Passivsatzes (also das Subjekt eines Aktivsatzes). Das Ausklammerungsmotiv könnte folgendermaßen rekonstruiert werden: Es kommt dem Sprecher darauf an, die Korrektheit des Vorgehens zu dokumentieren. Dies ist die Hauptsache dieser Äußerung. Die Hervorhebung erfolgt durch Ausklammerung. Interessant ist an diesem Beispiel, daß es zu den beiden folgenden vollständigen Klammerbildungen in Kontrast steht.

Zu (125): Hier ist zunächst auf die Unüblichkeit hinzuweisen, das Dativobjekt auszuklammern. Diese ausgesprochen seltene Ausklammerung führt dann, wenn sie wirklich einmal durchgeführt wird, zu einer Betonung. Wiederum liefert der Inhalt des Satzes selbst auch Hinweise darauf, daß es dem Sprecher darauf ankommt, die ausgeklammerten Teile zu betonen.

Zur kommunikativ motivierten Ausklammerung ist zusammenfassend zu sagen, daß die Syntax der deutschen Sprache mit der Alternative Klammerbildung/Ausklammerung Mittel bereitstellt, kommunikative Wirkungen zu erzielen. Wir haben also hier eine Erscheinung vor uns, die eine Verbindung zwischen kommunikativer und grammatischer Sprachbetrachtung herstellt. –

Es ist an dieser Stelle aber auch deutlich geworden, daß der Kommunikationsbegriff in diesem Zusammenhang verengt gebraucht worden ist: im Sinne der Markierung der Wichtigkeit und Bedeutung von Äußerungsteilen.

3. Textlinguistische Motive

In diesem Abschnitt möchte ich solche Ausklammerungen behandeln, die dazu beitragen, einen Text als solchen leichter rezipierbar zu machen. Die Ausklammerungsart ist eng verwandt mit der psycholinguistisch motivierten. Ich unterscheide zwei verschiedene Fälle: Einmal werden durch die Ausklammerung semantisch eng verwandte Teile zusammengerückt, und zwar der ausgeklammerte Satzteil und ein Folgeteil. Also auch hier wieder die Beseitigung einer vorliegenden Diskontinuität, wobei als Nebenergebnis auch die Diskontinuität des Prädikats vermindert wird. (Die ist gleichsam das Gegenstück der oben besprochenen Ausklammerung, wo durch die Ausklammerung neue Diskontinuität geschaffen wurde). Zum zweiten behandle ich in diesem Abschnitt Ausklammerungen des Typs: klammerschließender (infiniter) Verbteil + Präposition (mit angeschlossener nominaler Gruppe).

*Erstens:* Zusammenrückung

(126)[146]

»Es ist heute in bestimmten Krankenhäusern noch anders, vor allem dort, wo wir von den Gebäuden her, von den Investitionen her nicht die richtigen Maßnahmen ergriffen haben// . . .«

Die Klammer wird gebildet aus »ist . . .anders«. Ausgeklammert ist das Adverb »(vor allem) dort« mit angeschlossenem »wo«-Satz. Diese

beiden Elemente »dort, wo« (mit angeschlossenem Satz) bilden eine eng zusammengehörende semantische und syntaktische Einheit. Die Ausklammerung des »dort« erlaubt eine Repräsentation dieser Einheit durch Kontaktstellung. Es wäre aber auch die Einklammerungsposition möglich gewesen:
Es ist heute in bestimmten Krankenhäusern, vor allem dort noch anders, wo . . .

Diese Stellung ist sicher nicht abweichend, aber ungewöhnlicher als die Textstellung. Diese kann mit der Tendenz erklärt werden, daß neben morphologisch repräsentiertem Bezug auch ein syntaktisch repräsentierter Bezug hergestellt wird.

(127)[147]
»Lassen sie mich zunächst was sagen, Herr Löwenthal,[148] zu dem Ausdruck Ellwein-Konzept// Dies ist ein Ausdruck, den ich zwar verstehe . . .«

Die Klammer wird gebildet durch die Prädikatsteile »lassen . . . sagen«. Ausgeklammert ist das Präpositionalobjekt »zu dem Ausdruck Ellwein-Konzept«. Der Beginn des nächsten Satzes bezieht sich mit »dies« direkt auf dieses Objekt, ferner wird ein Teil des Objektes wörtlich (»Ausdruck«) wiederaufgenommen. Dies heißt aber, die bestehende Referenzidentität zwischen den einzelnen Äußerungsteilen wird auch syntaktisch durch Kontaktstellung repräsentiert.

Es sei aber auch hier noch einmal eingeräumt, daß es sich wie in vergleichbaren Fällen auch immer um die Beseitigung bestehender Diskontinuitäten handelt und damit um die Vermeidung zusätzlicher Behaltensleistungen. Insofern sind auch immer psycholinguistische Motive mit im Spiel.

Schließlich ist im vorliegenden Beispiel auf die folgende Besonderheit hinzuweisen: Die Äußerungseinheit wird durch ein gut ausgearbeitetes Gliederungssignal eingeleitet: »Lassen sie mich zunächst etwas sagen, Herr Löwenthal«. Dieses Gliederungssignal, das den gesamten Sprecherbeitrag einleitet, markiert unüberhörbar einen Neubeginn, wobei mit »zunächst« bereits am Anfang eine Textportionierung angekündigt wird. Dieses Gliederungssignal würde in seiner Wirkungsweise sicher beeinträchtigt, wenn das erste semantisch weiterführende Element (obwohl es sich bei diesem auch um eine Wiederaufnahme handelt) die Kontinuität des Gliederungssignals zerstören würde. Daher wird es aus dem Gliederungssignal herausgenommen. Daß das Gliederungssignal eine Klammerstruktur hat, ist in diesem Zusammenhang sekundär.

*Zweitens:* Dem klammerschließenden Teil folgt eine präpositional eingeleitete Nominalgruppe.

Auffällig häufig ist die Ausklammerung von adverbialen Bestimmungen vertreten. Sie scheinen diejenigen Satzglieder zu sein, die sich am leichtesten ausklammern lassen. Für diese Tatsache ist kaum eine befriedigende Erklärung beizubringen. Dazu einige Beispiele:

(128) II, 150
»... Herr Flegel (...) hat eine Fahrt gemacht nach England...«
(129) III, 109
»//Ich habe am letzten Freitag ein Gespräch gehört im Radio...«
(130) III, 37
»Ja, was sollen wir jetzt machen in Zukunft?//«

In allen diesen und ähnlichen Fällen ist eine Hereinnahme des ausgeklammerten Satzgliedes in die Klammer möglich. Textlinguistische, kommunikative und psycholinguistische Motive für die Ausklammerung scheiden aus. Warum aber treten gerade die adverbialen Bestimmungen in so großer Häufigkeit aus der Klammer? Sie werden zehn- bis fünfzehnmal häufiger ausgeklammert als Objekte und Subjekt. Als Erklärungsansatz wäre hier zu erwägen, daß es sich bei Subjekt und Objekt um Satzglieder handelt, denen eine besonders enge Bindung an das Verb zugeschrieben wird. Hingegen gelten die adverbialen Bestimmungen als fakultative Hinzufügungen, die in der Regel keine innere Bindung ans Verb haben, keine Valenzstelle besetzen. Man könnte diesen Gedanken auf die Syntax der Wortstellung übertragen und annehmen, daß die Satzglieder, die eine Valenz besetzen, zum gleichsam »inneren« Satz gehören, der aus der ersten Position (Vorfeld) und (sofern eine Klammerstruktur vorliegt) den beiden klammerbildenden Prädikatsteilen gebildet wird. Also: alles was eine starke Bindung ans Verb besitzt, wird tendenziell in die Klammer gesetzt. Die freien Hinzufügungen können eher ausgeklammert werden. Mehr als eine Erwägung ist dies allerdings nicht. Jedermann ist in der Lage, Gegenbeispiele vorzubringen.

Hingewiesen sei nur noch kurz auf die Verhältnisse bei der ebenfalls häufig vorkommenden Ausklammerung von präpositionalen Objekten. Beispiele:

(131) III, 30
»...//Man muß das Kind stark machen gegen die Angst// ...«
(132) II, 333
»...//Wir müssen uns hier hauptsächlich konzentrieren auf die Deutschstunde in den höheren Schulen// ...«

In diesen und ähnlichen Fällen scheint es sich um Fragen der festen oder weniger festen Reihenfolgebeziehungen zwischen Verb und Präposition zu handeln, die bereits im Stadium vorkommunikativer Sprachverwendung wirksam zu sein scheinen. Wenn jemand aufgefordert wird, Verben mit Akkusativ aufzuzählen, wenn er also sein internes »Lexikon« aktivieren soll, dann werden wir Sequenzen der folgenden Art erhalten: »etwas tun«, »jemanden fragen«, »jemanden besuchen«, »etwas behaupten« ... Wenn der gleiche Sprecher aufgefordert wird, Verben mit präpositionalem Objekt aufzuzählen, können wir Sequenzen erhalten wie: »warten auf jemanden«, »suchen nach etwas«, »verwechseln mit jemandem«, »suchen nach etwas«, »verwechseln mit jemandem«, »sich konzentrieren auf etwas« (nie: »auf etwas konzentrieren sich«); allerdings sind auch die umgekehrten Folgen nicht abweichend, was man aber im Falle der Folgen Akkusativobjekt + Verb nicht sagen kann. Diese, wie es scheint größere Beweglichkeit der Präpositionalobjekte im Vergleich mit (Subjekten und) Akkusativobjekten wird nun auch bei der Konstruktion von Sätzen realisiert; Präpositionalobjekte können ohne Schwierigkeiten ausgeklammert (und eingeklammert) werden. Für die Objekte und für das Subjekt gilt diese Feststellung nicht. Eine Erklärung über diese Feststellungen hinaus – daß es sich hier nämlich um Fragen vorsyntaktischer, gleichsam lexikalischer Reihenfolgebeziehungen handelt – erscheint derzeit nicht möglich.

4. »Nachträge«
Es handelt sich bei den Nachträgen sicher auch um psycholinguistisch motivierbare Ausklammerung. Ich habe die Nachträge getrennt behandelt, weil hier einmal Fragen der Gedächtnisentlastung keine zentrale Rolle spielen und vor allem weil die Nachträge keineswegs auf Klammerstrukturen begrenzt sind. Dort werden sie nur besonders gut erkennbar.

Nachträge stellen bei den Ausklammerungen eine umfangreiche Klasse dar, deren Elemente sich oft nicht von Elementen von Klassen mit anderen Ausklammerungsmotiven abgrenzen lassen. Es ist gerade in diesem Bereich mit Überschneidungen zu rechnen. Gemeint ist mit »Nachträgen« die Erscheinung, daß auch dann noch im Satzverband weitergesprochen werden kann, wenn zunächst ein Abschluß geplant und auch erreicht worden war. Es bestehen Möglichkeiten der Fortsetzung, ohne daß neue Sätze gebildet werden müssen. Und dies führt eben dann, wenn eine Klammerstruktur benutzt worden ist, zur Ausklammerung. Man könnte diese Art des Nachtrags als Resultat sukzessiven Denkens ansehen, oder anders formuliert: als die Realisierung des nachträglichen Einfalls. Das heißt: Man hat einen Einfall erst dann, wenn die Position, auf der die sprachliche Entsprechung des Einfalls hätte stehen müssen, bereits mit anderen sprachlichen Elementen besetzt ist, wenn man, zeitlich gesehen, bereits über diese Stelle hinweg ist.

Der Nachtrag kann auch pointiert gesetzt werden, indem er durch explizite Nachtragssignale, wie z. B. »und zwar« eingeleitet und als solcher gekennzeichnet ist. Soviel ist bereits deutlich, daß in diesem Zusammenhang die Ausklammerung eher als Resultat eines übergeordneten sprachlichen Verfahrens anzusehen ist und weniger genutzt wird, um sozusagen genuine »Ausklammerungsresultate« zu erzielen. Dies unterscheidet diese Ausklammerungsart von der psycholinguistisch motivierten Ausklammerung, wo sie zur Gedächtnisentlastung durchgeführt wird.

Zum Nachtrag kommt es aus ganz unterschiedlichen Gründen. Das Resultat kann, sofern Klammerstruktur vorliegt, eine Ausklammerung sein (es gibt aber auch in klammerlosen Sätzen Nachträge).

(133) I, 182
». . .//aber hier werden sich Schwierigkeiten ergeben, jedenfalls im Anfang . . .«

Der Nachtrag wird mit »jedenfalls« eingeleitet und stellt inhaltlich eine Einschränkung dar. Er ist ausgeklammert und steht am Satzende. Ohne Klammerstruktur würde es heißen können: »aber hier ergeben sich (künftig) Schwierigkeiten, jedenfalls im Anfang.« Am Nachtragscharakter von »jedenfalls im Anfang« hat sich nichts geändert. Die Ausklammerung ist sekundär, auch wenn durch sie der Nachtrag besonders gut erkennbar wird.

(134) III, 33
». . . Wir sind ja sehr oft weggegangen//Und da is er schön eingeschlafen. Meistens ja?// . . .«

Die Klammer wird gebildet aus »ist . . . eingeschlafen«, ausgeklammert ist das hier einschränkende Adverb »meistens«. Ein Gliederungssignal folgt. Nachträge dieser Art können so erklärt werden: Der Sprecher bemerkt, daß eine behauptete allgemeine Geltung eines Sachverhalts etc. eingeschränkt werden muß. (Die Kommunikationsteilnehmer könnten sonst leicht Gegenbeispiele zur Hand haben). Der Sprecher bemerkt dies aber erst, nachdem der Satz, der die einschränkungslose Aussage enthält, bereits realisiert ist. Das Resultat: ein Nachtrag, bei Vorliegen einer Klammerstruktur: eine Ausklammerung.

(135) II, 83
»Ja also die Geschwindigkeitsbegrenzungen in Frankreich sind ja zunächst versuchsweise für ein halbes Jahr eingeführt worden [+ Pause] auf ganz bestimmten Straßen// . . .«

Die Pause nach dem klammerschließenden Teil (»eingeführt worden«) deutet hier darauf hin, daß dem Sprecher nachträglich noch etwas einfällt, was sich dann noch an den eigentlich fertigen Satz anhängen läßt.

(136) II, 359f.
». . . da findet genau so Deutschunterricht ( . . .) statt, nämlich die sprachliche Interpretation von Umwelterfahrungen . . .«

Es handelt sich hier um einen Nachtrag »mit erklärendem Charakter« (Schöps, S. 47), der mit dem Nachtragssignal »nämlich« eingeleitet wird. Der Nachtrag ist ausgeklammert (er könnte auch eingeklammert stehen). Ersetzte man das trennbare Verb durch ein einteiliges Prädikat und behielte ansonsten die Stellung bei, so bliebe der Nachtragscharakter des erläuternden und erklärenden Zusatzes erhalten. Die letzte Satzposition ist die gleichsam natürliche Stellung für Nachträge.

Wenn man sich die möglichen Nachtragssignale ansieht, mit denen Nachträge eingeleitet werden können (wie »und zwar«, »oder«, »das heißt«, nämlich«, »also«, »vor allem«, »jedenfalls«), dann stellt sich heraus, daß aus sehr unterschiedlichen Gründen nachgetragen wird. Der »nachträgliche Einfall«, wie oben allgemein der Nachtrag begründet worden ist, kann ganz unterschiedliche Funktionen haben: Neben erläuternden und ergänzenden Zusätzen, die einfache Informationserweiterungen darstellen, können auch Korrekturen als Nachträge angeschlossen werden. Wesentlich erscheint mir in diesem Zusammenhang, daß gerade hier gezeigt werden kann, daß auch auf Satzebene das kommunikative Prinzip gilt, daß Konstruktionen über ihren »natürlichen« Abschluß hinaus in Geltung gehalten werden. Wir haben es hier mit einer universalen Erscheinung zu tun, die – insgesamt gesehen – einen der wichtigsten ökonomischen Grundsätze in der Kommunikation darstellt. Auf die Nachträge bezogen: Am Ende einer Konstruktion wird fortgefahren – ohne grammatischen Neuansatz. Der vorgängige Satz wird als Konstruktion in Geltung gehalten und auf den Nachtrag bezogen. Die Ausklammerung ist zwar in diesem Zusammenhang nur ein sekundäres Phänomen, indessen veranschaulicht sie aber besonders deutlich den Grundsatz der fortdauernden Geltung von Konstruktionen nach ihrem formalen Abschluß. Die fortdauernde Geltung wird nirgendwo explizit genannt. Sie ist eine implizite Regularität, die sich »einfach ergibt«, weil es eben keine anderen Interpretationsmöglichkeiten gibt.

Eine weitere inhaltliche Auflistung möglicher Nachträge erscheint mir nicht sinnvoll,[149] weil im Prinzip keine inhaltliche Begrenzung für den nachträglichen Einfall möglich ist. Daher kann grundsätzlich jede Inhaltskategorie zum Nachtrag werden.

5. Situationelle Motive

Es gibt Ausklammerungen, deren Motive in der Sprechsituation liegen. Es handelt sich im wesentlichen um die Reportage. »Die Situation hat (...) insofern Einfluß auf die Verbalisierung des Reporters, als dieser möglichst rasch und dabei gleichzeitig möglichst informativ und genau das wiederzugeben hat, was er beobachtet. Aus Gründen des Zeitdrucks sowie der Abhängigkeit vom augenblicklichen Geschehensablauf wird der Reporter deshalb solche sprachlichen Mittel einsetzen, die eben diese Bedingungen erfüllen.«[150] Eines dieser Mittel – der Kurzsatz – ist oben im Zusammenhang mit der Ellipse vorgestellt worden. Die Ausklammerung ist eine weitere sprachliche Erscheinung, die sich aus den speziellen Bedingungen der Reportage ergibt. Zunächst einige Beispiele:

(137) I, 105
»er läßt sich etwas Zeit spielt dann ab zu Lorenz«
(138) I, 108
»Lorenz hat gerettet vor [+ P] Assauer«
(139) I, 108
»Borussia greift an durch Assauer«
(140) I, 109
»Werder greift noch einmal an durch Schütz«
(141) I, 109
»Es führt ihn aus Lorenz«

Die fünf Beispiele stimmen darin überein, daß es sich bei den Ausklammerungen um Namen (von Spielern) handelt. Die Ausklammerungen sind zu erklären als Folgen des »Seh-Sprech-Prozesses« (Schöps, S. 122). In einigen Fällen bestimmt die Erkenntnisfolge: Aktion (Einwurf) – Identifizierung des Akteurs (Spieler) die Sprachfolge. In anderen Fällen bestimmt die Beobachtungsfolge: Aktion (Abspiel) – Zielpunkt der Aktion (Spieler, dem der Ball zugespielt wird) die folgende Sprachsequenz. Es sind zwei verschiedene situationelle Bedingungen, die bei der Reportage zur Ausklammerung führen:
– Einmal ist der Reporter an die Spiel*folge* gebunden. Die den Spielereignissen entsprechenden sprachlichen Ausdrücke werden *im Rahmen der Möglichkeiten der Grammatik* in ihrer Abfolge der Folge der Spielereignisse angeglichen: So wie der Reporter das Spiel sieht, so bringt er es in Sprache. Die Grammatik wird dabei nicht außer Kraft gesetzt, wenngleich die außersprachliche Situation neue sprachliche Formen zu erzeugen (Kurzsätze) oder von bekannten sprachlichen Formen einen bestimmten, den außersprachlichen Verhältnissen angepaßten Gebrauch zu machen (Ausklammerungen) vermag. In diesem Zusammenhang ist auch die hohe Zahl der ausgeklammerten adverbialen Bestimmungen (des Ortes und der Richtung) zu sehen: Sie stehen am Ende des Satzes, wie in der Wirklichkeit Richtung und Position des aktuellen Spiels das Resultat vorhergehender Vorgänge und Aktionen, sprachlich vermittelt durch Verben, ist. Es ist m. E. daher berechtigt, mit bestimmten Einschränkungen (sie betreffen die vorgegebenen obligatorischen Regeln der Sprache) von einer Entsprechung zwischen Sprache und Spiel, genauer: zwischen Spielverlauf und Sprachsequenz zu sprechen.
– Zum anderen ist der Reporter gebunden an physikalische Gegeben-

heiten seiner Berichtssituation. Er beobachtet aus einer größeren Entfernung das Spiel und erkennt dabei globalere Spielzüge schneller und besser als einzelne Spieler. Zur Identifizierung einzelner Spieler braucht er mehr Zeit als zur Identifizierung des globalen Spielverlaufs. Daß ein Ball »in die gegnerische Hälfte« geht, sieht der Reporter auf den ersten Blick. Daß ein bestimmter Spieler den Ball annimmt, ebenso. Nur wer dies ist, das ist oft genau erst über eine »Übersetzung« möglich: Die Spieler tragen Nummern auf ihrer Spielkleidung, der Reporter besitzt eine Liste, in der Nummer und zugehöriger Spielername aufgeführt sind. Dazu das folgende Beispiel:

(142) I; 105
»...//Und jetzt ist Höttges, der durchgestürmt ist, unfair gebremst worden von dem Mann mit der Numero zwei von Redder// Und es gibt...«

Hier haben wir als Ausklammerung zuerst die Nennung der Nummer, sodann die Übersetzung der Nummer, den Namen des Spielers. Die Ausklammerung erweist sich als eine Möglichkeit, den Bericht ohne Unterbrechung vorzutragen.

Zuletzt noch die Frage, ob die Ausklammerung hier als eine sekundäre Erscheinung zu werten ist, als Resultat übergeordneter Sprachhandlungen oder als Rahmendurchbrechung sui generis. Zwei Aspekte sind hier wichtig: Einmal ist es wieder die Endstellung, die für bestimmte Satzglieder (Spielernamen) angestrebt wird, unabhängig von dem Vorhandensein einer Klammerstruktur. Zum anderen aber sind die Ausklammerungen auch unter dem Gesichtspunkt des Abbaus der Diskontinuität zu werten. Denn mit der Tendenz, die Abfolge des Spiels in eine Sprachfolge umzusetzen, ist auch die Beseitigung von Diskontinuität verbunden: In der Realität des Spiels gibt es keine Diskontinuität: Der Weg des Balles vom Spieler X zum Spieler Y ist eine kontinuierliche Folge. Sprachlich kann dies mit diskontinuierlich oder kontinuierlich angeordnetem Prädikat dargestellt werden: X *spielt* den Ball zu Y *ab*; X spielt den Ball ab zu Y; X befördert den Ball zu Y; X *spielt* den Ball Y *zu.*

So ist also die Ausklammerung in diesen – im übrigen sehr kurzen Sätzen – als *eine* Möglichkeit zu werten, Spielverlauf und Sprachsequenz zur Entsprechung zu bringen.

### *4.4.3 Zusammenfassung: Ausklammerung als ökonomische Sprachform?*

Die Frage nach der Ökonomie der Ausklammerung kann angesichts der unterschiedlichen Motive nicht einheitlich beantwortet werden. Ich will daher in aller Kürze die einzelnen Motivgruppen gesondert behandeln:

Im Falle der *psycholinguistisch motivierten Ausklammerung* handelt es sich eindeutig und zentral um sprachökonomische Erscheinungen. Die Ausklammerung wird zur Entlastung des Gedächtnisses, zur Verminderung der Behaltensanforderung vorgenommen. Die Ausklammerung bedeutet hier: weniger Aufwand im vorsprachlichen Bereich.

Die *textlinguistisch motivierte Ausklammerung* erwächst aus der Tendenz, Kontaktstellung von referenzidentischen Satzteilen zu erreichen. Auch hier sind sprachökonomische Gründe für die Ausklammerung maßgebend. Die in diesem Zusammenhang ebenfalls behandelten Ausklammerungen adverbialer Bestimmungen und präpositionaler Objekte entziehen sich der direkten Beurteilung unter dem Gesichtspunkt der Sprachökonomie. Vielleicht läßt sich für die Präpositionalobjekte sagen, es sei ökonomischer, eine »natürliche« (eingebürgerte) *Reihenfolge* zu erzeugen und aufzunehmen.

Die *kommunikative Ausklammerung* (Hervorhebung) kann zunächst nicht als eine ökonomische Sprachform bezeichnet werden. Ja, man kann sogar sagen, daß gerade die ungewöhnliche, die schwierige und damit die unökonomische Position benutzt wird, um einzelne sprachliche Elemente zu betonen, um den Hörer auf diese Elemente aufmerksam zu machen.

Es kann allerdings gefragt werden, ob diese Hervorhebungsart – im Vergleich zu anderen Hervorhebungsmöglichkeiten – ökonomisch ist. Es handelt sich bei der Ausklammerung um eine implizite syntaktische Möglichkeit. Andere Möglichkeiten: Intonation, Betonung, Lautstärke, Sprechgeschwindigkeit, Pausen. Hier wird man, da es sich um sprecherische Mittel handelt, die immer mit den sprachlichen zusammenwirken können, nicht von Konkurrenzen sprechen wollen. Eine weitere Hervorhebungsmöglichkeit besteht in der Verwendung expliziter Formen, wie »mir ist von Wichtigkeit«, »ich möchte betonen«. Sofern hier eine tatsächliche Alternative besteht, wird man die Ausklammerung wegen ihres indirekten Charakters möglicherweise als unaufwendiger bezeichnen können. Vielleicht sogar als wirkungsvoller.

*Die Ausklammerung als Nachtrag:* Das Verfahren des Nachtrags stellt grundsätzlich sicher ein ökonomisches Verfahren dar: Man kann selbst dann an eine Konstruktion anknüpfen, mit der Rede fortfahren, wenn man sie bereits beendet hat und man nachträglich doch noch etwas ergänzen usw. will. Eine syntaktische Konstruktion wird solange als in Geltung gehalten angesehen, bis eine neue Konstruktion erkennbar beginnt. Diese generelle Regel besteht unabhängig von der Klammerbildung und gilt für alle Konstruktionen. Durch die Ausklammerung wird diese generelle Regel auf eine anschauliche Art realisiert. Das Verfahren des Nachtrags selbst aber steht nicht im ursächlichen Zusammenhang mit Ausklammerung und Klammerbildung. Ich bezeichne – um dies explizit nachzutragen – den Nachtrag deswegen als ökonomisch, weil er eine erneute Wiederaufnahme, eine Wiederholung bereits geäußerter sprachlicher Elemente erspart. Wie weit dadurch ein höherer Aufwand an zusätzlicher Behaltensanforderung verursacht wird – immerhin muß die jeweils vorangehende Konstruktion in Geltung gehalten werden, man muß sie parat haben – kann hier nicht entschieden werden.

Ich halte die *situationell bedingte Ausklammerung* für höchst ökonomisch. Redesequenz und Ereignisablauf werden harmonisiert. Die Abwicklung der Rede paßt sich dem Geschehen an. Mit dieser Sukzession werden Schwierigkeiten umgangen, die mit einer diskontinuierlichen Anordnung sprachlicher Elemente verbunden sind.

# 5 Zwei sprachliche Verfahren zur Textkonstitution im Kommunikationsablauf: Paraphrasierung und Korrektur

## 5.1 Vorbemerkung

Dieses Kapitel befaßt sich wie die vorhergehenden mit Fragen des Kommunikationsablaufs, allerdings unter verändertem Aspekt. Standen in den vorigen Kapiteln die eher formalen Gliederungsmittel, die kommunikationssteuernden Sprecher- und Hörersignale und Fragen der Sprachökonomie im Vordergrund, so sollen in diesem Kapitel textkonstituierende Momente der Kommunikation behandelt werden. Es soll davon die Rede sein, wie einzelne Äußerungen textlich verknüpft sein können. Dabei werden vor allem im Zusammenhang mit der Korrektur bestimmte Einzelstrukturen, die für die gesprochene Sprache charakteristisch sind, mitbehandelt.

Es ergeben sich nun bei solchen textlinguistischen Fragestellungen gewisse Schwierigkeiten: einerseits handelt es sich bei der Textlinguistik um eine relativ junge Disziplin mit sehr verschiedenen Ansätzen,[150a] ohne daß eine allgemein anerkannte Theorie bestünde. Zum anderen steht man, will man Texte angemessen analysieren, vor der Notwendigkeit, sich eben dieser *Ansätze,* soweit es der Untersuchungsgegenstand erlaubt, zu bedienen. Hinzu kommt, daß die bisherigen Arbeiten eher theoretisch orientiert sind und daß sie überwiegend schriftsprachliche Bedingungen reflektieren. Aber gerade im Bereich der Textkonstitution gibt es nach meiner Auffassung für die gesprochene Sprache eigene, von den Bedingungen der Schriftsprache abweichende textverknüpfende Verfahren. Und mir kommt es in erster Linie darauf an, Besonderheiten der Textkonstitution in der gesprochenen Sprache darzustellen. Es geht mir also nicht darum, neue textlinguistische Methoden zu entwickeln, sondern unter Verwendung der bisherigen Ansätze textkonstituierende Charakteristika des gesprochenen Deutsch vorzustellen: Paraphrasierung und Korrektur. Dies bedeutet u.a. auch, daß der in der Textlinguistik aufgrund ihrer schriftsprachlichen Orientierung eine zentrale Rolle spielende Begriff des Satzes hier nicht übernommen wird.[151] Statt dessen wird entsprechend den Zielsetzungen dieser Arbeit dort, wo Segmentierungen eine Rolle spielen, von der Äußerungseinheit und der Folge von Äußerungseinheiten ausgegangen.

Bei den hier behandelten Verfahren der Textbildung, nämlich Paraphrasierung und Korrektur, ist von vornherein dreierlei zu betonen: *Erstens:* Es handelt sich um zwei Verfahren, die teilweise eng miteinander in Verbindung stehen und sich daher überschneiden. Ich werde dies am geeigneten Ort verdeutlichen. *Zweitens:* Neben diesen Verfahren gibt es weitere, die teilweise schon untersucht sind, allerdings nicht für den Bereich der gesprochenen Sprache. Ich denke z. B. an Kommentierung,[152] Explikation, Exemplifikation. *Drittens:* Die behandelten Verfahren erscheinen mir zwar charakteristisch für die gesprochene Sprache, das bedeutet aber nicht, daß sie im schriftsprachlichen Bereich überhaupt nicht vorkämen. Dies gilt vor allem für die Paraphrasierung, weniger für die Korrektur. Eine grundsätzliche Charakterisierung der Textbildungsverfahren Paraphrasierung und Korrektur erscheint im Rahmen der Theorie der sogenannten Funktionalen Satzperspektive möglich.

Zentrale Annahme der Funktionalen Satzperspektive ist, daß ein Text durch eine Thema-Rhema-Progression wesentlich bestimmt sei. Thema und Rhema gehören »zu den wichtigsten textkonstituierenden Momenten«.[153] Sie stellen nach Daneš »zwei komplementäre Mitteilungsfunktionen von verschiedenen semantischen Bestandteilen einer Aussage dar: In fast jeder Aussage unterscheidet man das, worüber etwas mitgeteilt wird (Das Thema) und das, was darüber mitgeteilt wird (Das Rhema), die Aussage im eigenen, engeren Sinne.«[154] Zur Bestimmung von Thema und Rhema schlägt Daneš die Ergänzungsfrage vor: »Es zeigt sich, daß zu einer jeden Aussage eine Ergänzungsfrage existiert, die (mit ihrem Fragewort) gerade nach dem Rhema der Aussage fragt ( . . .) ›Er bekam das Buch von einem Kollegen.‹– Von wem ›bekam er das Buch?‹: Die Ergänzung ›von einem Kollegen‹ bildet das Rhema, und der Rest der Aussage stellt das Thema dar.«[155]

Es gibt nun, wie Daneš gezeigt hat, sehr unterschiedliche Möglichkeiten der Thema-Rhema-Konstitution. Er unterscheidet die folgenden fünf:

1. Einfache lineare Progression. Schematisch:

$$T_1 \rightarrow R_1$$
$$\downarrow$$
$$T_2\ (= R_1) \rightarrow R_2$$

2. Durchlaufendes Thema: Schematisch:

$$(T_1 \rightarrow R_1)$$
$$\downarrow$$
$$T_2\ (= R_1) \rightarrow R_2$$
$$\downarrow$$
$$T_2\ (= R_1) \rightarrow R_3$$
$$\downarrow$$
$$T_2\ (= R_1) \rightarrow R_4$$

3. Progression mit abgeleiteten Themen. Schematisch:

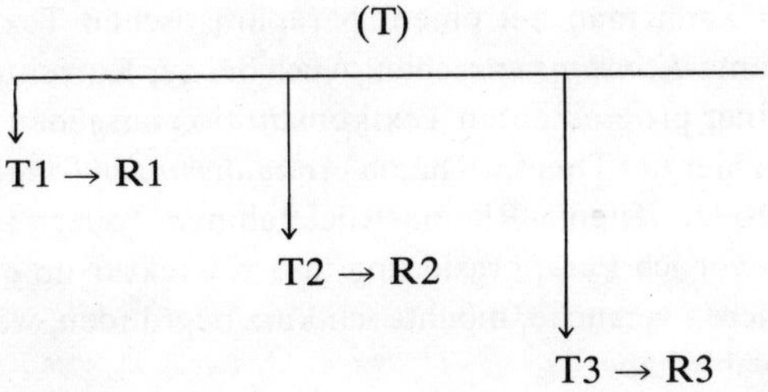


4. Das Entwickeln eines gespaltenen Themas. Schematisch:

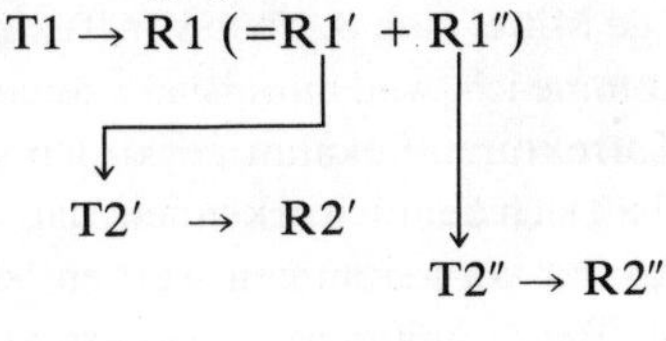


5. Themenprogression mit einem thematischen Sprung. Schematisch:

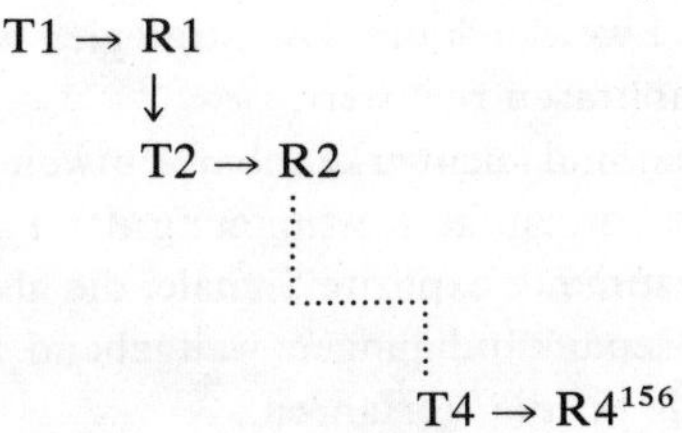

Die Verknüpfungen von Thema und Rhema erfolgen durch unterschiedliche Mittel. Am besten erforscht sind die pronominalen Verknüpfungsmittel, die einen Text als solchen ausweisen. Die Möglichkeiten der hier aufgeführten Thema-Rhema-Verknüpfungen scheinen mir vor allem in der Schriftsprache gewöhnliche Verfahren der Textbildung zu sein, wie ja auch die meisten Demonstrationen aus Texten der geschriebenen Sprache stammen.[157]

## 5.2 Paraphrasierung/Korrektur

Das entscheidende Charakteristikum der im Rahmen der Thema-Rhema-Gliederung skizzierten Textbildungsverfahren besteht darin, daß es sich um eine Progression handelt. Bei der Paraphrasierung ist dies nicht der Fall. Gegenüber einem Text mit einer Thema-Rhema-*Progression* kann man bei einem paraphrastischen Text von einer Thema-Rhema-*Konstanz* sprechen. Auch bei der Korrektur wird man nicht von einer progredienten Textkonstitution ausgehen können. Es handelt sich hier um Thema-Rhema-*Annullierungen* (oder Teilannullierungen) oder Thema-Rhema-Rücknahmen (oder Teilrücknahmen).[158] Bevor ich Paraphrasierung und Korrektur im einzelnen zu charakterisieren versuche, möchte ich kurz begründen, warum ich sie hier ausgewählt habe:

a) Beide Verfahren sind zentral, weil *elementar* für die mündliche Kommunikation. Ich halte Paraphrasen und Korrekturen für im strengen Sinne notwendige Mittel zum Aufbau von Texten in Dialogen. Zu dieser Bewertung komme ich, weil mir bislang keine Dialogtexte ohne Paraphrasen und Korrekturen bekannt geworden sind. Besonders in der Alltagssprache läßt sich deutlich erkennen, daß fast in jedem Sprecherbeitrag Korrekturen vorgenommen werden: situationelle, mentale und/oder soziale Beschränkungen erfordern Strategien, nach denen einmal Gesagtes zurückgenommen, verändert, erweitert oder außer Geltung gesetzt werden kann. Die Strategien werden durch Korrekturen und Paraphrasen realisiert.

b) Beide Verfahren sind leicht erkennbar. Entweder erlaubt der Text oder Kontext eine eindeutige Bestimmung der Paraphrase und der Korrektur oder bestimmte explizite Signale, die als Korrektursignale oder als Paraphrasenankündigungen weitgehend konventionalisiert sind, bezeichnen direkt die Verfahren.

c) Mit den Verfahren Paraphrasierung und Korrektur können weitere Textbildungsmöglichkeiten erklärt oder zumindest eingeordnet werden. Zunächst ist dies die Präzisierung.[159] Damit ist ein sprachliches Verfahren zwischen Korrektur und Paraphrasierung zu bezeichnen: Manche Paraphrasierungen sind Präzisierungen, manche Korrekturen können als solche angesehen werden. Weiterhin gehören folgende Verfahren in diesen Zusammenhang: Verallgemeinerung, Spezifizierung, Variation, Vertiefung, Erweiterung, Einschränkung.
d) Paraphrasierung und Korrektur hängen eng miteinander zusammen. Dies sieht wohl auch, wenngleich mit anderer Begrifflichkeit Naess, der z.B. statt Paraphrasierung »Interpretation« sagt. (S. 22). Auch Klaus Müller (1976) betont (S. 13) diesen Zusammenhang, indem er die »Paraphrasen als ›korrekte Korrekturen‹ in aufsteigender Linie von der Wort- zur Satzebene« wertet.[160]

Wenngleich also zwischen Korrektur und Paraphrasierung enge Beziehungen bestehen, habe ich mich aus methodischen Gründen für eine getrennte Behandlung entschieden, wobei Zusammenhänge abschließend diskutiert werden.

Zur Literatur eine Bemerkung: Ich stütze mich bei der Darstellung dieses Kapitels vor allem auf eigene (teilweise schon publizierte) Vorarbeiten. Ich möchte aber auch an dieser Stelle ausdrücklich betonen, daß ich einigen unveröffentlichten Staatsarbeiten manchen Hinweis und manche Anregung verdanke. Besonders erwähnen möchte ich die Arbeit von Klaus Müller (1976), deren Resultate ich in dieses Kapitel übernommen habe. Ferner die Arbeiten von Ursula Reis (1976) und Irmela Freigang (1976).

## 5.3 Paraphrasierung

Ungeheuer hat (1969) nachdrücklich darauf hingewiesen, daß in zwei ganz verschiedenen Bereichen paraphrasiert wird:
»1. als Kontextparaphrase ist sie [die Paraphrase] kommunikativ eines der grundlegenden Mittel rhetorischer Explikation und Präzisierung.
2. als paraphrastische Transformation zur Gewinnung kanonischer Formulierungen (...) ist sie extra-kommunikativ Grundtypus für eines der effektivsten analytischen Verfahren in Linguistik und Logik.«[161]

Ich befasse mich hier mit der von Ungeheuer so genannten Kontextparaphrase, nenne sie aber »kommunikative Paraphrase« und gebrauche den Begriff in folgendem Sinne:
Wenn in aufeinanderfolgenden Äußerungen ersichtlich (d.h. entweder explizit oder eindeutig rekonstruierbar) Ähnliches oder Gleiches ausgedrückt wird, wenn sich der Sprecher also mehrfach auf den gleichen Referenten (mit gleicher oder ähnlicher Prädikation) bezieht, um Verständigung herzustellen, indem er Äußerungen abwandelnd, vertiefend, präzisierend, verallgemeinernd oder exemplifizierend (o.ä.) wiederholt, dann spreche ich von kommunikativer Paraphrasierung und nenne die sprachlichen Erzeugnisse kommunikative Paraphrasen. Den Grenzfall einer »identischen Wiederholung« behandle ich hier nicht.[162]

### *5.3.1 Analyse einiger Beispiele*[163]

Das erste Beispiel stammt aus der Fernsehreihe: »Journalisten fragen, Politiker antworten.«[164] In dieser Fernsehbefragung – zeitweilig auch Diskussion – spielen neben und zusammen mit der verbalen Kommunikation sicher auch nonverbale Verständigungsmittel eine Rolle. Sie sind im verschrifteten Text nicht berücksichtigt. Sie scheinen mir für diesen Text auch deswegen nicht von entscheidender Bedeutung zu sein, weil die befragten Politiker, vor allem um die Zitierfähigkeit ihrer Äußerungen sicherzustellen, bestrebt sind, die Kommunikation vornehmlich über den verbalen Kanal zu führen. An dieser Diskussion hat auch der SPD-Politiker Helmut Schmidt (damals Fraktionsvorsitzender der Bundestagsfraktion) teilgenommen. An ihn wird die Frage gerichtet:

(143) I, 168
»Herr Schmidt, sie werden in den nächsten Tagen in ihrer Partei einige ernste Auseinandersetzungen haben // Denn es gibt ja eine immerhin beachtliche Minderheit, die diese Regierung aus ihrer Partei und der CDU/CSU abgelehnt hat // Und ich glaube, eine der Fragen, einer der Vorwürfe, die man gegen die Parteiführung erhebt, ist die, ihr habt vor der CDU kapituliert // Daher meine erste Frage an sie, hat die CDU vor ihnen kapituliert oder haben sie, wie es zum Teil in ihrer Partei behauptet wird, vor der CDU/CSU kapituliert?//«

Schmidt antwortet darauf:[165]

(144) I, 168

»Ich darf zunächst sagen, Herr Heizler, sie sagen wir stünden vor schweren Auseinandersetzungen innerhalb der sozialdemokratischen Partei// Das ist nich richtig.

Matrix: Die haben wir hinter uns //

G1: (Die sind gestern) Der wesentliche Teil dieser Auseinandersetzung is gestern Nacht zwischen zwölf und eins zu Ende gegangen // (...)

G2[166]: In der Bundestagsfraktion, vorher im Parteirat, der ja Vertreter all der regionalen Gliederungen enthält. Das war schon ein oder zwei Tage vorher //

G3: Also die Auseinandersetzungen in den entscheidenden Körperschaften der Partei sind abgeschlossen //

G4: und sind mit sehr klaren Mehrheitsentscheidungen beendet worden //«

Ein erster noch ungenauer Blick auf den Sprecherbeitrag von Schmidt zeigt, daß es berechtigt ist zu sagen, daß Matrix und G1–G4 in einem paraphrastischen Verhältnis zueinander stehen, daß andererseits aber keine Identität der Äußerungen vorliegt. Vielmehr handelt es sich bei G1–G4 um eine fortschreitende Präzisierung der Matrixaussage. Oder anders formuliert: Die Thema-Rhema-Gliederung: Auseinandersetzungen – sind abgeschlossen bleibt im gesamten Sprecherbeitrag erhalten, wobei dem Thema wie dem Rhema gewisse Ergänzungen beigegeben werden. Genau erkennbar ist das schrittweise, kommunikativ überaus einprägsame und daher wirksame Vordringen zur endgültigen Formulierung. Der Hörer ist fest in den Kommunikationsprozeß integriert, indem er die Genese der Formulierungen unmittelbar verfolgen kann. Jedes einzelne Glied wie auch die Matrix und die Einleitung des Sprecherbeitrags haben ihre eigenen wichtigen Funktionen: *Einleitung des Sprecherbeitrags:* (»Ich darf zunächst sagen, Herr Heizler, sie sagen wir stünden vor schweren Auseinandersetzungen innerhalb der sozialdemokratischen Partei. Das ist nich richtig.«). Die Voraussetzung der Frage des Journalisten wird in der Einleitung wiederholt und explizit zurückgewiesen. Damit wird die Basis für den gesamten Sprecherbeitrag geschaffen.

*Matrix:* Die Fragevoraussetzung wird in *allgemeiner* Form berichtigt. (»sie werden (...) einige ernste Auseinandersetzungen haben.« vs. »Die haben wir hinter uns.«) Die Richtigstellung bezieht sich in der Matrix auf den Zeitpunkt der Auseinandersetzungen, grammatisch gesprochen: Futur vs. Perfekt.

*G1:* stellt eine Paraphrase von M dar.: Die allgemeine Formulierung (d.h. Thema *und* Rhema) wird in Geltung gehalten, aber in zwei Punkten erweitert. Es erfolgt einmal eine zeitliche Erweiterung, indem die Formulierung »haben wir hinter uns« ersetzt wird durch »ist gestern nacht zwischen zwölf und eins zu Ende gegangen«. Zum anderen wird die uneingeschränkte Formulierung »die Auseinandersetzungen« eingeschränkt zu »der wesentliche Teil dieser Auseinandersetzungen«. Damit hält sich der Sprecher die Möglichkeit offen, seine Behauptung auch dann noch aufrecht erhalten zu können, wenn es tatsächlich noch zu weiteren Auseinandersetzungen kommen sollte.

*G2:* paraphrasiert M + G1: Es handelt sich abermals um eine Erweiterung. Es werden die Gremien aufgeführt, in denen die Auseinandersetzungen stattgefunden haben (mit zusätzlichen zeitlichen Ergänzungen »vorher«, »ein oder zwei Tage vorher«.)

*G3:* paraphrasiert M + G1 + G2 unter einem bewertenden Aspekt. Dieser kommt in der Wendung »*entscheidende* Körperschaften der Partei« zum Ausdruck. Diese Wertung ist für den weiteren Diskussionsverlauf insofern von Bedeutung, als sich Schmidt immer auf sie berufen kann: Die Auseinandersetzungen mögen, wie auch immer, weitergehen, die SPD hat in ihren zuständigen und daher »entscheidenden« Körperschaften darüber abschließende Beschlüsse gefaßt.

*G4:* Als Schlußpunkt setzt Schmidt eine Paraphrase zu allen vorhergehenden Äußerungen unter legitimierendem Aspekt: Die Beendigung der Auseinandersetzungen ist »mit klaren Mehrheitsentscheidungen« erfolgt. Die Antwort Schmidts – ein vollständiger Sprecherbeitrag – läßt sich demnach auf folgende Übersicht verkürzen:

| | |
|---|---|
| Einleitung: | Zurückweisung der Fragevoraussetzung |
| Matrix: | Ausgangsformulierung in allgemeiner Form (Richtigstellung) |
| G1: | Erweiterung 1 (zeitlich und sachlich) |
| G2: | Erweiterung 2 (örtlich?) auf Vorhalt des Diskussionsleiters |
| G3: | Wertung |
| G4: | Legitimierung |

Damit hat der Text eine klar erkennbare Struktur, die man in Texten der dialogischen Kommunikation in verschiedenen Varianten immer wieder antrifft. Allgemeiner formuliert handelt es sich um folgende Strukturelemente:

- Stellungnahmen zu Voraussetzungen von Partneräußerungen (Zurückweisungen oder Zustimmungen)
- Richtigstellungen (oder Bestätigungen)
- Erweiterung und Konkretisierung
- Kommentierung/Wertung
- Legitimierung

Zu betonen ist, daß die Thema-Rhema-Relation von M bis Gn gleich bleibt und über die verschiedenen Aspektualisierungen in Geltung gehalten wird. Formalisiert läßt sich die Struktur folgendermaßen darstellen:

$$
\begin{array}{l}
T_1 \rightarrow R_1 \\
\downarrow \quad\quad\quad \searrow \\
T_2\ (= T_1) \rightarrow R_2\ (= R_1) \\
\downarrow \quad\quad\quad\quad\quad\quad \searrow \\
T_3\ (= T_1 = T_2) \rightarrow R_3\ (= R_1 = R_2) \\
\downarrow \quad\quad\quad\quad\quad\quad\quad\quad \downarrow \\
T_n\ (T_1 \ldots = T_n) \rightarrow R_n\ (= R_1 \ldots = R_n)
\end{array}
$$

Ein weiteres Beispiel:
(145) II, 146

| | |
|---|---|
| Einleitung: | »Auf keinen Fall wäre es richtig neue Mammutanstalten [psychiatrische Kliniken] zu errichten (...) / / Man kann natürlich die vorhandenen Mammutanstalten (...) nicht vom Erdboden wegfegen / / Sie sind vorläufig zu einem großen Teil noch notwendig. |
| Matrix: | Man kann sie aber selektieren. |
| G1: | Man kann sie aufteilen. |
| G2: | Man kann sie differenzieren. |
| G3: | Man kann die Behandlungsfelder öffnen und damit schon einen großen Schritt tun. |
| G4: | Man kann überhaupt das Departmentsystem in dieser Richtung einwirken lassen und es zum Aus- |

| | |
|---|---|
| | trag bringen und damit wirklich Entscheidendes schon vorantreiben / / |
| Textfortführung: | Im übrigen kommt es aber darauf an ...« |

Die paraphrastische Qualität dieser Folge von Äußerungseinheiten kommt – so Müller 1976, S. 18 – im wesentlichen dadurch zum Ausdruck, daß *erstens* die Einleitungsphase der Äußerungseinheiten (»man kann«) identisch ist, also grammatische Rekurrenz herrscht, daß *zweitens* zwischen den infiniten Verben eine Synonymie besteht, und daß *drittens* »in Glied 3 und 4 weitere synonymische Relationen [existieren]: ›Behandlungsfelder‹ – ›Departmentsystem‹; ›einwirken lassen‹ – ›zum Austrag bringen‹; ›einen großen Schritt tun‹ – ›Entscheidendes vorantreiben‹« (Müller 1976, S. 19).

Eine genauere Analyse ergibt:
In der Einleitung wird zunächst der Diskussionsgegenstand entwickelt (strukturell vergleichbar mit der Wiederholung der Fragevoraussetzung in der Einleitung des vorhergehenden Beispiels): Die vorhandenen psychiatrischen Kliniken sind zu groß.

In der *Matrix* wird in allgemeiner Form ihre Änderung vorgeschlagen. In *G1 und G2* wird durch die infiniten Verben »aufteilen« und »differenzieren« die Matrix paraphrasiert. »Präzisierung« wird man hier nicht sagen können; die verwendeten Verben sind gleichermaßen präzise oder unpräzise. Es wird das gleiche wiederholt, um zu erläutern, was gemeint ist. Immerhin ist »selektieren« kein allzu gebräuchliches Wort. Insgesamt könnte man M + G1 + G2 als eine Einheit auffassen und zusammen als Matrix ansehen, die in dreigeteilter Form auftritt.

In *G3* erfolgt eine sachlich begründete Präzisierung. »Mammutanstalten differenzieren« *heißt* »neue Behandlungsfelder öffenen«; ferner eine Wertung im zweiten Teil von G3: »einen großen Schritt tun« ist eine Wertung im Sinne einer Verbesserung der Situation.

*G4* ist ganz ähnlich aufgebaut wie G3: Zuerst eine Präzisierung: »Departmentsystem in dieser Richtung einwirken lassen« erläutert die Formulierung: »neue Behandlungsfelder öffnen«, wobei dies teilweise noch einmal paraphrasiert wird (das Departmentsystem »zum Austrag bringen«). Im zweiten Teil von G4 wieder eine Bewertung (»Entscheidendes (...) vorantreiben«), die der von G3 entspricht. Das heißt aber, daß die Bewertung von G3 und G4 ihrerseits ebenfalls in einer paraphrastischen Relation zueinander stehen. Das zitierte Textstück ist somit folgendermaßen aufgebaut:

| | |
|---|---|
| Einleitung: | Entwicklung des Diskussionsgegenstandes |
| Matrix: | Allgemeine Formulierung von Thema und Rhema |
| G1 + G2: | Erläuterung der Matrix (oder Teile der Matrix) |
| G3: | Präzisierung 1 und Bewertung 1 → B1 = M′ |
| G4: | Präzisierung 2 und Bewertung 2 → B2 = G′1 |

Durch die Notierung M' und G'1 wird zum Ausdruck gebracht, daß die beiden Bewertungen ebenfalls in einem paraphrastischen Verhältnis zueinander stehen. Ich komme im übrigen auf dieses Beispiel noch einmal zurück.

Im nächsten Beispiel geht es sachlich darum, daß die Koalitionsregierung (der Großen Koalition) und die Koalitionsfraktionen nicht übereinstimmen in der Beurteilung des geltenden Wahlrechts:

(146) I, 180
M: »... sodaß es hier sehr wohl kommen kann zu der ersten sehr interessanten Auseinandersetzung zwischen einer Koalitionsregierung auf der einen Seite und möglicherweise beiden Koalitionsfraktionen auf der anderen Seite//
G: Oder genauer gesagt, Spannung zwischen Regierung und Parlament //«

Der hier interessierende Teil der Matrix lautet: Auseinandersetzung zwischen Koalitionsregierung und Koalitionsfraktionen. Dies ist eine Formulierung, die nicht ganz den parlamentarischen Gegebenheiten gerecht wird: Der Regierung steht nicht eine, oder stehen nicht mehrere Fraktionen gegenüber, sondern das *ganze* Parlament steht der Regierung gegenüber. Daher sagt der Sprecher (Schmidt) auch zu Recht:

»genauer gesagt« und ersetzt »Koalitionsfraktionen« durch »Parlament«.

(147) II, 357
Einleitung: »...//Und ich hab ihn auch so verstanden, daß er meinte
Matrix: Texte des Alltags
G1: Also Dokumente die nicht literarisch sind
G2: zum Beispiel Reden, politische Reden, Werbetexte//...«

Die allgemeine Formulierung »Texte des Alltags« (= Matrix) wird in G1 im Sinne einer Aspektverlagerung umformuliert. Dabei ist interessant, daß es sich bei den beiden Formulierungen (M und G1) nicht um lexikalische Synonymie handelt. M und G1 sind vielmehr durch »also« miteinander verbunden und auf einen Referenten bezogen, also in ein paraphrastisches Verhältnis zueinander gebracht. Daß beide Formulierungen nicht durch lexikalische (und damit konventionalisierte) Synonymie miteinander verbunden sind, wird durch den Hinweis deutlich, daß einerseits Texte des Alltags durchaus literarisch sein können (Mundartdichtung; in Alltagssprache abgefaßte Dichtung) und »Dokumente, die nicht literarisch sind«, durchaus keine alltagssprachlichen Texte sein müssen (etwa Gesetzestexte, wissenschaftliche Abhandlungen). Gemeint ist der beiden Formulierungen gemeinsame Teil, ihre Durchschnittsmenge. In G2 wird dies dann auch verdeutlicht, indem aus dieser Durchschnittsmenge mehrere Elemente genannt werden, oder anders gesagt, indem Beispiele für die gemeinten Texte des Alltags gegeben werden.

### *5.3.2 Zur Struktur kommunikativer Paraphrasen*

#### *a) Begriffsbestimmung*

Die aufgeführten und besprochenen Beispiele unterscheiden sich in verschiedener Hinsicht. Es kommt mir hier auf das folgende, wie mir scheint, *zentrale* Unterscheidungsmoment an: Es gibt paraphrastische Textstücke, in denen die Paraphrase als solche angekündigt wird und andere, in denen eine Ankündigung fehlt. Ich unterscheide gemäß dieser Beobachtung zwischen expliziten und impliziten Paraphrasen: Paraphrasen, die einen expliziten Hinweis auf ihre Paraphrasenqualität enthalten, nenne ich explizite Paraphrasen; Paraphrasen, die einen solchen Hinweis nicht enthalten, nenne ich implizite Paraphrasen.

#### *b) Implizite Paraphrasen*

Um die Struktur impliziter Paraphrasen beschreiben zu können, ist es erforderlich, den *allgemeinen* Rahmen der Thema-Rhema-Konstanz auszufüllen, also die sprachlichen Mittel zu erforschen, mit deren Hilfe diese Konstanz erzielt wird.

Dies führt zu der generelleren Frage nach den Bedingungen eines Textverständnisses, in Sonderheit nach den Bedingungen dafür, daß ein Text als paraphrastisch erkannt wird. Zur Beantwortung dieser Frage erscheinen mir folgende, durchaus nicht neue Erklärungsansätze plausibel:

(i) Ich verstehe Texte (und ich spreche im folgenden immer von solchen Texten, wie sie hier als Beispiele zitiert und analysiert werden), weil sie in deutscher Sprache abgefaßt sind und ich diese – in einem längeren Prozeß als Muttersprache erworben – verstehe. *(Sprachkompetenz).*

(ii) Ich verstehe Texte, weil ich weiß, daß sie in einem bestimmten Zusammenhang stehen, z. B. als Antworten auf Fragen, als Anschlußäußerungen, als Aufforderungen im Zusammenhang mit sprachlichen und nichtsprachlichen Handlungen. Mir ist also der sprachliche Kontext und der mit diesem verbundene Handlungskontext bekannt. *(Allgemeine Text- und Handlungskompetenz).*

(iii) Ich verstehe Texte, weil mir ihre allgemeinen *nicht*sprachlichen Voraussetzungen bekannt (oder teilweise bekannt) sind und weil ich diese Voraussetzungen als Teil meines Weltbildes und Alltagswissens in die konkrete Situation einbringen kann. *(Allgemeine Erfahrungskompetenz).*

(iv) Ich verstehe Texte, weil mir ihre konkreten Entstehungsbedingungen, d. h. auch ihre Sprechsituation bekannt (oder teilweise bekannt) sind. Mir können z. B. die Kommunikationsteilnehmer bekannt sein, ich kenne die Sendereihe, in der ein Text publiziert wird, ich kenne die Absicht des Nachbarn, wenn er mit mir über seinen Garten spricht. *(Spezielle Erfahrungskompetenz).*

Warum aber verstehe ich Texte als Paraphrasen?

(v) Ich verstehe einen Text als Paraphrase (immer unter Berücksichtigung von (i) – (iv)), weil eine signifikante Häufung von Äußerungsteilen mit gleicher oder ähnlicher Referenz und Prädikation vorliegt. *(Spezielle Textkompetenz).*

Die unter (v) gemachte Äußerung ist eine andere Formulierung für Thema-Rhema-Konstanz. Um nun hier eine allgemeine Diskussion über Text, Texttheorie und Textlinguistik zu vermeiden (dies entspricht nicht der Zielsetzung dieses Kapitels), befasse ich mich mit den Ansätzen unter (i) – (iv) nur am Rande. Zu (v) einige Erläuterungen: Trotz gewisser Vorbehalte gegenüber den sogenannten Verweisungstheorien in der Textlinguistik[167] können Paraphrasen mit ihrer Hilfe beschrieben werden. Es kommt dabei darauf an, die *gehäuften* »Wiederaufnahmen bereits im Text erwähnter Referenzträger« zu ermitteln und darzustellen.[168] Dazu noch einmal das Beispiel

(145) II, 146

Einleitung: »Auf keinen Fall wäre es richtig, neue Mammutanstalten zu errichten (...)//Man kann natürlich die vorhandenen Mammutanstalten (...) nicht vom Erdboden wegfegen// Sie sind vorläufig zu einem großen Teil noch notwendig.

Matrix: Man kann sie aber selektieren.

G1: Man kann sie aufteilen.

G2: Man kann sie differenzieren.

G3: Man kann die Behandlungsfelder öffnen und damit schon einen großen Schritt tun.

G4: Man kann überhaupt das Departmentsystem in dieser Richtung einwirken lassen und es zum Austrag bringen und damit wirklich Entscheidendes schon vorantreiben//

Textforts.: Im übrigen kommt es aber darauf an...«

*Die Relation M – G1:* In G1 werden wörtlich Subjekt, Objekt und ein Teil des Prädikats wiederaufgenommen. Die beiden Verben stehen in einem synonymischen Verhältnis zueinander, fast gleichbedeutend und – was hier wichtiger ist – sie referieren auf den gleichen Vorgang. Damit aber wird, abgesehen von dem adversativen Element »aber«, das seinerseits anaphorisch auf die Einleitung verweist, *jedes* Element von M in G1 wiederaufgenommen, ohne daß etwas Neues hinzukäme. Eine solche Paraphrase liegt schon an der Grenze zu identischen Wiederholungen, die ihrerseits semantisch mit der Ausgangsformulierung voll übereinstimmen.

*Die Relation G1 – G2:* Hier gilt das gleiche wie im vorigen Abschnitt. Die Verben weichen nicht oder nur sehr geringfügig in der Bedeutung voneinander ab. Referenz und Prädikation (Thema und Rhema) – grob gesprochen: Teilung der Mammutanstalten – bleiben gleich. Entsprechendes gilt auch für die Relation M – G2. Wir können daher, wie schon angedeutet, M, G1, G2 zusammenfassen und sie als ein Komplex den folgenden Gliedern gegenüberstellen.

*Die Relation M/G1/G2 – G3:* Subjekt und Modalverb bleiben weiterhin gleich. Es stehen sich die folgenden Prädikate (Verb und Objekt) gegenüber (die Bewertung in G3 bleibt zunächst außer Betracht):

| | |
|---|---|
| Mammutanstalten selektieren aufteilen, differenzieren | Behandlungsfelder öffnen |

Es handelt sich hier sicher nicht um lexikalische Synonymie. Aber die Beziehung zwischen den beiden Prädikatskomplexen ist durchaus im Sinne einer Referenzgleichheit zu verstehen: Mammutanstalten aufteilen »heißt«, »bedeutet«, »ist«, »ist gleichzusetzen mit«: Behandlungsfelder öffnen. Die beiden Prädikate – so verstehe ich dieses Textstück – weisen auf den gleichen Vorgang, nur der Akzent, der Aspekt ist verschieden. Im ersten Falle (M/G1/G2) geht es zunächst um das *bauliche* Faktum. Im zweiten Falle (G3) geht es um das *medizinische* Faktum. Es handelt sich um den gleichen Vorgang, der unter zwei Aspekten gesehen wird.

Die medizinische Aussage wird im zweiten Teil von G3 *wertend paraphrasiert.* Daß es sich hier nicht um einen bloßen Kommentar handelt, sondern eben um einen paraphrastischen, wird wiederum durch die Umformulierung deutlich: Behandlungsfelder öffnen »heißt«, »bedeutet«, »ist gleichzusetzen mit«: einen großen Schritt tun. Die Möglichkeit also, daß die Verben »heißen«, »bedeuten«, »gleichsetzen mit« (und evtl. noch andere) eine Verbindung zwischen einzelnen sprachlichen Komplexen so herstellen können, daß dies nicht dem Sinn der Äußerung widerspricht, ist ein Hinweis darauf, daß eine Paraphrasenbeziehung vorliegt.

*Die Relation M/G1/G2 – G4:* Hier gilt prinzipiell das gleiche wie im vorigen Fall. Allerdings wird im Prädikatskomplex von G4 ein weiterer Aspekt zur Geltung gebracht: Departmentsystem einwirken lassen und zum Austrag bringen. Man kann gerade an diesem Teil des Textes die Gleichheit und die Ungleichheit, die in einer paraphrastischen Beziehung konstituiert werden, erkennen: Teilung, Aufteilung und Department hängen eng miteinander zusammen. Ein Department ist eine Ab*teilung*. Die Teilung von größeren Krankenanstalten in kleinere Ab*teilungen* ermöglicht eine *zusammenhängende* und zugleich auch *getrennte* Krankenbehandlung und -betreuung. Zusammenhängend in organisatorischen und medizinisch-technischen (z. B. ein Labor, eine Röntgenabteilung) Fragen. Getrennt insofern, als die Patienten in ihren Abteilungen von verschiedenen Fachärzten behandelt werden können.

Für die Wertung innerhalb von G4 gilt das gleiche wie für die Wertung von G3.

*Relation G3 – G4:* Wiederum ein eindeutiges paraphrastisches Verhältnis zwischen dem jeweiligen ersten Teil beider Glieder (s.o.). Auch die beiden Wertungen stehen, wie schon angedeutet, in einem paraphrastischen Verhältnis zueinander. Der Unterschied zwischen beiden ist gradueller Natur: großer vs. entscheidender Schritt. Die Verschränkung des Textes wird durch diese zusätzliche, gleichsam interne Paraphrase noch enger.

In dem besprochenen Beispiel einer impliziten Paraphrase bestehen *mehrfache* textuelle Verknüpfungen. Es tritt eine Häufung von Äußerungsteilen mit gleicher Referenz auf. Dies führt zu einem Geflecht von Gleichheiten und Ähnlichkeiten um *eine* Thema-Rhema-Struktur. Diese Einzelbeobachtungen zur Charakterisierung von impliziten Paraphrasen werden durch weitere Analysen bestätigt.[169]

Eine solche Bestätigung ist theoretisch auch zu erwarten. Denn wie anders als durch eine *gehäufte* Wiederaufnahme bereits erwähnter Referenzträger kann eine implizite Paraphrase als solche kenntlich gemacht und verstanden werden? Ich halte diese gehäufte Wiederaufnahme von Referenzträgern oder die mehrfache Verkettung von Äußerungseinheiten für eine notwendige Bedingung zur Konstituierung impliziter Paraphrasen.

### c) *Explizite Paraphrasen*

Explizite Paraphrasen sind nicht auf die Mehrfachverkettung angewiesen. Ihre Paraphrasenqualität wird durch explizite Ankündigung gesichert. Es hat sogar den Anschein, daß ihre paraphrastische Qualität öfter *nur* durch die Paraphrasenankündigung erkannt werden kann. Diese Ankündigungen sind dementsprechend als Anweisungen zu verstehen, bestimmte Äußerungsteile oder Äußerungseinheiten referenzidentisch zu interpretieren. Dazu zunächst ein Beispiel aus der Schriftsprache:[170]

a) Aber ist nicht diese erbarmungslose Art, wie da ein einstmals gequälter Mensch einem anonymen Publikum seine Qualen vorführt, die Perversion jenes modernen Wissenschaftsideals, das nur die ›Suche nach der Wahrheit‹ kennt und nicht lange nach den Folgen dieses Suchens fragt?

b) Wie kommt ein Autor dazu, hemmungslos seinem Narzißmus und Exhibitionismus zu frönen und viele andere Menschen dadurch zu zwingen, zum Voyeur zu werden?

Man möchte doch ernsthaft bzweifeln, ob zwischen den Äußerungsteilen (a) und (b) Paraphrasenbeziehungen bestehen oder sich herstellen lassen. Und doch stehen beide Sätze in einem paraphrastischen Verhältnis zueinander, das durch eine Paraphrasenankündigung konstituiert wird. Das Zitat lautet nämlich vollständig:
(148) Süddeutsche Zeitung vom 21./22. 9. 1974, S. 86 »Aber ist nicht diese erbarmungslose Art, wie da ein einstmals gequälter Mensch einem anonymen Publikum seine Qualen vorführt, die Perversion jenes modernen Wissenschaftsideals, das nur die ›Suche nach der Wahrheit‹ kennt und nicht lange nach den Folgen dieses Suchens fragt?
*In psychologischen Kategorien ausgedrückt:* Wie kommt ein Autor dazu, hemmungslos seinem Narzißmus und Exhibitionismus zu frönen und viele andere Menschen dadurch zu zwingen, zum Voyeur zu werden?« [Hervorhebung der Paraphrasenankündigung: R.R.]

Ich möchte dieses Beispiel aus der Schriftsprache nicht weiterbehandeln. Es soll hier nur als Extremfall die unverzichtbare Funktion der Paraphrasenankündigung demonstrieren.

In der gesprochenen Sprache kommen Paraphrasen mit Paraphrasenankündigungen ebenfalls vor. Die Paraphrasenankündigungen lassen sich in zwei Klassen einordnen: Solche mit eingliedriger und solche mit zweigliedriger Struktur. Zunächst eine Paraphrasierung mit einer Paraphrasenankündigung binärer Struktur, und zwar das bereits oben kurz besprochene Beispiel

(146) I, 180
» . . . sodaß es hier sehr wohl kommen kann zu der ersten sehr interessanten Auseinandersetzung zwischen einer Koalitionsregierung auf der einen Seite und möglicherweise beiden Koalitionsfraktionen auf der anderen Seite//
*Oder genauer gesagt,*
Spannung zwischen Regierung und Parlament//« [Hervorhebung der Paraphrasenankündigung: R.R.]

Auch hier wird, wenn auch nicht in der extremen Weise des vorigen Beispiels, die Paraphrasenrelation durch den expliziten Hinweis auf die Paraphrasenqualität fixiert. Dem Hörer wird durch »genauer gesagt« die Anweisung gegeben, das Folgende so zu verstehen wie das Vorhergehende. Vom Hörer wird verlangt, die Formulierung: Auseinandersetzung zwischen Regierung und Koalitionsfraktionen im

Sinne von: Spannung zwischen Regierung und Parlament zu verstehen. Wobei noch zusätzlich mitgeteilt wird, daß die letztere Formulierung die genauere sei. Und in der Tat, sie ist genauer, ohne aber daß sich am Gemeinten etwas geändert hätte.

Andere Paraphrasenankündigungen mit binärer Struktur sind (alle in den Textbänden belegt; zitiert nach Müller 1976, S. 25):
I, 174: »ich drück mich noch vorsichtiger aus«
II, 275f.: »um es mal ganz simpel auszudrücken«
II, 286: »ich würde sagen in Fußballsprache«
II, 327: »ich meine das jetzt zunächst völlig wertungsfrei«
II, 381: »ich muß besser sagen«
Diese erste Klasse der Paraphrasenankündigungen wird grammatisch folgendermaßen realisiert:
- Nominalgruppen (in genauer Formulierung; mit eigenen Worten)
- Partizipialgruppen (anders, allgemeiner, genauer gesagt)
- nichtkonsekutive ›um-zu‹-Sätze (um es deutlicher zu sagen)
- parenthetische Sätze (ich sage es deutlicher/wie man deutlicher sagen kann)

Die binäre Struktur dieser Klasse von Paraphrasenankündigungen läßt sich folgendermaßen beschreiben:
- Die Paraphrasenankündigungen enthalten ein Moment des Ankündigens, des Sagens, wobei dieses in grammatisch unterschiedlicher Weise realisiert werden kann: finites Verb, Partizip, Infinitiv, Substantiv. Für die Wahl der grammatischen Konstruktion der Ankündigung sind syntaxinterne Gründe von Bedeutung.
- Die binären Paraphrasenankündigungen enthalten ferner ein Moment der Aspektualisierung, das seinerseits die Ankündigung determiniert. Der Aspekt wird als Adverb (»genauer«), als adverbiale Nominalgruppe (»in Fußballsprache«) oder als attributives Adjektiv (mit *eigenen* Worten) sprachlich realisiert.

Die zweite Klasse besteht aus Paraphrasenankündigungen, die *nur* das Moment des Sagens enthalten, also eingliedrig sind. Eine Angabe des Aspektes, unter dem paraphrasiert wird, fehlt. Dazu das folgende Beispiel:

(149) I, 234
»...man braucht sich nur sein Leben irgendwie anzusehen// *oder sagen wir,* (sein) sich mit seinem Leben irgendwie bekannt zu machen//...« [Hervorhebung: R.R.]

Die Paraphrasenankündigung »oder sagen wir« enthält nur ein Moment des Sagens. Müller gibt (1976, S. 24) folgende eingliedrige Ankündigungen an (in Klammern die Häufigkeit in den ersten beiden Textbänden): »(also) das heißt (also)« (19); »ich meine« (7); »ich muß sagen« (2); »also sagen wir zum Beispiel« (2); »oder sagen wir« (1); »(also) sagen wir mal« (2); »vielleicht muß man eher sagen« (1); »(also) wie gesagt« (2); »wie ich schon sagte« (1).

Grammatisch gesehen läßt sich diese Klasse von Paraphrasenankündigungen als Hauptsätze, Nebensätze und Partizipialgruppen realisieren, wobei es in allen drei grammatischen Formen Stereotypen gibt. Man wird die Funktion dieser Ankündigungen unter zwei Gesichtspunkten erklären können. *Einmal* haben sie eine generelle Erklärungs- und Erläuterungsfunktion. Es sind Indikatoren, die anzeigen, es erfolgt eine Wiederholung mit anderen Worten. Zur Sicherung der Kommunikation wird ein Inhalt zweimal präsentiert; die Ankündigung weist genau darauf hin. Die *zweite* Funktion dieser aspektlosen Ankündigungen besteht in der Korrektur. Die Grenzen zwischen Paraphrasen und Korrekturen sind, darauf habe ich schon hingewiesen, fließend. Eine Präzisierung, die mit einer Paraphrasierung verbunden ist und durch eine aspektlose Ankündigung eingeführt wird, ist sicher auch eine Korrektur.

Eine weitere Art der Paraphrasenankündigung ist auf das Wort »also« beschränkt. Müller hat (1976, S. 23) festgestellt, »daß Paraphrasen von der Textstruktur her als ›explizit‹ zu bezeichnen sind und dennoch *kein* ›Moment des Sagens‹ oder der ›Aspektualisierung‹ realisiert wird, sondern lediglich eine sonst als ›Gliederungssignal‹ einzustufende sprachliche Einheit (›also‹).« (Hervorhebung: K.M.).

»Gliederungssignal« – oder »Paraphrasenankündigung«: Ich sehe darin keinen Widerspruch. Denn die Paraphrasenankündigung hat auch stark gliedernden Charakter. Beispiel (144) (=Schmidt-Antwort) enthält eine mit »also« eingeleitete Paraphrase. Ebenso Beispiel (147). Die entsprechende Passage des Schmidt-Beispiels lautet:

G2: »...//In der Bundestagsfraktion, vorher im Parteirat, der ja Vertreter all der regionalen Gliederungen enthält. Das war schon ein oder zwei Tage vorher//

PA: Also

G3: die Auseinandersetzungen in den entscheidenden Körperschaften der Partei sind abgeschlossen//...«

»also« ist an dieser Stelle wohl auch im logisch-folgernden Sinne gebraucht. Es ist hier sicher *auch* Gliederungssignal, das in Verbindung mit einer Stimmsenkung und einer kurzen Pause eine Grenze zwischen Äußerungseinheiten bildet. Nun kann aber dieses »also« offenbar mehr als einen Text nur »neutral«, d.h. ohne jede weitere Anweisung gliedern. Es gliedert nämlich nicht nur den Text, sondern es weist zusätzlich den Hörer auf die Paraphrasenqualität des Textes hin.

Schließlich sei noch kurz auf eine weitere Art der Paraphrasenankündigung hingewiesen. Sie ist in den Textbänden, soweit ich sehe, nicht belegt. Ich zitiere ein schriftsprachliches Beispiel:

(150) Die ZEIT vom 5. 9. 1974, S. 17
»Die Theater (genauer: eine deprimierende Mehrheit von ihnen) haben diese Angriffe verschuldet und deshalb verdient.«

Die Paraphrasenankündigung dieses Beispiels (»genauer«) ist ebenfalls eingliedrig, realisiert aber, im Gegensatz zu den übrigen eingliedrigen Ankündigungen, allein den Aspekt. Das Moment des Sagens ist getilgt.

### *d) Abschließende Bemerkung zur Struktur der Paraphrasenankündigungen*

Es fällt auf, daß *alle* Paraphrasenankündigungen eine prinzipiell *implizite* Struktur haben. Denn die Paraphrasenqualität – die in wie auch immer gearteter Gleichheit oder Ähnlichkeit zweier Redeteile besteht – wird nicht ausgesprochen. Es heißt eben *nicht:* Etwas allgemeiner ausgedrückt, das gleiche noch einmal gesagt;
mit anderen Worten den gleichen Inhalt nochmals;
oder um das gleiche noch einmal zu sagen;
oder sagen wir das gleiche noch einmal;
also das gleiche noch einmal.

Es wird fast immer darauf verzichtet, die kommunikative Gleichheit oder Ähnlichkeit explizit auszudrücken. Wenn eine solche Gleichheit oder Ähnlichkeit vorliegt, so wird sie wortlos unterstellt. Oder sollte etwa keine Gleichheit oder Ähnlichkeit vorliegen? Sollten die *unterschiedlichen* Aspekte zwischen den einzelnen paraphrastisch verbundenen Äußerungseinheiten ihr entscheidendes Charakteristikum sein?

In jeder Kommunikation, so auch in den alltagssprachlichen Dialogen sind die Kommunikationsteilnehmer an sprachliche *Folgen* gebunden. D.h. ich muß in meiner Kommunikation, in meinem Sprecherbeitrag dem linearen Charakter der Sprache notwendigerweise folgen. Ich kann zwar durch den Gebrauch nonverbaler Elemente zusätzlich kommunizieren und so eine Gleichzeitigkeit der Kommunikation auf verschiedenen Zeichenebenen erreichen. Rein sprachlich gesehen jedoch bin ich gehalten, meine Themen, Absichten, Gedanken, Vorstellungen, Assoziationen – oder wie immer man Einheiten des vorsprachlichen Stadiums nennen will – so zu ordnen, daß sie, dem Kommunikationsmedium angepaßt, in einer nichtwillkürlichen Folge an der sprachlichen Oberfläche erscheinen. Entsprechend ist der Hörer gehalten, sie in einer bestimmten, von ihm unabhängigen Folge aufzunehmen. Die Notwendigkeit der linearen Folge bedingt m.E. zwingend eine Textkonstitution, in der das Verfahren der Paraphrasierung eine zentrale Rolle spielt.

Wenn ich nämlich zu einem Komplex etwas Gleiches oder Ähnliches sagen will und sage, dann kann ich dies nur so tun, daß ich zunächst das eine und *dann* das andere sage (oder umgekehrt). Gleichzeitigkeit findet auf textueller Ebene nicht statt. Es gibt eben – anders als auf Satzebene – kein »Nacheinander als Miteinander« (Brinkmann), sondern nur ein »Nacheinander als Nacheinander«. Daß ich zuerst das eine und dann das andere sagen muß, klingt trivial und scheint selbstverständlich. Aber genau diese Art der vorgegebenen Gliederungsweise führt zur Paraphrasierung. Nun könnte man einwenden, der Sprecher könne seinen Sprecherbeitrag von Anfang an so konzipieren, daß er genau die Information (oder den kommunikativen Inhalt) enthalte, der eine Paraphrasierung im Sinne einer Präzisierung (Erweiterung, Einschränkung usw.) überflüssig mache. Dazu zwei Gegenargumente:

1. Es erscheint in der Tat unter informationstheoretischen Gesichtspunkten möglich, sich Texte ohne Paraphrasen vorzustellen. So hätte der oben zitierte Sprecherbeitrag von Helmut Schmidt die Form haben können:
Der wesentliche Teil der Auseinandersetzungen ist gestern Nacht zwischen zwölf und eins in der Bundestagsfraktion, zwei Tage vorher im

Parteirat, der die regionalen Gliederungen der Partei enthält – also in den entscheidenden Körperschaften der Partei – mit klaren Mehrheitsentscheidungen beendet worden.

Mit rund 40 Wörtern das Gleiche wie im Original mit bald 90 Wörtern? Alle Informationen sind erhalten geblieben, weggefallen ist die Einleitungsfloskel, die redundante Zurückweisung der Fragevoraussetzung und die scheinbar ebenfalls redundanten Paraphrasen (oder zumindest Teile von ihnen). Dies alles ist unter dem Gesichtspunkt der Existenz der *Informationen* überflüssig. *Aber:* So wird nicht im Dialog gesprochen. Sprecher und Hörer sind in der Kommunikation gerade auf die scheinbar überflüssigen Elemente wie Floskeln, Einleitungen, Doppelinformationen, Partikel, Gliederungssignale angewiesen, weil gerade sie den Produktions- und Rezeptionsprozeß störungsfrei ermöglichen. Die schrittweise Gestaltung mit der Möglichkeit, alle Beschränkungen, denen der Sprecher und der Hörer unterworfen ist, auszugleichen, bedingt auch das Verfahren der Paraphrasierung.

Äußerungen ohne Redundanz (auf allen Ebenen), ohne Rekurrenz, ohne kommunikative Partikel, ohne Gliederungssignale, ohne Korrekturen und ohne Paraphrasen haben das nur zu bekannte Ergebnis zur Folge, das eintritt, wenn schriftsprachlich konzipierte Texte vorgelesen werden: Eine Verständigung kommt wegen der Nichtberücksichtigung der Bedingungen der *mündlichen* Kommunikation nicht oder nur unvollständig zustande.[171]

2. In bestimmten Fällen erscheint eine Paraphrasierung aus innersprachlichen Gründen erforderlich. Dann nämlich, wenn die Sprache zur Bezeichnung eines bestimmten Sachverhaltes kein geeignetes »unmittelbares« Material bereithält, z.B. wenn zwar ein ganzes Wortfeld zur Verfügung steht, nicht aber ein »treffendes« Einzelwort, weil möglicherweise jedes Einzelwort einen nicht erwünschten Nebenaspekt vermittelt. So etwa ließe sich Beispiel (145) interpretieren. »Selektieren«, »aufteilen«, »differenzieren«, »Departmentsystem einwirken lassen«, »Departmentsystem zum Austrag bringen«: ein großes Wortfeld, aber jedes Wort vermittelt neben der Grundbedeutung »teilen« weitere Bedeutungen. So kommt es, daß der Sprecher zur Erzielung aller dieser Nebenbedeutungen paraphrasiert.

In diesem Sinne verstehe ich Ungeheuers Bemerkung (1969, S. 207), »daß eine einmalige Formulierung nur einen unvollständigen Zugang zum Thema der Rede verschafft, und zwar aus Gründen, die in der semantisch unvollständigen Bestimmung, der ungenügenden Limitierung der in der Formulierung verwendeten lexikalischen Einheiten angelegt sind (...)«.

Zusammenfassend läßt sich also feststellen, daß wesentliche Gründe für die Paraphrasierung in dem notwendigen „Nacheinander als Nacheinander" der Texte und in der gelegentlichen Beschränkung des lexikalischen Materials liegen.

## 5.4 Korrektur[172]

### *5.4.1 Vorbemerkung zum Korrekturbegriff*

Korrektur ist ein sehr allgemeiner Begriff, der in verschiedenen Lebensbereichen verwendet wird. Hier nur einige Andeutungen, wie »Korrektur« und »korrigieren« benutzt werden können. Dabei lege ich keinen Wert auf Vollständigkeit. Es kommt mir in erster Linie darauf an, Korrekturen als Folgen von Norm- oder Regelverstößen zu erklären und darüberhinaus zu zeigen, daß ein sprachlich-kommunikativer Korrekturbegriff mehr bezeichnet als eine Folge von Fehlern oder Abweichungen.

Hier nun einige Beispiele für den Gebrauch von »Korrektur«/korrigieren«: Eine Brille korrigiert das Sehverhalten des Auges. Der Autoelektriker korrigiert die Einstellung des Zündmechanismus'. Der Autofahrer korrigiert die Fahrtrichtung seines Wagens. Korrigieren heißt hier: etwas ändern, meist im Sinne von verbessern.

Eine andere Art der Korrektur ist die *Selbstkorrektur*, von der allein im folgenden die Rede sein soll.

Ich korrigiere eine eigene Formulierung in der mündlichen Rede (zentrales Thema dieses Abschnitts). Ich korrigiere meine Verhaltensweise gegenüber meinem Nachbarn. Ich korrigiere meinen Gang, meine Art mich zu kleiden, meine Art zu essen, meine Gewohnheit, einen Mittagsschlaf zu halten. Die Beispiele lassen sich beliebig vermehren und unter verschiedenen Gesichtspunkten klassifizieren.

Mir erscheint die folgende Unterscheidung im Rahmen der Selbstkorrekturen wichtig: In der einen Klasse stehen all jene Korrekturvorgänge, denen kein Normverstoß zugrunde liegt, die vielmehr zustande kommen durch mehr oder weniger freie Entscheidungen, die ihrerseits durch Zweckmäßigkeitserwägungen, Vorlieben oder dergleichen bestimmt sind. In der zweiten Klasse stehen all jene Korrekturvorgänge, die gewissermaßen zwingend sind, weil ihnen ein Norm- oder Regelverstoß zugrunde liegt. Dazu je eine Ausführung: Daß ich meine Gewohnheit korrigiere, einen Mittagsschlaf zu halten, geht nicht etwa auf eine Norm derart zurück, daß Mittagsschläfe verboten wären, oder (wenn ich nur die Art der Gewohnheit ändere), daß Mittagsschläfe nur auf dem Rücken liegend gehalten werden dürften. Meine Korrektur – z.B. daß ich keinen Mittagsschlaf mehr halte – geht vielmehr auf Zweckmäßigkeitserwägung zurück, etwa daß ich meine Tageseinteilung so vornehme, daß für einen Mittagsschlaf keine Zeit mehr bleibt.

Die andere Ausführung: Wenn ich in einem Brief an einen Kollegen schreibe: »Eine ganze Reihe von Problemen lassen sich durch die Neueinrichtung einer Stelle lösen«, und ich beim Durchlesen des Briefes den syntaktisch unkorrekten Plural der Personalform des Verbs bemerke, werde ich die Form »lassen« korrigieren und statt ihrer »läßt« einsetzen. Ich könnte zwar die Pluralform stehenlassen, müßte dann aber möglicherweise damit rechnen, daß mein Kollege dies bemerken und verbreiten würde: Siehe da, der kann noch nicht einmal richtig Deutsch schreiben. Der Kollege bezöge sich damit auf eine geltende grammatische Schreibnorm, deren Verletzung zu Sanktionen führen kann (hier negativer Eindruck bei einem Kollegen, der daraufhin eine, wenn auch geringfügige, Änderung in seinem Verhalten mir gegenüber praktizieren könnte).

Es ist bekannt, daß der gesamte Bereich des gesellschaftlichen Lebens von solchen Normen (Verhaltensnormen, Handlungsnormen, Kommunikationsnormen, Sprachnormen) bestimmt ist und daß es Möglichkeiten gibt, diese auch als eine geordnete Menge von Regeln zu beschreiben. Erst der Begriff der Norm, konkretisiert als eine Darstellung einzelner, aufeinander bezogener Regeln oder geltender Grundsätze erlaubt es, von Korrekturen im Sinne von Norm- oder Regelverstößen zu sprechen.

Wie nun ist die Korrektur zu verstehen, die im kommunikativen Prozeß, im sprachlichen Dialog auftritt und dort eine m.E. zentrale Rolle spielt?

Zunächst möchte ich noch einmal betonen, daß es mir hier ausschließlich um Selbstkorrekturen, und zwar immer im Zusammenhang mit Textkonstitution geht.[173] Natürlich ist dies nicht so zu verstehen, daß ein Sprecher zum Zwecke der Textkonstitution gegen eine sprachliche Norm verstößt und anschließend eine Korrektur anbringt. Vielmehr ist damit gemeint, daß Sprecher durch Anwendung von Strategien der Selbstkorrektur erst in die Lage versetzt werden, Texte zu produzieren. Ich verstehe unter sprachlichen Selbstkorrekturen (in Kommunikationszusammenhängen) eine hörerbezogene, d. h. an den Hörer gerichtete Anweisung, bereits geäußerte sprachliche Elemente

1. *ganz*;
2. *teilweise*;
3. als Grenzfall der Korrektur *nicht*

außer Kraft zu setzen. Ich kann mich demnach 1. total korrigieren: Bereits geäußerte sprachliche Elemente werden in ihrer kommunikativen Geltung ganz außer Kraft gesetzt und durch andere ersetzt (beim Widerruf etwa; hierher gehören ferner Korrekturen als Folgen von sprachlichen »Irrtümern« aller Art). Die teilweise Korrektur geschieht so, daß ich Teile einer Äußerung in Geltung halte, andere aber außer Kraft setze( z. B. wenn ich das Genus eines Pronomens korrigiere, das dazugehörige Substantiv aber in Geltung halte und daher nicht zu korrigieren brauche »*seine* Mutter, vielmehr *ihre* Mutter hat mal gesagt«). Den dritten Fall könnte man ergänzende Korrektur nennen; ein zuvor geäußertes sprachliches Element wird in Geltung gehalten und durch weitere »ergänzt«, »verdeutlicht«.
Dazu einige Beispiele:

(151) I, 226
». . . / /Ich meine grundsätzlich die Ehe also das Christentum oder die Bibel, können wir sagen, gibt einen Kommentar, wie die Ehe sein soll ja?/ / . . .«

Dieses Textstück enthält zwei Korrekturen. Der erste Korrekturvorgang lautet: »die Ehe also das Christentum«. Hier handelt es sich um eine Korrektur des ersten Typs. Die Geltung der Formulierung »die Ehe« wird ganz außer Kraft gesetzt und durch »das Christentum« ersetzt. Erklärt werden könnte diese (und ähnliche) Korrektur folgendermaßen: Das Thema Ehe beherrscht die gesamte Diskussion, auch das hier zitierte Teilstück. Offenbar findet der Sprecher aber nicht die passende Fortsetzung, nachdem er einmal »die Ehe« formuliert hat. Diese könnte nämlich in einer – vielfach als komplizierter angesehenen – Passivkonstruktion bestehen: »die Ehe wird vom Christentum oder von der Bibel kommentiert.« Da diese Fortsetzung vom Sprecher nicht gefunden wird, »schaltet er um« auf eine Aktiv-Konstruktion, was eine Außerkraftsetzung der Geltung der Formulierung »die Ehe« zur Folge hat. Die zweite Korrektur heißt: »das Christentum oder die Bibel, können wir sagen«. Hier handelt es sich um eine Korrektur des zweiten Typs. Die Formulierung »das Christentum« wird, zumindest teilweise, in Geltung gehalten. Sie wird aber durch »die Bibel« ergänzt und damit präzisiert: »Christentum« ist eine Bezeichnung für eine Weltreligion und gibt als solche keine Kommentare ab. Die Grundlage des Christentums bildet die Bibel, in der in der Tat »die Ehe« kommentiert wird. Insofern sich »das Christentum« auf »die Bibel« gründet, bleibt in diesem Zusammenhang – sozusagen als äußerer Rahmen – »das Christentum« teilweise in Geltung. Dies läßt sich im Modell der Thema-Rhema-Gliederung als *Totalannullierung* darstellen, insofern ein neues Thema (»Christentum« statt »Ehe«) eingeführt wird, das seinerseits durch eine *Teilannullierung* in Form einer Wortparaphrase korrigiert wird (»Bibel« für »Christentum«). Darauf erst bezieht sich das folgende Rhema (»gibt einen Kommentar ab«).

$$T_1$$
$$\downarrow$$
$$\emptyset$$
$$\downarrow$$
$$T_2 \rightarrow T_3\ (\approx T_2) \rightarrow R_3$$

Bewirkt und angezeigt wird diese Korrektur durch die beiden Korrektursignale »oder« und »sagen wir«. Dazu Genaueres unten.

Der dritte Korrekturtyp ist in folgendem Beispiel realisiert:

(152) I, 223
» . . . unter Ehe verstehen wir doch nich nich nur eine Liebe, so ne besondere Liebe zu einer Frau . . .«

Hier wird die zunächst nicht spezifizierte Nominalgruppe »eine Liebe« erweitert zu »so ne besondere Liebe zu einer Frau«. Diese Art der syntaktischen Erweiterung ist, semantisch gesehen, eine Präzisierung, hier eine Einschränkung und damit, kommunikativ gesehen, eine Korrekturhandlung. Ein kurzer, nicht sehr genauer Ausdruck wird durch eine dreifache Erweiterung (demonstratives »so«, adjektivisches Attribut, präpositionales Attribut) genau eingegrenzt.[174]

Korrekturen der genannten Art treten in verschiedenen Strukturen auf, haben unterschiedliche Funktionen und ihr Grammatikalitätsgrad ist ebenfalls verschieden. Ich gehe davon aus, daß die Berücksichtigung dieser drei Aspekte – Struktur, Funktion, Grammatikalität – bei der Interpretation der Korrekturen zu einer Beschreibung und Erklärung ihrer wesentlichen Eigenschaften führen wird.[175]

Ich gehe nunmehr so vor, daß ich die Korrekturen zunächst unter dem Gesichtspunkt ihrer Struktur (mit oder ohne Korrektursignal)[176] und dann nach ihrem Grammatikalitätsgrad (korrekte Korrekturen vs. Korrekturen mit Anakoluthen zur Folge) darstelle, wobei auch immer nach den Motiven für die Einzelkorrektur gefragt wird.

### *5.4.2 Korrekturen mit Korrektursignal*

(153) II, 381
»...//Und ich gebe ihnen auch (...) recht, daß die Vorschrift des Paragraphen zwohundertachtzehn schon hundert Jahre alt ist und zu einem Zeitpunkt geschaffen wurde, zu dem die wissenschaftlichen Zusammenhänge – ich muß besser sagen die biologischen Zusammenhänge – der Zeugung und der Menschwerdung wissenschaftlich noch nicht hinreichend bekannt waren//...«

Es handelt sich hier um eine Korrektur, der als explizite Ankündigung das Signal vorausgeht »ich muß besser sagen«. Inhaltlich handelt es sich um eine Wortberichtigung, »wissenschaftliche« wird ersetzt durch »biologische«. Erst durch diese Berichtigung erhält der gesamte Abschnitt seinen Sinn. (Ohne die Berichtigung würde es – verkürzt – heißen: von dem die wissenschaftlichen Zusammenhänge wissenschaftlich noch nicht bekannt waren).

(154) I, 238
»...//Und daß in solchen Momenten einfach die die Konvention oder dieses Bewußtsein vor der Gesellschaft einfach wieder eine Hilfe ist//...«

»Konvention« wird korrigiert zu »dieses Bewußtsein vor der Gesellschaft«. Korrektursignal ist »oder«, das hier nicht als disjunktive Konjunktion mit Ausschließungs- oder Aufzählungscharakter zu interpretieren ist.[177] Dieses sehr häufig anzutreffende »oder« könnte expliziert werden zu »präziser/genauer/besser gesagt«.

Zwei weitere Beispiele mit dem Korrektursignal »also«:

(155) II, 347
»...//Meine Meinung ist, daß Deutschunterricht, also daß Historie und Germanistik zu revidieren sind ...«

(156) II, 362
»....//Denn diese Rückkoppelung hat nicht stattgefunden, also nur in ganz wenigen Fällen stattgefunden ...«

In diesen beiden Beispielen (wie im oben zitierten Beispiel (151) hat »also« die Funktion eines Korrektursignals. In (155) bleibt das zu korrigierende Element teilweise in Kraft (»Deutschunterricht« hat sicher etwas mit »Germanistik« zu tun), während in (156) die uneingeschränkte Behauptung aufgehoben und durch eine genauere – eingeschränkte – ersetzt wird. Die Zahl der Korrektursignale ist im Prinzip unbegrenzt. Typologisch ist eine genauere Bestimmung möglich.[178] Wir können zwei Klassen unterscheiden:

– Bei der einen Klasse handelt es sich um verschiedene Syntagmen, die oft ähnlich wie Paraphrasenankündigungen konstruiert sind: Sie enthalten ein Moment des Sagens, das durch einen Korrekturaspekt (»genauer«, »besser«) determiniert sein kann, *aber nicht sein muß*. Der Korrekturaspekt ist im wesentlichen beschränkt auf »besser«, »falsch« (»um nicht was Falsches zu sagen« II, 285: Hier wird das Korrektursignal nach der durchgeführten Korrektur gesetzt!), »genauer, deutlicher, richtiger« u. Ä.[179] Ich zähle einige belegte Korrektursignale dieser Klasse auf (mit und ohne Korrekturaspekt):
»wir wollen sagen« (II, 124f.)
»ich würde fast sagen« (II, 80)
»oder sagen wir« (I, 234)
»ich muß besser sagen« (II, 381)
»ich möchte es noch deutlicher sagen« (II, 55)
Ein explizites »ich korrigiere« ist nicht belegt, aber Formen wie »ich muß besser sagen« können als Entsprechungen dafür gelten.

– Die zweite Klasse von Korrektursignalen enthält eine kleine Zahl von Einzelwörtern (die auch kombiniert auftreten können, ohne daß sie sich zu einem durch Formelemente verbundenen Syntagma zusammenschließen):

»oder«, »oder überhaupt«, »also«, »beziehungsweise«, »oder beziehungsweise« (I, 130: »nun sieh doch das nich alles so schwarz oder beziehungsweise sei nich so skeptisch«), »vielleicht« (I, 146: »ich glaube ein ein ein ein normal also im normalen vielleicht im korrekten Deutsch geschriebenes Buch«).

Diese einzelnen Wörter sind mehrdeutig. Sie haben neben der Ankündigung der Korrektur weitere Sprachfunktionen. Damit tritt aber auch ein gewisser Verschleierungseffekt ein: Wer nicht genau hinhört, wird bei »beziehungsweise« an »respektive«, wird bei »oder« an die Konjunktion, wird bei »vielleicht« an das Modalwort denken. Die Korrektur wird mit dem Gebrauch dieser Wörter sehr unauffällig vollzogen.

Ein weiteres kommt hinzu, und dies betrifft auch die erste Klasse von Korrektursignalen: Ihre Verwendung erlaubt es dem Sprecher, Korrekturen in syntaktisch korrekter Form vorzunehmen.

Der Gebrauch von Korrektursignalen, bzw. die Nichtbenutzung dieser Signale, scheint nicht allein in das Belieben der Sprecher gestellt zu sein nach dem Motto: Wenn es mir paßt, verwende ich Korrektursignale, wenn es mir nicht paßt, korrigiere ich ohne sie.[180] Wie ein Blick auf die bisher zitierten Beispiele lehrt, kann die Setzung eines Korrektursignals über den Grad der Geltung des vorhergehenden sprachlichen Elements entscheiden. Dies sei an zwei Beispielen verdeutlicht:

(155) II, 347
»...//Meine Meinung ist, daß Deutschunterricht, also daß Historie und Germanistik zu revidieren sind ...«

Mit dem Korrektursignal »also« wird die Geltung des zuvor geäußerten sprachlichen Elements »Deutschunterricht«, zumindest teilweise, außer Kraft gesetzt und durch die Begriffe »Historie und Germanistik« ersetzt. Wenn man das Korrektursignal wegläßt, bleibt der (im ersten Falle korrigierte und daher nur teilweise gültige) Begriff voll in Geltung: Meine Meinung ist, daß Deutschunterricht, Historie und Germanistik zu revidieren sind ... Damit ist eine einfache Aufzählung entstanden, eine Korrektur wäre nicht mehr erkennbar.

(156) II, 362
»...//Denn diese Rückkoppelung hat nicht stattgefunden, also nur in ganz wenigen Fällen stattgefunden ...«

In diesem Beispiel würde durch die Weglassung des Korrektursignals das im Zitat korrigierte Element voll in Geltung gehalten, was aber zu einer widersprüchlichen Aussage führen würde: Eine Aussage mit den Prädikaten »hat/hat nicht« kann nicht gültig sein. In den übrigen Beispielen verhält es sich ebenso oder ähnlich. Damit aber zeigt sich, daß die Verwendung von Korrektursignalen mit darüber entscheidet, in welchem Grade ein zuvor geäußertes sprachliches Element (oder mehrere) korrigiert wird bzw. seine Geltung behält.

### *5.4.3 Korrekturen ohne Korrektursignal*

Zunächst sei noch einmal betont, daß es sich bei diesen Überlegungen und Typisierungen nicht um grammatische Klassifizierungen handelt. Die folgenden Bezeichnungen für die einzelnen Strukturtypen sollen vor allem den Gesichtspunkt des Verlaufscharakters der Kommunikation mitreflektieren.

#### *a) Abbrüche*

Die einfachste Möglichkeit, sich zu korrigieren, besteht darin, eine Konstruktion erkennbar nicht zu Ende zu führen und statt ihrer eine andere zu wählen. Das nenne ich »Abbruch«.

(157) I, 222
». . . .//(Und es es gibt) man müßte jetzt wirklich Untersuchungen anstellen, über die verschiedenen Rassen (. . .) ob . . .«

Der Konstruktionsansatz »es gibt« wird nicht durchgeführt.[181] Es wird ohne eine erkennbare syntaktische oder semantische Verbindung zur vorhergehenden Konstruktion neu begonnen.[182] Die Bruchstelle ist genau erkennbar. Ein solcher Abbruch kann als Ergebnis einer sprachlichen Fehlplanung angesehen werden. Eine begonnene Konstruktion erweist sich als nicht durchführbar. Als Gründe für einen solchen Abbruch kommen in Betracht: Die erste Formulierung entspricht nicht den Intentionen des Sprechers; die begonnene Formulierung erweist sich als zu komplex; die begonnene Formulierung kann wegen sprecherseitiger Beschränkungen (z.B. Gedächtnisschwäche,

Unaufmerksamtkeit, Müdigkeit) nicht fortgeführt werden. Die Korrektur besteht in solchen Fällen darin, die *Wahl* der Konstruktion zu korrigieren.

(158) I, 226
»...//(Und die Frau hat bestimmte) (da is es sogar so, daß der also) bei den Germanen wurde ja die Frau so unheimlich hoch eingeschätzt...«

Ein mehrfacher Konstruktionswechsel. Erst der dritte Ansatz führt zu einer Konstruktionsdurchführung. In diesem Beispiel wird besonders der Formulierungs*prozeß* deutlich. Schon im ersten Formulierungsversuch wird ein Teil der semantischen Intention – nämlich das Thema: die Stellung der Frau bei den Germanen –[183] erkennbar. Dieser Formulierungsversuch wird abgebrochen. Ein weiterer Versuch führt ebenfalls nicht zum Erfolg. An diesem Beispiel läßt sich eine weitere wichtige Beobachtung machen: Anakoluthe – hier die abgebrochenen Formulierungen – können Wesentliches zum Kommunikationsprozeß beitragen: der zweite nicht durchgeführte Ansatz – »da is es sogar so (...)« – vermittelt den Ausnahmecharakter der beabsichtigten Äußerung. Diese allgemeine Qualifikation der beabsichtigten Aussage bleibt in Geltung und wird in gleichsam materieller Form in der durchgeführten Konstruktion des dritten Anlaufs übernommen, und zwar durch »unheimlich hoch« (eingeschätzt). Es zeigt sich damit, daß zwischen Anakoluthen und den ihnen folgenden durchgeführten Konstruktionen auch textliche Beziehungen namhaft gemacht werden können.

*b) Verbesserungen (im Rahmen gewählter Konstruktionen)*

»Verbesserungen« nenne ich jene Korrekturart, die darin besteht, bei Beibehaltung einer Konstruktion im ganzen, einzelne Wörter oder Wortgruppen auszutauschen. Eine »Verbesserung« bezieht sich auf Wort- und Syntagmaebene, betrifft aber nicht die gesamte Konstruktion.[184]

(159) I, 230
»...//und daß ich also zum Beispiel den das Symbol des Ringes, von dem ich sehr viel halte//...«

(160) II, 277

»...//Denn es müssen ja für einen Nachfolger auch die Stimmen der anderen im Politbüro ein Wort mit ein Gewicht haben jedenfalls//...«

In (159) wird die Genuswahl des bestimmten Artikels korrigiert, (»den« wird durch »das« ersetzt). Daß es zur unkorrekten Genuswahl kommt, könnte hier damit erklärt werden, daß für die Sprecherin »*der* Ring« im Mittelpunkt der sprachlichen Planung steht, dessen Symbolqualität ihr erst später, d.h. nach Realisierung der für »Ring« zutreffenden Artikelform als explizit zu formulierende Eigenschaft einfällt. Sie hält den Redefluß an (deutlich auf dem Tonband als gefüllte Pause wahrzunehmen) und korrigiert die Wahl des Artikels mit nachfolgender Änderung des grammatischen Verhältnisses: »Ring« wird zum Genitivattribut.

In (160) wird »ein Wort mit« durch »ein Gewicht haben« ersetzt. Diese Verbesserung kann folgendermaßen erklärt werden: »ein Wort mit« ist eine elliptische Form für »ein Wort mitreden«.[185] Hier könnten stilistische Motive den Austausch des Prädikats veranlaßt haben. Die Stimmen der anderen haben Gewicht vs. Die Stimmen der anderen reden ein Wort mit. Letzteres ist eine anfechtbare Formulierung, während es sich bei der Korrektur schon fast um eine feste Wendung handelt, gegen die nichts einzuwenden ist.

*c) Wiederholungen*

Wiederholungskorrekturen bestehen darin, durch (evtl. teilweise) Wiederaufnahme vorgängiger sprachlicher Elemente deren Geltung abzuändern, indem sie beispielsweise erweitert oder eingeschränkt werden. Müller 1976 weist darauf hin, daß zwischen Wiederholungskorrekturen und Paraphrasen »eine enge Verwandtschaft bestehe«. Zu ihrer Unterscheidung führt er an: »Während bei einer Kurzparaphrase der Hauptbegriff stets synonymisch variiert wird, wird er bei der erweiterten Wiederholung zwar ergänzt und erweitert, jedoch immer selbst noch einmal identisch redupliziert.« (S. 92).
Dazu einige Bespiele:

(152) I, 223

»...unter Ehe verstehen wird doch nich nich nur eine Liebe so ne besondere Liebe zu einer Frau ...«

In diesem schon oben zitierten Beispiel wird die Nominalgruppe »Liebe« wiederholt und dabei dreifach erweitert. Damit wird der Begriff präzisiert, eingeschränkt und somit auch korrigiert.

(161) I, 225
»...du kannst nich sagen, daß die Ehe der Ursprung der Ehe das Christentum is//«

»Ehe« wird wiederholt, wiederum im Sinne einer Erweiterung und Korrektur, nur liegt sie syntaktisch genau umgekehrt wie im vorangehenden Beispiel. Hier wird nicht ein Grundwort um einen »Bestimmungsgenitiv« ergänzt, hier wird das Genitivattribut um sein Grundwort ergänzt.[186]

(162) II, 322
»...//Und solange die Mädchen glauben, daß in dieses erste Liebeserlebnis zu einem Erlebnis, zu einem dauernden Erlebnis (...) führt//...«

Es kommt mir hier auf die Korrektur an »zu einem Erlebnis« → »zu einem dauernden Erlebnis«. Diese Wiederholungskorrektur hat die grammatische Form: (Det) + N → (Det.) + Adj. + N + ($N_{Gen}$). Sie kommt überaus häufig vor und zählt zu den Standardformen der Textbildung. (Ein weiteres Beispiel: II, 311 »und da ist ja nun tatsächlich so etwas gegeben wie eine Republik, eine internationale Republik der Intelligenz«). Es sei abschließend darauf hingewiesen, daß die hier genannten Möglichkeiten der Korrektur ohne Korrektursignal auch mit Korrektursignal vorkommen können. Die umgekehrte Feststellung gilt, wie bereits oben gezeigt, nicht: Korrekturen mit Korrektursignal können meist nicht auf dieses Signal verzichten.

### *5.4.4 Korrekte Korrekturen*

Die bisher zitierten Beispiele zeigen bereits, daß Korrekturen durchgeführt werden können, ohne daß eine syntaktische Regel verletzt wird, ohne daß eine Konstruktionswidrigkeit entsteht. In solchen Fällen spreche ich von »korrekten Korrekturen«. Ihre Anwendung hat zur Folge, daß der Korrekturvorgang verdeckt wird. Dies ist keine negative Festellung, denn die Kommunikation wird durch korrekte Korrekturen nicht behindert, die Rede wird nicht unterbrochen, der Verständigungsprozeß dauert an. Im übrigen kann von keinem Kommunikationsteilnehmer erwartet werden, daß er alle eigenen Ungenauigkeiten, Unzulänglichkeiten, Abweichungen usw. sozusagen beim Namen nennt. Vielmehr ist zu erwarten, daß er die in den Bedingungen der mündlichen Kommunikation liegenden Beschränkungen ausgleicht, wie es u.a. durch korrekte Korrekturen geschieht. So in den beiden folgenden Beispielen:

(163) I, 223
»...//Also das Christentum (...) verliert immer mehr an Bedeutung, oder verliert seinen Sinn//...«
(164) I, 221
»Das Christentum oder vor allen Dingen die Bibel nimmt Stellung zu der Ehe//...«

Diese Beispiele der korrekten Korrekturen sind Grenzfälle, die auch für paraphrastische Beziehungen in Anspruch genommen werden können. Zur systematischen Einordnung dieser Fälle: S. 225ff. (Zusammenfassung)

### *5.4.5 Korrekturen mit Anakoluthen zur Folge*

#### *a) Zur Bedeutung und Funktion der Anakoluthe*

Eine Reihe bereits angeführter Beispiele enthält als Folge von Korrekturprozessen Anakoluthe.[187] Ich verstehe hier den Begriff im Sinne einer sprachlichen Normwidrigkeit. Als Norm gelten die Regeln der Grammatik. Ich verbinde, dies sei ausdrücklich noch einmal gesagt, mit dem Begriff des Anakoluths keine negative Wertung.

Wenn man die gesprochene Sprache kommunikativ, d.h. unter dem Gesichtspunkt Verständigung durch Sprechen, unter Einbeziehung von Sprecher und Hörer, untersucht, müssen alle sprachlich zugänglichen und dokumentierbaren Äußerungen in die Untersuchung einbezogen werden. Dazu gehören auch und gerade regelwidrige Sequenzen, wie die bereits zitierte

(158) I, 226
»...//(Und die Frau hat bestimmte) (da is es sogar so, daß daß der also) bei den Germanen wurde ja die Frau so unheimlich hoch eingeschätzt...«

Es treten hier grammatische Regelwidrigkeiten auf, die sich als Konstruktionsabbruch, Konstruktionswechsel oder als Auslassen grammatisch notwendiger Elemente beschreiben lassen. Ihr Zustandekommen wird m.E. am besten dadurch erklärt, daß man sie als Folge von Korrekturprozessen betrachtet, die an die Realisierungsbedingungen gesprochener Sprache gebunden sind. Ist aber damit alles über die Anakoluthe gesagt?

Es ist bereits im vorigen Kapitel diskutiert worden, daß nicht nur das Anakoluth als solches, sondern auch seine Position innerhalb der Sprecherbeiträge von Bedeutung ist. Es steht signifikant häufig am Beginn von Äußerungseinheiten. Es ist in diesem Zusammenhang auf seine Brückenfunktion hingewiesen worden: Für den Hörer sind es Orientierungshilfen; er verfolgt auch anhand der Anakoluthe den Aufbau und den Fortgang des Sprecherbeitrags. Für den Sprecher besteht die Möglichkeit, sich bei der Anakoluthbildung »auf die Hörerreaktion einzustellen«,[188] indem er neue Ansätze macht, indem anders, als zunächst beabsichtigt, in der Rede fortgefahren wird.

Neben diesen beiden Möglichkeiten zur Erklärung des Anakoluths – Korrekturfolgen und Gliederungsindikatoren – möchte ich noch einen weiteren, textkonstituierten Aspekt nennen. Im obigen Beispiel (158) ist erkennbar, daß bestimmte semantische Komplexe innerhalb des Anakoluths vom Sprecher in Geltung gehalten werden. Diese ermöglichen eine Einstimmung des Hörers auf bestimmte Themen, Hervorhebungen oder Betonungen. In (158) weiß der Hörer durch das »da is es sogar so«, daß eine stark betonte Aussage folgen soll. Das Anakoluth stellt damit ein Hervorhebungssignal dar, das zwar grammatisch ausgegliedert ist, das aber seine kommunikative Gültigkeit behält, indem es in der Korrektur in der Formulierung »*unheimlich* hoch« in anderer Form wieder aufgenommen wird.

(165) III, 126
»Ja oder überhaupt daß die Personen, weil da weit und breit keine Personen waren//«

Das Anakoluth »ja oder überhaupt daß die Personen« enthält mit »die Personen« eine Nominalgruppe, die in der folgenden Korrektur verändert wieder aufgenommen wird: »keine Personen«. Es bestehen mit anderen Worten direkte textliche Verknüpfungen zwischen Anakoluth und Korrektur. In beiden Textstücken tritt das Thema der Aussage – nämlich »Personen« – auf: im Anakoluth undifferenziert, in der Korrektur verneint und damit differenziert.

Diese Beziehungen bestehen nicht zwischen jedem Anakoluth und der zugehörigen Korrektur. Bei den Abbrüchen können durchaus »harte Übergänge« entstehen ohne textliche Verbindungen wie etwa in (157): »(und es es gibt) man müßte jetzt wirklich Untersuchungen (. . .)«. Es ließen sich aber auch hier noch plausible Verbindungen konstruieren, was die Sprecherin vielleicht hätte sagen wollen und wie dieses »es gibt« mit der nachfolgenden Korrektur semantisch zusammenhängt. – Diese Überlegungen sind aber spekulativ, weil man sich hier kaum noch auf sprachliche Elemente stützen kann. – Hingegen ist in (144) (=Schmidt-Antwort) ein Abbruch zu notieren, der in einem eindeutigen textlichen Zusammenhang mit der folgenden Korrektur steht.

(144) I, 168
». . .//(Die sind gestern) Der wesentliche Teil dieser Auseinandersetzung is gestern nacht (. . .) zu Ende gegangen//. . .«

Das »die« des Anakoluths kann als Demonstrativpronemen interpretiert werden, das in der Korrektur durch das Genitivattribut »dieser Auseinandersetzung« substituiert wird. Der Begriff selbst ist bereits zuvor mehrfach genannt worden. Das »gestern« des Anakoluths wird durch »gestern nacht« modifiziert wiederaufgenommen.

Der Wert solcher textlicher Verbindungen für die Kommunikation kann darin gesehen werden, daß das Anakoluth in diesen Fällen eine Art »Vorreiterfunktion« hat. Der Hörer wird auf ein Thema vorbereitet, das zunächst nur unspezifiziert, unvollständig oder sogar defektiv – eben als Anakoluth – erscheint. In der darauf folgenden Korrektur kommt es zu einer Wiederaufnahme, in der das entsprechende sprachliche Element spezifiziert, vollständig und unbeschädigt erscheint.

### b) *Anakoluth und Ellipse*

Die zuletzt aufgeführte Art von Korrekturanakoluthen führt zur Frage der Abgrenzung zwischen Anakoluth und Ellipse. Handelt es sich bei diesen Anakoluthen, die eine genaue textlich nachprüfbare Verbindung zur nachfolgenden Korrektur aufweisen, überhaupt um Anakoluthe? Diese Problematik ist ausführlich von A. Betten (1976) diskutiert worden. Sie stellt sich (S. 220) die Frage, ob es möglich sei »unter einem der verschiedenartigen zur Definition herangezogenen Kriterien eine einheitliche, widerspruchsfreie Zuordnung der betreffenden sprachlichen Formen [Ellipsen, Anakoluthe, Parenthesen] zu erreichen, die auch im Bereich der gesprochenen Sprache, und darin vor allem für die Textsorte »Spontanes Gespräch« anwendbar wäre. Beispiele aus dieser Textsorte sind in vielen Fällen so beschaffen, daß (...) die Sätze, denen Parenthesen zugeordnet sind, normwidrig auftreten und Ellipsen und/oder Anakoluthe aufweisen (...) Parenthesen sind ihrerseits häufig elliptisch und/oder münden in Anakoluthe (...)«

Die Verfasserin deutet durch die »und/oder«-Formulierung die Schwierigkeit an, zwischen den Erscheinungen stets genau unterscheiden zu können. An einigen Beispielen führt sie dies auch aus, indem sie (S. 221) zeigt, daß bestimmte Äußerungsteile als Anakoluthe oder als Ellipsen aufgefaßt werden können. (Eines ihrer Beispiele: »(...) und deswegen find ich scho/weil dann kommen manche scho raus« Ist das Textstück bis zum Schrägstrich eine Ellipse oder ein Anakoluth?) Das Problem bei der Einstufung derartiger Äußerungen als Ellipse oder als Anakoluthe besteht m. E. wesentlich darin, wie *weit* der nichtsprachliche und sprachliche Kontext aufgefaßt wird, um auf seiner Basis eine Rekonstruktion der wie auch immer abweichenden Äußerung zu einer vollständigen Äußerungseinheit durchzuführen. Ich bevorzuge eine relativ enge Kontextauffassung, die sich im wesentlichen an sprachlichen Gegebenheiten orientiert.

Ist eine Rekonstruktion auf dieser Basis nicht möglich, liegt ein Anakoluth vor. Im anderen Falle stufe ich einen solchen Äußerungsteil als Ellipse ein. – Der Normalfall liegt in der Mitte: Oft sind gewisse allgemeine Rekonstruktionen möglich, eine bestimmte Richtung des in Rede stehenden Textstückes ist erkennbar. Mehr jedoch nicht. Auch in solchen Fällen spreche ich von Anakoluth. Ich gehe bei dieser noch provisorischen Abgrenzung davon aus, daß unter Ellipse üblicherweise eine sprachliche Erscheinung verstanden wird, die zwar grammatisch unvollständig ist, die aber durch den sprachlichen und/oder sachlichen Kontext, in dem der Text repräsentiert ist, eine Rekonstruktion der vollständigen, der entsprechenden sprachlichen Einheit erlaubt.[189]

*c) Zusammenfassende Bewertung des (Korrektur)-Anakoluths*

Anakoluthe sind notwendige und nützliche Folgen der mündlichen Kommunikation. Ich möchte sie abschließend unter drei Gesichtspunkten charakterisieren:

– Anakoluthe sind Folgen von Korrekturen, wobei die Korrekturen begründet werden können einmal mit mentalen Beschränkungen, und zum anderen mit den Bedingungen des Kommunikationsmittels Sprache. Mit anderen Worten: Einmal sind es individuelle Beschränkungen des einzelnen Kommunikationsteilnehmers, einmal ist es die objektiv vorgegebene lineare Struktur der Sprache, die zu Korrekturen führen.

– Die Korrekturanakoluthe werden nicht in beliebiger Position produziert. Es hat sich gezeigt, daß sie vor allem im Grenzbereich zwischen Äußerungseinheiten, insbesondere am Beginn von Sprecherbeiträgen auftreten. Dies ist damit zu erklären, daß Neuansätze, daß der Beginn des Sprechens, schwieriger ist als das Fortsetzen einer einmal in Gang gekommenen Rede. Wenn ich in einer Kommunikationssituation immer genügend Zeit in Form von Pausen für meine sprachliche Planung hätte, würde ich vermutlich weniger Anakoluthe produzieren. Dies ist aber insofern realitätsfremd, als in tatsächlicher Kommunikation den einzelnen Sprechern nur in eng begrenztem Maße Pausen zugestanden werden. Sprachplanung gilt in der Regel nicht als hinreichender Grund für Pausen. Werden dennoch solche Pausen vom Sprecher gemacht, so läuft er Gefahr, des Wortes verlustig zu gehen. Sprachplanung und Sprachproduktion ist also stets gleichzeitig durchzuführen, was besonders in den genannten Grenzbereichen zu Fehlansätzen führt. Diese sind damit Indikatoren für die Gliederung der mündlichen Kommunikation.

– Fehlansätze – überhaupt Anakoluthe haben einen Wert für die mündliche Kommunikation. Es hat sich nämlich gezeigt, daß viele Anakoluthe textlich in einem direkten Zusammenhang zu den nachfolgenden Korrekturen stehen und damit für den Hörer eine wesentliche Kommunikationshilfe darstellen. Der Hörer erhält allgemeine Hinweise auf das Thema der Äußerungseinheit, auf Hervorhebungen und Akzentuierungen innerhalb der Äußerungseinheit, oder auf die allgemeine semantische Richtung der Äußerungseinheit. Der Hörer hat damit die Möglichkeit, den gesamten (manifesten) Formulierungsprozeß als Informationsquelle zu nutzen. Anakoluthe sind für den Hörer – zusammen mit den prosodischen Teilen der mündlichen Rede – eine Leitlinie zur Erfassung der Sprecherintention.

Im Falle der textlichen Nichtanschließbarkeit enthält das Anakoluth die Metainformation: Formulierung mißglückt, folgt neuer Versuch. Im Falle der textlichen Anschließbarkeit: Ich will etwas zum Problem XY sagen, aber die von mir gewählten sprachlichen Formen (syntaktischen und sematischen) entsprechen nicht/nicht genau meiner Intention.

Anakoluthe und Fehlansätze sind damit in ihrer Bedeutung für die mündliche Kommunikation gar nicht zu überschätzen.

### d) *Exkurs: Anakoluthe, die nicht in unmittelbarem Zusammenhang mit Korrekturen stehen*

Es finden sich Anakoluthe, die nicht in unmittelbarem Zusammenhang mit Korrekturen stehen. Diese müssen als genuine Ausdrucksformen der mündlichen Kommunikation verstanden werden.[190] Es handelt sich im wesentlichen um »Kontaminationen« und »Drehsätze«. Sie seien hier nur kurz und provisorisch vorgestellt. Zunächst zum sogenannten *Drehsatz*. Es handelt sich bei ihm um die systematischste Form des Anakoluths und er verläuft in der Folge a – b – a – c.[191]

(166) I, 222
»... ob da überhaupt
a die Ehe
b als das Ursprünglichste und Natürlichste der Welt
a die Ehe
c geführt wird ...«

(167) I, 236
»...//Oder bist du dabei

a überhaupt
b die Ehe als Institution
a überhaupt
c anzuzweifeln//...«

Die Drehansätze sind Anakoluthformen mit speziellen Wiederholungen.[192] An bestimmten Ablaufstellen der Kommunikation, vor allem in längeren Äußerungen, in denen Gedächtnisbeschränkungen besonders relevant werden können, treten Drehsätze auf. Sie stellen Äußerungen dar, in denen ein Element – ohne daß ein Ansatz von Stottern vorläge – verdoppelt auftritt, wodurch die Konstruktion regelwidrig wird. Ich nehme an, daß die Wiederholung – bewußt oder nichtwissentlich eingesetzt, ist gleichgültig – der Kommunikationssicherung dient: Der Sprecher nimmt ein bereits gesagtes Element noch einmal auf, weil er nicht/nicht genau weiß, ob dieses Element bereits geäußert ist oder nicht; ein doppelt gesetztes Element stört die Kommunikation nicht, während sein Fehlen zu einer Störung führen kann. Vor einer solchen Alternative stehend, wird man in der praktischen Kommunikation eine mögliche Normwidrigkeit durch Verdoppelung in Kauf nehmen. Eine Korrektur ist in diesen Fällen irrelevant, weil die Wiederholung im Prinzip gewollt ist. Darüberhinaus wäre eine Korrektur – abgesehen von ihrer Überflüssigkeit – auch technisch kaum durchführbar. Zusammengefaßt: Anakoluthe dieser Art kommen durch Gedächtnisbeschränkungen zustande, dienen der Kommunikationssicherung und ihre Korrektur ist irrelevant.

*Zur Kontamination:* Kontaminationen sind Mischungen zweier semantisch meist sehr eng miteinander verwandter Konstruktionen. Diese Bestimmung stellt das Ergebnis der Vermischung in den Vordergrund. Man nennt aber auch den Prozeß der Vermischung Kontamination, wie dies etwa H. Paul tut:[193] »Unter Kontaminationen verstehe ich den Vorgang, daß sich zwei sinnverwandte Ausdrucksformen gleichzeitig in das Bewußtsein drängen, so daß infolge davon eine Mischung aus beiden entsteht (...)«. Sie kommen in gesprochener Sprache sehr häufig vor. In den Textbänden I und II stellen sie (nach Freigang, 1976 S. 43) mit 170 Belegen den größten Anteil nichtkorrigierter Anakoluthe. Drei Beispiele:

(168) I, 223
»...//(Und daß) da wir im Augenblick eine große Wandlung sich vollzieht//...«

Kontaminiert werden: Wir machen eine große Wandlung durch/Es vollzieht sich eine große Wandlung.

(169) I, 232
»...//Is es denn immer so, daß es wirklich überhaupt nichts mehr zu retten ist//...«
Kontaminiert werden: daß es nichts zu retten gibt/daß nichts zu retten ist.

(170) I, 233
»... das hilft ja wieder den Menschen, sich auch ganz darüber klar zu machen, was es heißt ....«

Kontaminiert werden: sich über etwas klar werden/sich etwas klarmachen.

Die bei der Kontamination miteinander vermischten Konstruktionen sind in aller Regel Alternativkonstruktionen. Man verwendet entweder die eine oder die andere. Als Gründe für das Auftreten von Kontaminationen kommen in Betracht: Individuelle Beschränkungen, die sich aus der Situation ergeben können (z.B. mangelnde syntaktische Aufmerksamkeit, weil diese »auf den *Inhalt* der geplanten Aussage gerichtet« ist. (Freigang, S. 43). Dies ist im Zusammenhang zu sehen mit der »Verführung«, die von solchen Konstruktionen ausgehen kann: Die semantisch nur schwer zu unterscheidenden Konstruktionen bieten sich sozusagen auf semantisch gleicher Ebene oder zu gleichen semantischen Bedingungen an.

## 5.5 »Korrektur«, »Paraphrasierung«, »Präzisierung«: Ein abschließender Versuch der Neubestimmung dieser Begriffe

Die Analyse der Textbeispiele hat gezeigt, daß sich Korrektur und Paraphrasierung als Verfahren der Textkonstitution teilweise überschneiden (d.h. einem gemeinsamen Gegenstandsbereich zuzuschreiben sind), sich teilweise aber voneinander abheben lassen (d.h. verschiedenen Gegenstandsbereichen zuzuschreiben sind). Unter Berücksichtigung der erzielten Einzelergebnisse schlage ich nunmehr folgende Begriffsbestimmung vor:

1. *Korrektur:*
   a) Annulierung oder Teilannulierung innerhalb gewählter Konstruktionen.
   b) Annulierungen von ganzen Konstruktionen mit nachfolgendem Neuansatz.
2. *Paraphrasierung:*
Erweiterungen (Aspektualisierungen) vorgängiger Äußerungen unter Beibehaltung von Thema und Rhema (Thema – Rhema – Konstanz).
3. *Präzisierung:*
Der Überschneidungsbereich von Korrektur und Paraphrasierung.

Dazu die folgenden (zusammenfassenden) Erläuterungen: Wie ersichtlich ist damit der *Korrekturbegriff* gegenüber der ersten Bestimmung (S. 207) insofern enger gefaßt, als der Grenzfall der Korrektur der hier neu eingeführten Kategorie »Präzisierung« zugeordnet wird. Die Begriffe »Annulierung« und »Teilannulierung« beziehen sich sowohl auf die textlinguistisch relevante Thema-Rhema-Ebene, insofern Themata oder Rhemata außer Kraft gesetzt (oder als solche vertauscht, vgl. Beispiel (151)) werden können, als auch auf die syntaktische und semantische Ebene, wo gleichsam auf vor-thematischer und vor-rhematischer Stufe die Annulierungen durchgeführt werden. Der *Paraphrasenbegriff* ist durch die Neueinführung der »Präzisierung« ebenfalls enger gefaßt worden. Ich verstehe unter Paraphrasierung ein solches Textbildungsverfahren, das der Sprecher dazu benutzt, eine Thema-Rhema-Konstanz herzustellen. Gleichzeitig wird dabei dem Thema oder dem Rhema oder beiden ein neuer Aspekt hinzugefügt. Durch diese Aspektualisierung wird aber kein neues Thema oder Rhema konstruiert. Man kann dieses Verfahren auch so beschreiben, daß vorgängige Äußerungen zur Interpretation folgender Äußerungen voll in Geltung gehalten werden und daß umgekehrt eine nachfolgende Äußerung eine vorgängige Äußerung interpretiert bei generell vorausgesetzter Thema-Rhema-Konstanz. Korrektur und Paraphrasierung lassen sich somit systematisch unterscheiden: Korrekturen annulieren vorgängige Äußerungen, während bei der Paraphrasierung vorgängige Äußerungen voll in Geltung gehalten werden. Der Sprecher interpretiert mit der Paraphrasierung seine eigenen Äußerungen, mit der Korrektur setzt er sie (oder Teile von ihnen) außer Kraft.

Zur *Präzisierung*: Eine Reihe von Beispielen läßt sich weder der Paraphrasierung noch der Korrektur zuordnen, weil sie Elemente beider

Verfahren vereinigen: einerseits lassen sich solche Äußerungen für paraphrastische Interpretationen, andererseits als Korrekturen mit Teilannulierungen in Anspruch nehmen. Es erscheint mit daher gerechtfertigt, als dritte Kategorie die Präzisierung einzuführen. Dies ist umso eher geboten, als dieses Textbildungsverfahren häufig belegt ist und zu den Standardformen der Textbildung zu gehören scheint. Es sei noch einmal das Beispiel (152) in Erinnerung gebracht.

(152) I, 223
»... unter Ehe verstehen wir doch nich nich nur eine Liebe, so ne besondere Liebe zu einer Frau...«

Diese Art der syntaktischen Erweiterung – so habe ich oben formuliert – ist semantisch eine Einschränkung und damit, kommunikativ gesehen, eine Korrekturhandlung. Zu ergänzen wäre nunmehr: Diese Erweiterung kann auch als Paraphrasierung angesehen werden. Einer Formulierung wird ein spezieller, einschränkender Aspekt hinzugefügt, wobei die Ausgangsformulierung, im Textzusammenhang des Beispiels (152) das Rhema, gültig und damit konstant gehalten wird.

Neben diesem erkennbaren Zusammenhang zwischen den drei Textbildungsverfahren sie abschließend noch einmal auf Strukturähnlichkeiten ihrer sprachlichen Korrelate hingewiesen: Sie treten als explizit gekennzeichnete Verfahren mit Ankündigungssignalen oder als implizite, kontextuell rekonstruierbare Verfahren auf. Es gibt einzelne Ankündigungssignale (z. B. »also«), die in allen drei Verfahren benutzt werden.

# Anmerkungen

1 Zur näheren Charakterisierung dieser Ansätze siehe z.B. Kallmeyer/Schütze 1977, Ramge 1977 und Berens et alii 1976.

2 Arbeiten, die eine Integration beider Aspekte versuchen, allerdings bei unterschiedlicher Pointierung einmal des Textbildungsaspektes, zum anderen des Dialogizitätsaspektes, stehen vor dem Abschluß: Gerd Antos: »Theorie des Formulierens. Untersuchungen zur Textorganisation in der gesprochenen Sprache«; Klaus Müller: »Sprecherwechsel und Einheiten des Dialogs«.

3 Diese Annahme wird in *modifizierter* Form von anderen geteilt: Steger 1971, S. 11: »Im Bereich des grammatischen *Systems* werden die spezifischen Besonderheiten der gesprochenen deutschen Hochsprache gegenüber dem System des geschriebenen Deutschen (. . .) nicht grundstürzend sein.« Engel 1974, S. 199: »Es wird weiter die Annahme gemacht, daß die Eigenart der Alltagssprache im wesentlichen auf spezifischer *Verwendung* grammatischer Regeln beruht; dies impliziert, daß der Alltagssprache kein eigenständiges grammatisches System zuzuordnen ist, daß vielmehr für Alltagssprache und Schriftsprache dasselbe Grammatiksystem Geltung hat.« Weiss 1975, S. 132: »Es hat sich gezeigt, daß gesprochene Sprache keinen anderen Sprachregeln folgt als geschriebene Sprache, sondern nur andere Möglichkeiten des kommunikativen sprachlichen Äußerns nützt . . .«

4 Die von Chomsky im Anschluß an seine fundamentale Unterscheidung von Kompetenz und Performanz aufgezählten »klassischen« Performanzfaktoren sind – besonders unter neurolinguistischen Gesichtspunkten – von amerikanischen Forschern analysiert worden. Repräsentativ ist in diesem Zusammenhang z. B. V. Fromkin, die in ihrer Untersuchung: Speculations on performance models (1968) programmatisch formuliert (S. 54; übersetzt von mir): »Wir können in unserem Gehirn nicht für jede Äußerung, die wir machen wollen, eigene motorische Befehle speichern, und zwar deswegen nicht, weil die Speicherkapazität des Gehirns begrenzt ist. Sprache wird durch Umordnung einer begrenzten Zahl gespeicherter Einheiten produziert. Eines der größten Probleme – bislang noch ungelöst – ist die Bestimmung von Umfang und Natur dieser gespeicherten Einheiten. Ein weiteres Problem besteht darin, zu zeigen, wie Sprecher die Sequenz dieser diskreten linguistischen Einheiten in ein dauernd wechselndes Signal kodieren.«

Ihre Ergebnisse bezüglich der internen Umsetzungsprozesse zur Realisierung von verbalen Äußerungen sind für eine »kommunikativ«, d.h. immer auch wirkungs- und partnerorientierte Erforschung gesprochener Sprache ohne Relevanz.

5 »Manche Stagnationen sind offensichtlich dadurch verursacht, daß der Sprecher bei der Antizipation der folgenden Worte in einer dem »Stabreim« ähnlichen Lautfolge »hängenbleibt« (. . .) die phonologische Kodierung menschlicher Sprachen basiert auf einer prinzipiellen *Opposition* von Lauten.«

Klaus Müller 1976, S. 87f. Beispiel: »denn denk denk denk doch an die Mohammedaner« I, 222.

6 Vgl. dazu: E. Seidel 1970 und die zusammenfassenden Bemerkungen von Erben 1972, der zustimmend Agricola (Semantische Relation im Text und im System 1969) zitiert: »Die Struktureinheit auf der Textebene ist der Satz.« S. 241.

7 Vgl. hierzu: Ramge 1973, Rath 1975b, Betten 1976 und S. 207ff. dieses Buches.

8 Es muß hier festgestellt werden, daß die Freiburger Arbeitsstelle des Instituts für Deutsche Sprache nicht nur durch die Herausgabe der bereits erwähnten Textbände, sondern auch durch eine stattliche Anzahl weiterer Arbeiten von Steger, Schank, Berens, Schwitalla, Jäger, Schoenthal und anderen die Gesamtdiskussion über gesprochene Sprache in den letzten Jahren ganz wesentlich bestimmt haben.

9 Schank/Schoenthal 1976, S. 7.

10 Schank/Schoenthal 1976, S. 39.

11 Schank/Schoenthal 1976, S. 39.

12 Schank/Schoenthal 1976, S. 41.

13 Vgl. Berens 1975; Jäger 1976; Elmauer/Müller 1974.

14 Hennig/Huth 1975, S. 142.

15 Hennig/Huth 1975, S. 143.

16 Vgl. Wackernagel-Jolles 1971, S. 105: »Die Informanten der Lautbibliothek (von der W.-J. einige Texte benutzt) werden aufgefordert, Episoden aus ihrem Leben zu erzählen.« Ähnlich auch die Texte der Tübinger Arbeitsstelle »Sprache in Südwestdeutschland«. Siehe S. 85ff. dieses Buches.

17 Gedruckt 1927 in: Otto Behaghel: Von deutscher Sprache. Aufsätze, Vorträge und Plaudereien.

18 Erforschung Gesprochener Deutscher Standardsprache. In: Deutsche Sprache 5 (1977), S. 335–361 (Teil I); 6 (1978), S. 21–44 (Teil II).

19 Betten weist mehrfach (341, 349) auf die Wichtigkeit der Bildung von Gliederungseinheiten in der gesprochenen Sprache hin. Im Zusammenhang mit der Besprechung der Freiburger Textbücher wird bedauert, »daß durch die syntaktische Vorprogrammierung, die letztlich einen Satzbegriff zugrunde legt, wie er z.B. von der Duden-Grammatik (...) vertreten wird, die Möglichkeit für eine Segmentierung nach anderen Gesichtspunkten und damit die grundsätzliche Diskussion über Prinzipien der Einheitenbildung wesentlich erschwert werden.« (341) Vgl. dazu die von mir vorgeschlagenen Prinzipien zur Bildung von Äußerungseinheiten, S. 91ff.

20 Dies gilt vor allem für die 1966 erschienene Dissertation. Ich beziehe mich hier auf das 1965 erschienene Resümee, das die wichtigsten Ergebnisse der Dissertation mitteilt.

21 Z.B. 1962: Zur Syntax der deutschen Sprache der Gegenwart. In: Studium Generale 15, S. 49–59.

22 Z.B. Kontaminationen, das sind Mischungen zweier syntaktisch verschiedener, semantisch aber eng zusammengehöriger Konstruktionen; z.B.:

»wie kann ich mich an den Präsidenten herantreten«, entstanden aus: »wie kann ich mich an den Präsidenten wenden« und »wie kann ich an den Präsidenten herantreten«.

23 Schank/Schoenthal 1976, S. 64.

24 Hörersignale werden an dieser Stelle nur vorläufig behandelt. Ich verstehe darunter semantisch-propositional nicht weiterführende Kurzäußerungen zustimmender, ablehnender, zweifelnder Art usw. Sie führen nicht zu einem Sprecherwechsel. Vgl. ausführlicher zu Hörer- und Sprechersignalen S. 116–131.

25 Es muß hier betont werden, daß in Dialogen mit mehr als zwei Sprechern die Möglichkeiten des Sprecherwechsels sehr viel schwieriger darzustellen sind, u. a. deswegen, weil hier simultane Sequenzen von mehr als zwei Sprechern möglich sind.

26 Sacks et alii 1974. Das Interesse der empirischen Konversationsanalyse im Gefolge von Sacks richtet sich auf Analyse und regelhafte Beschreibung der Gesprächsorganisation auf mehreren Ebenen, von Dialogphasen (openings, closings) über monologische Einbettungen (Geschichtenerzählen in Dialogen) bis zur Organisation des Sprecherwechsels, mithin allgemein der sequentiellen Abfolge von Kommunikationsereignissen in Alltagsdialogen. Die explizite Formulierung einer *Systematik* der strukturellen Regelung des *Sprecherwechsels* gelang Sacks et alii (1974). Sie beschreiben die Regeln, nach denen die Verteilung der Redebeiträge und die Koordination des Übergangs der Sprecherrolle funktioniert. Dabei spielt der Begriff der »übergangsrelevanten Stelle« (transition-relevance place) eine zentrale Rolle. Allerdings sind nach wie vor *textuelle* Markierungen der übergangsrelevanten Stellen nicht genauer untersucht. Sacks et alii sprechen zwar von »techniques for the construction of utterances relevant to their turn status« (S. 699), ohne (außer wiederholten vagen Hinweisen auf syntaktische und intonatorische Kriterien) deren Ausprägungen in der Sprachstruktur präzise zu beschreiben. Genau dies muß jedoch die Aufgabe einer *linguistisch* orientierten Analyse des Sprecherwechsels sein. Obwohl auch für diese linguistische Analyse zunächst die Verhältnisse im *Alltags*gespräch interessant sind, untersuche ich in erster Linie Sprecherwechsel in solchen Textsorten, die bisher kaum unter diesen Gesichtspunkten analysiert worden sind, zum Beispiel die in »Gewinndialogen« vorkommenden »Kampfformen« der Wortergreifung und Redebehauptung. Neuartig ist m. W. die Pointierung des Zusammenhangs von Sprecherwechsel und der Binnengliederung von Sprecherbeiträgen (Abschnitt 3.2.5).

27 Statistische Untersuchungen liegen für diesen Bereich noch nicht vor. Notwendig wären hier Untersuchungen des Sprecherwechsels in den verschiedenen Textsorten, unter Berücksichtigung von Korrelationen zwischen einzelnen Merkmalen und Art und Zahl der Sprecherwechsel.

28 Zur Literatursituation: Über den Zusammenhang zwischen dem sozialen Status der Kommunikationsteilnehmer und Art und Zahl von Sprecherwechseln sind mir keine Arbeiten bekannt.

29 Im Prinzip sind alle Diskussionen der Freiburger Textbände unter dem

Gesichtspunkt der Organisiertheit als solche Zwischenformen anzusehen; das bedeutet, daß immer nur einzelne Teile für Typenbestimmungen in Anspruch genommen werden dürfen.

30 Jäger 1976, S. 74.

31 Vgl. das in diesem Zusammenhang sehr interessante Beispiel (5). Helmut Schmidt versucht eine Selbstwahl, die auch formal gelingt. Inhaltlich jedoch bleibt sie wirkungslos: Schmidt möchte Strauß das Wort erteilen und damit die Diskussion in eine bestimmte Richtung lenken. Der Diskussionsleiter unterbindet dies aber, der von Schmidt gewünschte Sprecherwechsel findet nicht statt. Sprecherwechsel in Diskussionen mit Diskussionsleiter durch Selbstwahl oder durch Worterteilung durch einen Diskussionsteilnehmer (≠ Diskussionsleiter) hängen wesentlich von der Stärke oder dem Durchsetzungsvermögen des Diskussionsleiters und der Diskussionsteilnehmer ab.

32 Dieses und auch das folgende Beispiel stammen aus der »Diskussion über die Ehe«, an der – formal – drei Personen beteiligt sind. Der Sache nach handelt es sich aber ganz überwiegend um ein Zweiergespräch, in das die dritte Person (AA) gelegentlich eingreift. Man wird diese Person nicht als einen Diskussionsleiter bezeichnen können, vielmehr handelt es sich um eine Art Aufnahmeleiter, dem es nur darauf ankommt, daß die sich selbst steuernde Diskussion zustande kommt und über eine gewisse Zeit in Gang bleibt. Im Beispiel (10) ist das erste Wort (»denn«) im Textband nicht transkribiert.

33 Vgl. dazu die Tabellen im Anhang von Hewers Arbeit, S. III und IV.

34 »meine« im Textband nur einmal transkribiert.

35 Vgl. dazu Rath 1973, S. 176f., wo ich in einer Kurzparaphrase der gesamten Disskussion dies bereits dargelegt habe.

36 Jäger, 1976, S. 40.

37 »Daß gerade dann [= wenn der Dialog durch Einsetzen eines Diskussionsleiters institutionell geregelt ist; R.R.] mit hohem Status ausgestattete Sprecher immer wieder [durch Selbstwahl; R.R.] »zum Zuge« kommen, ist ein weiteres Anzeichen der Beziehung zwischen der Methode des Sprecherwechsels und der Rollenperformanz der Interaktanten.« Jäger 1976, S. 74.

38 Dieses Beispiel ist wegen der durchgehenden Simultaneität der verschiedenen Äußerungen nicht in der üblichen Weise gegliedert, und zwar – in diesem Fall – aus Gründen der Übersichtlichkeit.

39 Zu der Unterscheidung der Sprecherwechsel nach Selbstwahl und nach Aufforderung muß noch nachgetragen werden, daß es sich zunächst um eine formale Unterscheidung handelt. Der Aufforderung beispielsweise durch einen Diskussionsleiter kann durchaus eine Selbstwahl zugrunde liegen, dann etwa, wenn diese durch optische Zeichen (»Meldungen«) angezeigt worden ist. Allerdings ist der Diskussionsleiter als steuerndes Element stets dazwischengeschaltet.

40 Ausführlicher dazu Rath 1973, S. 180f. und S. 143ff. in diesem Buch.

41 Dazu besonders das gesamte folgende Kapitel. Ich bezeichne diese Neuansätze als »Äußerungseinheiten« im Gegensatz zu »Satz« und werde diesen Terminus schon jetzt benutzen.

42 Im Textband steht statt »Verhalten« »Verfahren«.

43 Die dieser Kompetenz zugrundeliegenden Regeln können hier natürlich nicht ausgeführt werden. Sie sind Gegenstand einer im weitesten Sinne linguistischen Pragmatik.

44 Gemeint sind hier wohl: »miteinander« vergleichbare Einheiten, nicht: mit Einheiten der Schriftsprache vergleichbar.

45 Schank 1973, S. 1.

46 Steger 1976, S. 12.

47 Im übrigen werden – ein sauberes Verfahren – sämtliche Texte abgedruckt und *alle* Gliederungsvorschläge mit der Testzahl (absolut und relativ) markiert.

48 Die antizipierten Einwände 1 und 2 der Vf., Informantenzahl und analytische Vorgehensweise betreffend (»Arbeitseinheiten des Textkontinuums (sind) Artefakte«) halte ich nicht für gravierend.

49 S. 142: »Satzabgrenzungen«, »Satzschlüsse«, »Satz«. S. 144: »Sätze«, »Satzende«, »Satzgrenze«.

50 Der Katalog ist bei Ruoff vollständig abgedruckt: S. 277–389.

51 Diese »Interviews« sind nicht zu verwechseln mit der Textsorte Interview. Hauptunterschied: das dialektologische Interview wird zum Zwecke sprachlicher Untersuchung und Auswertung veranstaltet. Dem Interviewten ist dies in der Regel auch bekannt. Das Interview der Textsorte »Interview« ist an bestimmte Kommunikationssituationen gebunden, zu deren Merkmalen in der Regel gehören: hoher Öffentlichkeitsgrad, hohes Informationsinteresse.

52 Von Fritz Eisenmann 1973. Vgl. hier besonders S. 153, 183, 201.

53 Im Text steht sinnwidrig »Sprecher«. Druckfehler.

54 Berens et al. 1976. Mir liegt ein Transkriptionsformular von 1975 vor.

55 Irreführend S. 2 der Transkriptionsvorschrift: »Die Beiträge der *Sprecher* werden klein geschrieben. Auch an Text- und *Satz*anfang.« [Hervorhebung: R. R.] Es gibt nach den Transkriptionsvorschriften keine Sätze mehr.

56 Die Verschriftungsvorschriften sind von Ramge inzwischen weiterentwickelt worden. Vgl. dazu: Hans Ramge, Alltagsgespräche. Arbeitsbuch für den Deutschunterricht in der Sekundarstufe II. Im Manuskript vervielfältigt 1977. S. 40–45. Hingewiesen sei noch auf die »Halbinterpretative Arbeitstranskriptionen« von Ehlich/Rehbein 1976. Die Verfasser sehen zwar vor, daß der Sprecherbeitrag (»eine Diskurseinheit, die durch Sprecherwechsel begrenzt wird«, S. 41 Anm. 7) weiter segmentiert wird, aber es werden im Prinzip syntaktische Kriterien für diese Segmentierung vorgeschlagen. Ich möchte an dieser Stelle noch aufmerksam machen auf eine soeben abgeschlossene (Saarbrücker) Dissertation, die das Gebiet der Transkription – auch die Segmentierung der Sprecherbeiträge in Äußerungseinheiten – zentral und weiterführend behandelt: Norbert Schaeffer, Transkription im Zeilenblocksystem. Ein Verfahren zur Erforschung und Lehre gesprochener Sprache. (Manuskriptschluß: Oktober 1978). Ich konnte die Ergebnisse dieser Arbeit nicht mehr berücksichtigen.

57 »und« steht nicht im Textbuch, wird aber nach meiner Ansicht deutlich gesprochen.

58 Gülich 1970, S. 9. Hier auch Hinweise auf vergleichbare Termini in der englischsprachigen Literatur.

59 Wender weist dabei auf Untersuchungen von H. Brinkmann 1966 (Der Satz und die Rede, in: Wirkendes Wort 16) hin, der von »spezifischen Signalen für die Sukzession« spricht.

60 Die Gliederungssignale sind in den folgenden Beispielen unterstrichen.

61 Im Textband steht hier »äh«. Nach oftmaligem Abhören komme ich zu der Überzeugung, daß hier »i« für »ich« gesagt wird.

62 Hier tritt bereits das oben diskutierte Problem auf, Eröffnungs- und Schlußsignal nicht eindeutig unterscheiden zu können: soll man das »und dann« als Eröffnungs- oder Schlußsignal werten? Normalerweise gilt es als Eröffnungssignal. Aber es steht *vor* einer Pause und diese wiederum gilt üblicherweise als ein Schlußsignal. (Wenn sie als Gliederungssignal fungiert.)

63 Für das gesprochene Französich, vgl. Gülich, S. 232ff.

64 Vgl. Beispiel (46) »(...) die beide Partner gegenüber haben und [+ P, teilweise gefüllt] (...)« Die Zögerungspause hat hier sicher auch abgrenzende Funktion.

65 Vgl. Rath 1975b.

66 E. Gülich hat sich für ein vergleichbares Verfahren entschieden, ohne daß sie – s.o. – zu einer Rekonstruktion von Äußerungseinheien kommt, d.h. ohne die Konsequenz aus dem Auftreten von Gliederungssignalen zu ziehen. Sie geht dabei so vor, daß sie die lexikalischen Gliederungssignale nach E(röffnungs-) und S(chlußsignalen) unterscheidet und für jede Funktion die Kombinationsmöglichkeiten mit den übrigen Gliederungssignalen (ohne Wiederholung und Anakoluth) untersucht. Zur Veranschaulichung folgendes Beispiel (S. 239):

»Pause (P) vor dem Eröffnungssignal:
↘ + P + E
↗ + P + E
→ + P + E«

Für alle 15 Kombinationen (12 für Eröffnungssignale, 3 für Schlußsignale) werden Belege beigebracht, wobei die einzelnen Kombinationen einleuchtend interpretiert werden.

Gülich nimmt weiterhin an, daß es Gliederungsgrenzen ohne die Verwendung lexikalischer Gliederungssignale gebe, geht aber nicht näher darauf ein. (»Die Fälle, in denen die *Satz*grenze [Hervorhebung: R. R.] nur durch diese beiden Merkmale (»Veränderung der Melodie und die Pause«) gekennzeichnet ist, bleiben im folgenden unberücksichtigt«.) (S. 239).

67 Ich bin bei der Zitierung der Textbeispiele so vorgegangen, daß ich auch dann eine Grenze zwischen Äußerungseinheiten angenommen habe, wenn nur Intonation und Pause darauf hindeuten. Es besteht hier allerdings die Gefahr einer impliziten Vermischung verschiedener Ebenen: Neben den kommunikativ-anwendungsorientierten Gliederungssignalen spielen möglicherweise

grammatisch-systembezogene Gesichtspunkte zur Grenzbestimmung- und damit zur Bestimmung von Äußerungseinheiten – eine Rolle. Dies führt zu der prinzipiellen Frage, ob (und wenn ja, in welchem Umfang, auf welche Weise) die grammatisch-syntaktische *Satz*gliederung auf der Ebene der Kommunikation die Textportionierung tatsächlich mit bestimmt. Ich halte dies für eine überaus komplexe und bisher auch in Ansätzen nicht beantwortete Frage. Daher an dieser Stelle nur einige vorläufige und provisorische Überlegungen dazu:

1. Virulent wird dieses Problem erst dann, wenn zur Grenzbestimmung kein lexikalisches Gliederungssignal verwendet wird und dadurch eine Verknappung der Mittel zur Bezeichnung der Grenze zwischen Äußerungseinheiten eintritt. Diese Verknappung ist deswegen problematisch, weil die allein zur Anwendung kommenden Intonationsmerkmale und Pausen funktional mehrdeutig sind.

2. Die Abwesenheit eindeutiger Gliederungssignale muß natürlich auch zu der Frage führen, ob überhaupt eine Grenze vorliegt. Mit anderen Worten: Ist nicht davon auszugehen, daß größere Äußerungseinheiten vorliegen? Es ist zumindest denkbar, daß unter bestimmten Bedingungen – z. B. bei Erhöhung des Sprechtempos – Sprecher und Hörer die Textmenge in einem größeren Zuschnitt portionieren bzw. rezipieren und deswegen keine eindeutigen Grenzbestimmungen verwenden.

3. Die in dieser Arbeit begründete Entscheidung für kommunikative Einheitenbildung soll prinzipiell bei der Segmentierung jedes Beispiels durchgehalten werden. Es erscheint mir – ohne eingehende Untersuchungen, die den hier gesetzten Rahmen sprengen würden – überaus problematisch, allein aus »praktischen« Erwägungen systembezogene syntaktische Kriterien zur Bildung kommunikativer Einheiten heranziehen.

Ich bin der Auffassung, daß die syntaktische *Satz*gliederung eine andere Funktion hat als die kommunikative Textgliederung: Die syntaktische Gliederung stellt eine Voraussetzung der kommunikativen Gliederung dar. Sie gliedert den *Satz* gleichsam atomar, um ihn kommunikativ »hantierbar« zu machen. Diese Hantierbarkeit schließt eine freie kommunikative Verwendung ein: Teile von Sätzen können, wie schon gesagt, ebenso *eine* Äußerungseinheit bilden wie mehrere Sätze. Es erscheint mir methodisch problematisch, im Falle des Vorliegens eindeutiger kommunikativer Gliederungsgrenzen ohne Berücksichtigung der Syntax (in vielen Fällen sogar gegen sie) zu verfahren, im Falle des Fehlens derartiger eindeutiger Signale die Syntax gleichsam als Ersatz in die kommunikative Funktion der Bildung von Äußerungseinheiten einzusetzen. Zu prüfen wäre im Rahmen einer eigenen Untersuchung, ob nicht zentrale Begriffe der Syntax, wie etwa der der Valenz, auf kommunikativer Ebene im Sinne einer *Entsprechung* (nicht Identität) übertragen werden könnte. So wie in der Syntax angenommen wird, daß vor allem das Verb bestimmte Leerstellen eröffnet, die, soll der Satz grammatisch sein, besetzt werden müssen, könnte man annehmen, daß bestimmte Teile einer Äußerungseinheit kommunikative Leerstellen eröffnen, die, soll die Äußerungseinheit verstehbar sein, besetzt werden müssen. Diese zugegeben vagen Bemerkungen sind erste Hinweise darauf, daß syntaktische und kommunikative Ebenen funktional getrennt werden können. Allerdings keine Trennung im Sinne gegenläufiger Funktionen, sondern in dem Sinne, daß kommunikative Gliederung die syntaktische voraussetzt: Die syntaktische Ausformung von Sätzen (mit allen gegenläufigen Bedingungen, die im Realisierungsbereich liegen) ermöglicht erst eine »freie« kommunikative Portionierung des Textes.

68 Hinsichtlich Pausen und weiterer Verzögerungserscheinungen erscheint mir das erste Gespräch des dritten Textbandes eine gewisse Sonderstellung einzunehmen. Es kommen sehr häufig Pausen und vor allem solche von verhältnismäßig langer Dauer vor. Das mag damit zusammenhängen, daß die beiden Partner offenbar beim Essen sind, wie Nebengeräusche zeigen.

69 Die ersten Worte, bis etwa zum ersten »doch«, sind mit einer Partneräußerung simultan gesprochen.

70 Im Text ist nach »Christentum« eine Pause notiert.

71 Hier erfolgt ein Hörersignal: »ähm«.

72 Im Text nur ein »von« verschriftet.

73 Im Text wird vor »Säkularisierung« ein Wortfragment angezeigt; es lautet: »Säkulari«.

74 Hörersignal des Partners an dieser Stelle: »ja«.

75 Im Text »weil«.

76 Der Sprecherbeitrag geht noch etwas weiter. Hier ist aber ein deutlicher Einschnitt: Eine längere Pause, ein Ansatz zum Sprecherwechsel, thematischer Sprung.

77 Gliederungsgrenzen sind unterstrichen.

78 Im Text steht »äh«.

79 Im Text steht »ja«.

80 Im Textband nur einmal »nein«.

81 Bis hierher simultane Äußerung des Gesprächpartners.

82 Hierin gleichen sie den kommunikativen Partikeln; sie sind vielleicht als Teilmenge von ihnen anzusehen. Vgl. Rath 1975c.

83 Dies ist eine sehr einseitige Formulierung. Alle Äußerungen im Dialog richten sich an den Partner. Manche – wie die kommunikativen Signale – haben nur diese Funktion, ohne sich auf »außerpartnerliche« Dinge zu beziehen.

84 Schwitalla 1976, S. 86.

85 Vgl. zu dem gesamten Komplex der »Korrektur« das folgende Kapitel.

86 Schwitalla 1976, S. 86 führt folgende Einzelfunktionen der Sprechersignale auf: »vom Sprecher gesetzte Segmentierungen«; Nachfrage, ob der Hörer zuhört; »Rückversicherung«; Aufforderung an den Hörer, »dem Sprecher inhaltlich zuzustimmen«.

87 Schwitalla 1976, S. 87 zählt allerdings ohne Präsentation empirischer Nachweise und ohne Einzelanalysen folgende Funktionen von Hörersignalen auf: »Botschaft empfangen und verstanden«; Bestätigung, daß Thema bekannt ist; »inhaltliche Zustimmung zu den gerade geäußerten Meinungen oder Vorschlägen«; »Einstellungskundgaben«.

88 Ein interessantes Beispiel dafür: I, 186. Sprecher: »Irgendwo Herr Dr. Strauß, habe ich mal eine Wahlrede von ihnen übertragen gehört im Fernsehen. Da haben sie gesagt, jeder Mensch kann sich irren. Das stimmt doch?« Hörer: »Das stimmt. Jeder Mensch kann sich irren . . .« Hier endet der Sprecherbeitrag mit einem Sprechersignal (»das stimmt doch«). Der neue Sprecherbeitrag beginnt mit einem Hörersignal (»Das stimmt«), indem die Frage des Vorredners aufgenommen wird. Das Hörersignal wird dann zu einem kompletten Sprecherbeitrag ausgebaut.

89 Damit wird nicht behauptet, daß jedem Sprechersignal dieser Klasse ein Hörersignal folgt oder daß jedem Hörersignal ein Sprechersignal vorausgeht. Ferner muß gesagt werden, daß es eine zweite Klasse von Sprecher- und Hörersignalen gibt, deren Elemente sich nicht jeweils komplementär zueinander verhalten, sondern selbstständig sind. Allerdings scheint mir nach Quantität und Bedeutung die Klasse mit den jeweils komplementären Elementen die wichtigste zu sein. Daher steht diese hier im Mittelpunkt.

90 »Wenn der Sprecher einen bestimmten Satz beendet hat, aber noch weitersprechen will, so besteht das Interpunktionszeichen in einer Sprechpause, während der er jedoch seine Haltung sowie Kopfstellung und Blickrichtung beibehält, um am Wort zu bleiben.« Scheflen 1976, S. 60. Diese »Körperhaltung« läßt sich als bestimmtes Sprechersignal interpretieren.

91 Zum Teil simultan gesprochen, wobei das »na gut aber« als – vergeblicher – Versuch angesehen werden muß, einen Sprecherwechsel herbeizuführen. Es stellt somit eine Übergangsform zwischen Hörersignal und Gliederungssignal (die erste Äußerungseinheit eines Sprecherbeitrags eröffnend) dar.

92 Der dieses Textstück repräsentierende Dialogteil ist teilweise von simultanen, nicht identifizierbaren Hintergrundgeräuschen begleitet.

93 Vgl. Rath 1975c.

94 1972, S. 67.

95 Werner 1975 (Festschrift Moser 2. Teil), S. 460.

96 Ebd.

97 Moser 1970, S. 9.

98 Schimanski 1974, S. 228 in Anlehnung an Levkov: Die syntaktische Ellipse als strukturelles, genetisches und klassifizierendes System. In: Welt der Slaven 2/1961.

99 Brinkmann 1974, S. 144.

100 Werner 1975, S. 460f. Moser 1971 trennt zwischen systembezogener und informationsbezogener Ökonomie (93ff.), eine Unterscheidung, die der oben genannten ungefähr entspricht.

101 Vgl. Moser 1970, S. 11 u. S. 13 »Ausgleich der Kasusendungen«, S. 16 »Durch starke Ausgleichsbewegungen ökonomischen Charakters ist aber vor allem der Bezirk des Konjunktivs gekennzeichnet.«

102 Werners Feststellung (1975, S. 460): »Ersparnisse (!) im Ausdruck, bei der Performanz, müsen durch Aufwand in der Kompetenz erkauft werden und umgekehrt.«, wird sich nur schwer auf jeden Einzelfall beziehen lassen. Weiterhin wird man in bestimmten Fällen der Verwendung ökonomischer Kurz-

formen den erhöhten Aufwand auf der gleichen Ebene: der Performanz annehmen müssen.

103 Untersuchungen, die sich auf den schriftsprachlichen Bereich beziehen: Vf. 1965 und 1968, Sandig 1971, Brinkmann 1974, Isačenko 1965.

104 Abraham 1974, S. 105. Wenn man bedenkt, daß dieses etwas voluminöse Nachschlagewerk auch für Anfänger gedacht ist (s. Vorwort), kann man sich gut vorstellen, wie Verwirrung entsteht und weiter vermittelt wird.

105 Lewandowski 1973, Band 1, S. 168; Stammerjohann 1975, S. 107f.

106 1976, S. 210ff.

107 Duden 1973, S. 587ff.; Erben 1972, S. 309ff.; Brinkmann 1974, S. 144 formuliert terminologisch-programmatisch: »Wir sprechen hier nicht von »Ellipse« oder »Ersparung«, weil diese Bezeichnungen – bloß auf das Fehlen oder Weglassen eines sprachlichen Elements verweisen (...)«

108 Der von Betten (1976, S. 213) wohl positiv zitierten Meinung Bühlers, nach der die Ergänzungen nicht als eine »für alle Fälle ausreichende und notwendige Deutung« betrachtet werden können, weil sie oft »willkürlich und gezwungen« ausfielen, wird man wohl nicht zustimmen können. Es ist m E. keine Frage, *daß* ergänzt wird. Es ist die Frage, ob nicht (bei Hörer und Sprecher) dieses Ergänzen im vorsprachlichen oder gedanklichen Bereich stattfindet und damit für eine linguistische Nachprüfung nur schwer zugänglich ist. Dazu noch weiter unten.

109 Isačenko 1965, S. 65ff. Daß in solchem Ansatz gewisse Möglichkeiten der Fehldeutung liegen, zeigt die Rezeption dieses Aufsatzes bei Schimanski, die die von Isačenko vorgenommenen Differenzierungen offenbar mißversteht: »Von einem Verständnis des Ellipsenbegriffs, der *jede* Reduzierung im Vergleich zur expliziten Form als Ellipse ansieht – so z.B. auch jede Pronominalisierung – gehen beispielsweise A. V. Isačenko und J. Kunze in ihren Untersuchungen aus.« (S. 229 Hervorhebung: R.R.). Die Pronominalisierung heißt bei Isačenko eben nicht Ellipse, sondern: »nicht-expliziter Satz«.

110 Brandstetter 1968, S. 26 »Erlebniskontext«.

111 Rath 1968, S. 12 »allgemeines Vorverständnis« durch den Titel »Wetterbericht«.

112 Sandig 1971, S. 14 »Sätze (...) in der Bindung an die Mitteilungssituation.«

113 Sandig 1971, S. 27.

114 Brinkmann 1974, S. 147f.

115 Schimanski 1974, S. 230, Beisp. ebd.

116 Ich selbst bin ebenfalls (1968) vom Satzbegriff ausgegangen und habe in diesem Zusammenhang von »unvollständigen Sätzen« gesprochen, die ich in Anlehnung an Hans Eggers »Setzungen« genannt habe. Vgl. Rath 1968.

117 Es sei aber hingewiesen auf die ausführlichere Behandlung dieser Problematik bei Wunderlich 1976, S. 181ff.

118 Ein wesentliches Charakteristikum der ÄE besteht darin, daß sie nicht auf grammatischer Basis gebildet und bestimmt werden.

119 Ich verkenne nicht die Problematik dieses Kriteriums. Sind Einheiten

wie ÄE oder Satz, isoliert betrachtet, überhaupt verstehbar? Erhält nicht ein Satz, eine ÄE, seinen bzw. ihren Sinn durch vorangehende und nachfolgende Sätze; Wenn verstehbar heißt »sinngebend«, dann sind alle diese auf taxonomischem Wege gewonnenen Einheiten nicht verstehbar, weil sie ihren vollen Sinn erst mit dem gesamten Text erhalten, dessen Teil sie sind. Andererseits ist aber unverkennbar, daß zwischen den einzelnen Einheiten Unterschiede hinsichtlich kontextfreier und kontextgebundener Rezeptionsmöglichkeiten bestehen. Und genau auf diese Unterschiede kommt es mir hier an.

120 Paraphrasierungsvorschläge, wobei gewisse Aspektverschiebungen (s. o.) keine Rolle spielen sollen: 1. Seine Sprache, die er als Schüler spricht, ist das Deutsch Heideggers. 2. Es kam für mich daher notwendigerweise darauf an, diesen Nekrolog in der Sprache Heideggers abzufassen. 3. Das reicht ja auch aus.

121 Ich möchte noch einmal auf den mißlichen Umstand hinweisen, daß der terminologische Sprachgebrauch nicht eindeutig ist. Ich habe mich aus guten Gründen dafür entschieden, im Zusammenhang mit gesprochener Sprache nicht von grammatischen Kriterien zur Ellipsenbestimmung auszugehen, sondern allein die Verstehbarkeit oder Interpretierbarkeit als Maßstab zu benutzen. In der eingeführten (schriftsprachlich orientierten) Terminologie herrscht ein etwas anderer Ellipsenbegriff. Ich verwende hier Ellipse in meinem Sinn und setze den Begriff gleich mit »unselbständiger«, »nicht interpretierbarer«, d.h. »nicht paraphrasierbarer« Äußerungseinheit.

122 Bemerkenswert, dies sei am Rande vermerkt, ist das lange Schlußsignal am Ende der Ellipse. Dies läßt sich folgendermaßen erklären: Es wird ziemlich schnell gesprochen, weil seitens der 1. Sprecherin ein Unterbrechungsversuch gemacht wird. Die 2. Sprecherin sucht noch nach weiteren »Lokalitäten« für Geldverstecke am Bademantel, findet in der Eile nichts mehr und leitet von der Konjunktion »oder« (die wiederholt wird) über die Konjunktion »und« (sie ist immer noch auf der Suche) zum Schlußsignal »oder so nich?« (Suche aufgegeben) über.

123 Evtl. könnte man die Ellipse zu der folgenden Äußerungseinheit rechnen. Dagegen spricht aber deren zusammenfassender und abschließender Charakter. Diese Äußerungseinheit ist die letzte des Sprecherbeitrags und sie kommentiert die Aussagen *aller* anderen Äußerungseinheiten.

124 Nochmals: Die hier vorgenommene Ellipsenbestimmung mag spitzfindig erscheinen. Sie ist es nicht. Auf kommunikativer Basis sehe ich keine andere Möglichkeit zu ihrer Bestimmung und Abgrenzung von anderen Erscheinungen.

125 Im Textband steht »auch sie«. Aber es wird eindeutig die Reihenfolge »sie auch« gesprochen.

126 Sandig 1971 weist mehrfach – aber eher marginal – auf die »suggestive Wirksamkeit« von elliptischen Schlagzeilen hin (S. 125, 130).

127 Im Textbuch steht zweimal »Zuschauern«, während ich in der Wiederholung »Fernsehzuschauern« höre.

128 Obwohl ich starke Bedenken gegen die Verwendung des Terminus

»Satz« in der gesprochenen Sprache habe, gebrauche ich ihn deswegen hier, weil er im Zusammenhang mit der Fußballreportage eingeführt worden ist: Deutrich/Schank 1973, S. 108: »Wegen der schnellen Ereignisabfolge steht besonders der Rundfunkreporter (. . .) unter ständigem Zeitdruck. Er meistert diese Aufgabe einerseits durch Einsatz der Fachterminologie, die verkürztes Sprechen erlaubt, und andererseits durch die Verwendung von *Kurzsätzen*, die z. B. durch Auslassung des Verbs entstehen.« Hervorhebung von Schank.

129 Die speziellen Bedingungen der Fußballreportage haben zur Folge, daß die Distribution der Gliederungssignale gegenüber den dialogischen Textsorten anders ist. Pausen und längere syntaktisch verbundene Gliederungssignale (»ich bin der Meinung«) kommen seltener vor. Kürzere Gliederungssignale wie »und« treten häufiger auf. Die Intonation folgt nicht immer den üblichen Regeln. – Die Setzung von Pausen ist gerade bei der Fußballreportage stark von der Situation geprägt. Es kann gezeigt werden, daß sie an nichtsyntaktischen Stellen – nämlich vor Namen – besonders häufig auftreten. Erklärung: Der Reporter sieht zuerst den Spieler, er weiß aber noch nicht, wer es ist, dies muß er zuerst nachsehen (Nummer).

130 Kurzsätze werden nach den regulären Kriterien für Äußerungseinheiten gebildet. Sie werden nur deswegen hier besonders behandelt, weil sie ökonomische Verkürzungen darstellen, ohne daß sie deswegen ihre Selbständigkeit verlören.

131 Kontextellipsen kommen so gut wie nicht vor. In der von mir untersuchten Reportage: Eine, und zwar: »ausgeführt«. Der spezielle Kontex ist zur Interpretation dieser Ellipse (eindeutig als Äußerungseinheit festgestellt) erforderlich, weil verschiedene Dinge »ausgeführt« werden können im Fußball.

132 Engel 1977, S. 192.

133 Andere Arten der Klammerbildung – Nominalklammer und Nebensatzklammer – bleiben hier außer Betracht.

134 Weitere Angaben zur Syntax der Klammerbildung bei Engel 1977, S. 192 ff., Erben 1972, S. 275 ff.

135 Engel 1977, S. 223

136 Die wichtigste Literatur in diesem Bereich (ohne Grammatiken): Grubačic 1965, Rath 1965, Beneš 1968, Engel 1970.

137 Moser 1971, S. 106, meint, daß mit der Ausklammerung »die Gliederung des Satzes leichter überschaubar und die Formulierung durch den Sender (!) wie die Aufnahme durch den Empfänger (!) daher erleichtert« werde. Werner 1975, S. 460, zählt zu den »offensichtlich unökonomischen Komplikationen unserer natürlichen Sprachen« neben Allomorphik, Suppletivwesen, Homophonie, Polysemie ausdrücklich auch die Diskontinuität.

138 Schöps befaßt sich nicht unter sprachökonomischen Gesichtspunkten mit der Ausklammerung.

139 Engel 1977, S. 269, trifft im Rahmen textlinguistischer Erörterungen, auf die Schriftsprache bezogen, folgende interessante Feststellungen: »Zum Beispiel dürfte jetzt klar sein, daß der Text auf S. 266 [seines Buches; ein Text aus der Schriftsprache] aus vier Äußerungen (und zwar jeweils reinen Mittei-

lungen ) besteht, die – zufällig – zugleich Sätze sind und – zufällig – jeweils durch Punkte voneinander getrennt sind. Für diese »Zufälle« spricht allerdings eine ziemlich hohe Wahrscheinlichkeit, weil der Hauptsatz (...) die Ausdrucksform par exellence für die Äußerung ist (...) dieses häufige Zusammentreffen enthebt uns nicht der Verpflichtung, Satz und Äußerung begrifflich scharf auseinanderzuhalten.« Dies gilt, wie schon öfter betont, im verstärkten Maße für die gesprochene Sprache.

140 Wir stoßen in diesem Zusammenhang wieder auf das Ellipsenproblem: Es ist durchaus möglich, daß ein ausgeklammertes Satzglied eine eigene Äußerungseinheit darstellt. Vgl. Beispiel (92): »Du gehst gleich auf einen auf einen Präzedenzfall hin, ja// die Scheidung//...«. »Scheidung« ist ausgeklammert, stellt aber – s. o. – eine eigene Äußerungseinheit dar. Man kann an diesem Beispiel besonders gut studieren, daß verschiedene Betrachtungsweisen, auf ein und denselben Gegenstand angewandt, zu ganz unterschiedlichen, aber einander nicht widersprechenden Ergebnissen führen kann: Ein ausgeklammertes Satzglied stellt eine eigene Äußerungseinheit dar.

141 Vgl. auch Engel 1977, S. 223: »Meines Erachtens sollten Erzeugungsregeln für die deutsche Gegenwartssprache aber diese Nachfeldstellungen berücksichtigen.«

142 Vgl. den Anhang der Arbeit, in dem mit Hilfe des sogenannten Chi-Quadrat-Tests die Signifikanzwerte der ermittelten Zahlen geprüft werden.

143 Die Texte setzen sich aus verschiedenen Einzeltexten zusammen. Die ermittelten Prozentzahlen sind Durchschnittswerte. Der Chi-Quadrat-Test hat ergeben, daß diese Durchschnittswerte sämtlich als nicht-zufällig, also als signifikant anzusehen sind.

144 Diese Feststellungen stellen eine relativ grobe Charakterisierung dar. Schöps (S. 167f.) kommt hier zu einer etwas anderen Auffassung. Sie glaubt, die Hypothese verifizieren zu können, daß sich – auf alle vier Textsorten bezogen – »mit Änderung der Redekonstellationstypen (...) auch die Ausklammerungsarten« änderten. Allerdings vergleicht sie nur »Gefügesätze, Satzglieder, Nachträge, Anschlüsse, Direkte Reden«. Der mit den Werten dieser Größen durchgeführte Chi-Quadrat-Test ergibt, daß die Unterschiede signifikant sind.

Ich bin nicht sicher, ob sich die gleichen Signifikanzwerte ergeben hätten, wenn hier die Feingliederung beibehalten und als Irrtumswahrscheinlichkeit 2,5%, und nicht, wie es die Verfasserin hier tut, 5% angenommen worden wäre. Die Frage kann letztlich offen bleiben: Einerseits sind nicht zufällige Unterschiede vorhanden, andererseits sind tendenzielle Übereinstimmungen festzustellen. Die Verfasserin bewertet die Unterschiede, ich die Übereinstimmungen höher.

145 Vgl. z.B. Slobin 1974, S. 34ff.

145a Die zunächst naheliegend erscheinende Lesart für den Prädikatskomplex »ist (...) zu entwickeln« kann hier eindeutig aus kontextuellen Gründen ausgeschaltet werden. Vgl. II, 350f.

146 Dieses Beispiel stammt aus Berens 1975, S. 145. Ich übernehme es aus der Arbeit von Schöps, die es allerdings anders bewertet als ich. Aus diesem

Anlaß weise ich nochmals darauf hin, daß die konkrete Einordnung von Beispielen verschieden sein kann, weil die Beispiele mehrdeutig sind.

147 Ebenfalls aus Berens 1975, S. 152.

148 Anreden stellen ein besonderes Problem dar. Sie sind nach Brinkmann (1971, S. 475) nicht an die »grammatische und zeitliche Gliederung des Satzes» gebunden. Sie sind m. E. mit grammatischen Mitteln – ähnlich wie Gliederungssignale – überhaupt nicht zu erfassen. Sie stellen eigene Gliederungssignale dar und sind als solche kommunikativ zu interpretieren. Man wird – unabhängig von ihrer prinzipiellen Stellungsfreiheit – feststellen können, daß die für sie gewählten Positionen keineswegs willkürlich gewählt sind. Sie stehen – s. o. – oft am Ende von Äußerungseinheiten und leiten einen Sprecherwechsel ein. Dabei spielt es keine Rolle, ob eine Klammerstruktur vorliegt oder nicht. Sie können aber auch, wie unser Beispiel, am Anfang eines Sprecherbeitrags stehen als Antwortfloskel im Rahmen eines Eröffnungssignals. In jedem Fall sind sie ganz unabhängig von grammatischen Erwägungen – wie die Ausklammerung – zu sehen.

149 Schöps (1976, S. 47ff.) versucht eine solche Auflistung. Sie unterscheidet zwischen Nachträgen mit erklärendem, ergänzendem, restriktivem und mit Hervorhebungs- und Bezugscharakter. – Ferner werden Ausklammerungen aufgeführt, die als »Resultat sukzessiven Denkens« angesehen werden.

150 Schöps 1976, S. 121.

150a Vgl. etwa die zusammenfassende Darstellung Gülich/Raible 1977.

151 Vgl. z. B. Daneš 1970, S. 72: »Ein Text kann als eine Verkettung von (minimalen) Aussagen (d. h. von *Sätzen*, die einem bestimmten Kontext und einer bestimmten Situation angepaßt sind) betrachtet werden.» Oder Renate Steinitz 1974, S. 248: »Es liegt auf der Hand (. . .) daß im allgemeinen (. . .) auf zusammenhängende *Satz*folgen, d. h. auf Texte referiert werden muß.« Hervorhebungen: R. R.

152 Posner 1972.

153 Hennig/Huth 1975, S. 162.

154 Daneš 1970, S. 72f.

155 Ebd. Dieser Operationalisierungsvorschlag zur Identifizierung von Thema und Rhema ist, wie bereits Gülich/Raible S. 81ff. bemerken, problematisch.

156 Ausführlich und mit Beispielen: Daneš 1970. Soweit ich sehe, ist dieser Ansatz bisher *im Prinzip* unbestritten. Das Modell ist allerdings mehrfach (Beneš 1973, S. 48ff., Hennig/Huth 1975, S. 162ff.) als zu schlicht kritisiert worden. Ich kann mich dieser Kritik nicht anschließen, weil Daneš nicht ausgeschlossen hat, daß es nicht auch weitere, komplexere thematisch-rhematische Verknüpfungen gebe. Er hat vielmehr darauf hingewiesen, daß seine Typen in konkreten Texten »meistens nicht in reiner Form realisiert« würden, sondern kombiniert aufträten. »Außerdem werden die Progressionen in einem Text durch unterschiedliche Zusätze, Ergänzungen und Parenthesen verwickelt.« S. 78. Ich gehe nicht auf Einzelheiten der Diskussion ein. Vor allem die Rolle des Verbs ist in diesem Zusammenhang ungeklärt.

157 Vgl. z. B. Gülich/Raible 1977, S. 88, die Brechts »Herrn K's Lieblingstier« nach den von Daneš entwickelten Verfahren darstellen. Im übrigen wird man sich der Wertung von Gülich/Raible anschließen können, nach der die Funktionale Satzperspektive nicht nur »mögliche, sondern auch notwendige Elemente eines Textmodells« liefere.

158 Vgl. dazu die Beispiele (143) und (151) und deren Interpretation.

159 Vgl. zu »Präzisierung« das diesen Namen tragende 2. Kapitel bei Naess (dt.) 1975. Dort wird auf die außerordentliche Wichtigkeit dieses sprachlichen Verfahrens hingewiesen. Allerdings beschäftigt sich Naess nicht mit der gesprochenen Sprache. Seine Arbeit hat mehr den Charakter einer logischen Propädeutik.

160 Vgl. auch S. 31, wo Müller deutlich macht, »daß die ‚Grundfunktion' (. . .) der (. . .) kommunikativen Paraphrasen in der semantischen *Korrektur* liegt.« Hervorhebung: K. M.

161 Ungeheuer 1969, S. 214.

162 Vgl. dazu: Rath 1975a, S. 109 und K. Müller 1976, S. 66ff.

163 Synonymfolgen und Kurzparaphrasen lasse ich hier außer Betracht. Vgl. dazu Müller 1976, S. 10–13.

164 Es handelt sich, dies sei zum Verständnis der zitierten Textstücke gesagt, um die schon mehrfach genannte Sendung vom 1. 12. 1966, kurz nach Bildung der Großen Koalition.

165 Bei der Zitierung der Paraphrasenbeispiele verwende ich zur genaueren Darstellung der paraphrastischen Relationen ein von Müller 1976 (S. 13f.) entwickeltes »Strukturmodell«. In diesem Modell wird die Ausgangsformulierung Matrix (M), die einzelnen Paraphrasen Glieder (Gl–Gn) genannt. Dieses Schema bietet die Möglichkeit genauerer Differenzierung: »Manchmal geht der Sprecher im Verlauf einer Paraphrasierung auf ein Nebenthema ein, das sich ihm während der graduellen Entwicklung des Gedankenganges eröffnet; er bezieht es in seine Argumentation ein, indem er es evtl. selbst wieder paraphrasierend in Geltung hält. (....) Es ist möglich, das Nebenthema als Matrix-2-Einbettung darzustellen.« (S. 15).

166 Ich verstehe G2 als einen gegenüber G 1 neuen Ansatz. Denn zu G2 wird Schmidt sozusagen erst durch den Diskussionsleiter gebracht, der – und dies sind die drei Auslassungspunkte im Text – ihm die Formulierung »in der Bundestagsfraktion« als eingeschobene Frage gleichsam zuschiebt. Schmidt nimmt diese Frage – indem er sie in eine Behauptung und damit auch Bestätigung umwandelt – wörtlich auf und fährt in der zitierten Weise fort.

167 Vorbehalte, die verkürzt gesprochen, darin bestehen, daß die nichtsprachlichen Voraussetzungen zum Textverständnis weitgehend unerörtert bleiben. Eine Texterklärung erfolgt in der Regel allein auf sprachlicher Basis (die oft sogar noch auf syntaktische Phänomene eingeschränkt wird), wie dies Harweg in seiner bekannten Formulierung exemplarisch ausdrückt: Text ist »ein durch ununterbrochene pronominale Verkettung konstituiertes Nacheinander sprachlicher Einheiten.« (1968, S. 148). Steinitz (1974, S. 248) sieht die

Textqualität in der »sprachlichen Wiederaufnahme bereits im Text erwähnter Referenzträger.«

168 Statt »Wiederaufnahme von Referenzträgern« findet man mit unterschiedlichen Aspekten: »Koreferenz«, »Substitution«, »Pronominalisierung«, »Verweisung«.

169 Vgl. K. Müller 1976, S. 18ff. und Rath 1975a, S. 111f.

170 Ich habe die Ansicht vertreten, (s. Rath 1975a, S. 117), daß explizite Paraphrasen, »schriftsprachliche Normen repräsentierend«, vor allem in der Schriftsprache, dagegen kaum in der gesprochenen Sprache vorkämen. Dies läßt sich – wie die auch quantitativ relevante Arbeit von K. Müller (1976, S. 22ff.) gezeigt hat, in dieser Allgemeinheit nicht aufrechterhalten.

171 Eine Untersuchung meines Mitarbeiters Gerd Antos über die Rezeptionsergebnisse beim Vorlesen oder bei freiem Vortrag von Referaten hat ergeben, daß 67% der Probanden (Studenten) die im Anschluß an den freien Vortrag gestellten Fragen zum Vortrag richtig beantwortet haben, wohingegen »die Gruppe Vorlesung (...) nur 50% der Fragen« zur Vorlesung richtig beantwortet hat. (Zum Rezeptionsverhalten von Studenten in Seminaren. Eine empirische Untersuchung. Ms. Saarbrücken 1977).

172 Das Substantiv »Korrektur« wird als nomen actionis (zur Bezeichnung des Vorgangs/der Tätigkeit des Korrigierens und als nomen acti (zur Bezeichnung des Ergenbisses des Korrekturvorganges) verwendet. Entsprechend dieser Verwendungsweise benutze ich diesen Begriff ebenfalls: Je nach Kontext bedeutet Korrektur Tätigkeit/Verfahren oder Ergebnis dieser Tätigkeit/dieses Verfahrens.

173 Fremdkorrekturen werden von mir nicht untersucht. Und zwar deswegen nicht, weil sie nach dem mir vorliegenden Material der Textbände im Zusammenhang mit der Textkonstitution keine besondere Rolle zu spielen scheinen. Allerdings kann ich mir gut vorstellen, daß Fremdkorrekturen in bestimmten Textsorten sehr wohl eine Rolle spielen können, auch im Zusammenhang mit der Konstitution von Texten: Zum Beispiel in allen Lehr- und Erziehungssituationen.

174 Eine Verwandtschaft dieser Erweiterungen mit bestimmten sogenannten Appositionen ist nicht zu übersehen.

175 Die sorgfältige und im Urteil abgewogene Arbeit vom Ramge 1973 behandelt Selbstkorrekturen von Schulanfängern im allgemeinen Rahmen von Verzögerungsphänomenen. Auf der Grundlage eines genau beschriebenen Materials kommt Ramge zu interessanten Ergebnissen, von denen ich einige hier zitieren möchte, da sie mir manche Anregung gebracht haben:

»(1) Selbstkorrekturen stellen einen definierbaren und daher von anderen abgrenzbaren Typ innerhalb der Verzögerungserscheinungen dar. Sie erscheinen im Sprechprozeß unter dem Einfluß situationaler, aktionaler und verbaler Faktoren und erlauben deshalb einen Einblick in die Funktionsweise dieser Faktoren.

(2) Selbstkorrekturen erweisen sich als eine Form regelgeleiteten Verhaltens und Handelns. Indem das Kind von seinen Kompetenzen, vor allem von seiner

Sprachkompetenz, Gebrauch macht, vollzieht sich sein sprachliches Handeln im *Selbstkorrektur-Prozeß* mit Hilfe einer relativ geringen Menge von Korrekturregeln, die psycholinguistisch beschreibbar sind (...)

(3) Es ist bemerkenswert, daß *Selbstkorrekturen* fast immer glücken und dabei eine generelle Intention des Sprechers erfüllen, nämlich sich sachlich und sprachlich richtig (im Sinne seiner Kompetenz), genau (bei Bezeichnung von Referenten) und der kommunikativen Situation angemessen auszudrücken (...)« (S. 186f.)

176 Diese Unterscheidung ist eng verwandt mit der entsprechenden Paraphrasenklassifikation.

177 Ähnlich: I, 227 »die heutige Jugend *oder* überhaupt die Menschen«; I, 221 »das Christentum *oder* vor allen Dingen die Bibel nimmt Stellung zu der Ehe«.

178 Dazu ausführlich: Ursula Reis 1976, S. 43ff.

179 Die Korrektursignale unterscheiden sich von den Paraphrasenankündigungen neben der stärkeren Beschränkung des Korrekturaspektes gegenüber dem Paraphrasierungsaspekt vor allem dadurch, daß sie *nicht* implizit strukturiert sind: Bei den Paraphrasenankündigungen war zu ergänzen: noch einmal das Gleiche gesagt. Die Korrektursignale vertragen eine entsprechende Ergänzung nicht. Diese Möglichkeit bzw. Nichtmöglichkeit der Hinzufügung stellt ein Instrument dar, dessen Anwendung im Einzelfall oft eine Bestimmung, ob Korrektur oder Paraphrase, erlaubt.

180 Betten 1976, S. 225f. formuliert in Anlehnung an Grice Konversationspostulate, die auch Korrekturstrategien einbeziehen.

181 Ramge 1973 behandelt diese Abbrüche nicht, weil sie die Folge eines »Wechsels der Sprecherstrategie« sind. Der Sprecher »führt die (...) syntaktische Struktur (...) nicht fort, sondern setzt neu an (...)« (S. 165). Ich werte einen solchen Neuansatz als Korrektur des vorhergehenden Ansatzes.

182 Daß zwischen Abbruch und Neuansatz durchaus auch textliche Beziehungen bestehen können, wird am nächsten Beispiel kurz erörtert. Ausführlicher dazu S. 218ff.

183 Dem hier in Rede stehenden Textstück geht unmittelbar voraus: »ich genau kann ichs belegen von den Germanen von Tacitus her«.

184 Genau diese Verbesserungen (und nur diese), bei denen der Sprecher »an den ersten Ansatz gebunden« bleibt, wobei er also »nicht den ganzen Sprechansatz (...), sondern nur einen bestimmten Teil seiner Äußerung« aufhebt, werden von Ramge (1973, S. 168) als Selbstkorrekturen verstanden und untersucht.

185 A. Betten (1976) macht S. 213 unter Hinweis auf Bühler auf die Schwierigkeiten eindeutiger Ergänzungen bei Ellipsen aufmerksam.

186 Im Beispiel (152) vollzieht sich die Korrektur in syntaktisch nicht abweichender, in (161) dagegen in abweichender Form. Wichtig ist mir in diesem Zusammenhang, daß in beiden Fällen eine Wiederholungskorrektur vorliegt: Das thematisch und damit kommunikativ wichtige Wort (152): »Liebe«, (161: »Ehe«) wird jeweils wiederaufgenommen. Daß dieses Wort oder diese Sub-

gruppe in einem Fall syntaktisch abhängig wird, im anderen Falle syntaktisch selbständig (= dem Erweiterungswort übergeordnet) bleibt (wodurch die Abweichung bzw. Nichtabweichung bedingt ist), spielt in diesem Zusammenhang keine Rolle. Ganz ähnlich: II, 373: »(...) sie sagen, die Befruchtung ab dem Zeitpunkt der Befruchtung würde ein biologisches Lebewesen vorhanden sein (...)«.

187 Zum Anakoluth: Rath 1975b, Betten 1976.

188 Betten 1976, S. 217.

189 Schimanski 1974, S. 228f. faßt unter dem Obertitel »Verkürzung« Ellipse und Anakoluth zusammen, ohne auf die hier diskutierten Abgrenzungsfragen einzugehen.

190 Vgl. die Ansätze bei Rath 1975b und die ausführliche Behandlung bei Freigang 1976, S. 39–58.

191 Mit den Buchstaben werden lediglich verschiedene bzw. übereinstimmende Teile von Äußerungseinheiten bezeichnet.

192 Vgl. auch Zimmermann 1965 und Helmig 1971.

193 1920, Bd. IV, S. 392.

# Literaturverzeichnis


Abraham, Werner: Terminologie zur neueren Linguistik. Tübingen 1974.

Antos, Gerd: Zum Rezeptionsverhalten von Studenten in Seminaren. MS. Saarbrücken 1977.

Arbeitsgruppe: Sprachliche Interaktion im Klassenzimmer (H. Ramge): Entwurf eines Transkriptionsformulars. Saarbrücken mimeo.

Barchewitz, Hannelore: Untersuchungen zur Organisation des Sprecherwechsels in den Redekonstellationstypen Interview, Diskussion und Unterhaltung. Maschinenschr. Zulassungsarbeit Freiburg i.Br. 1975.

Beneš, Eduard: Die Ausklammerung im Deutschen als grammatischen Norm und als stilistischer Effekt. In: Muttersprache 78 (1968), S. 289–298.

Beneš, Eduard: Thema-Rhema-Gliederung und Textlinguistik. In: Studien zur Texttheorie und zur deutschen Grammatik. Festgabe für Hans Glinz. (= Schriften des Instituts für deutsche Sprache 30). Düsseldorf 1973, S. 42–62.

Berens, Franz-Josef: Analyse des Sprachverhaltens im Redekonstellationstyp „Interview". Eine empirische Untersuchung. München 1975.

Berens, Franz-Josef; Jäger, Karl-Heinz; Schank, Gerd; Schwitalla, Johannes: Projekt Dialogstrukturen. Ein Arbeitsbericht. München 1976.

Betten, Anne: Ellipsen, Anakoluthe und Parenthesen. Fälle für Grammatik, Stilistik, Sprechakttheorie oder Konversationsanalyse? In: Deutsche Sprache 4 (1976), S. 207–230.

Betten, Anne: Erforschung Gesprochener Deutscher Standardsprache. Teil I in: Deutsche Sprache 5 (1977), S. 335–361. Teil II in: Deutsche Sprache 6 (1978), S. 21–44.

Brinkmann, Hennig: Die deutsche Sprache. Gestalt und Leistung. Düsseldorf ²1971.

Brinkmann, Hennig: Reduktion in gesprochener und geschriebener Sprache. In: Gesprochene Sprache. Jahrbuch 1972 (= Sprache der Gegenwart 26). Düsseldorf 1974, S. 144–162.

Daneš, František: Zur linguistischen Analyse der Textstruktur. In: Folia linguistica IV (1970), 72–78.

Deutrich, Karl-Helge; Schank, Gerd: Situationsspezifischer Einsatz sprachlicher Mittel. Anregungen für den Deutschunterricht. In: Der Deutschunterricht 25 (1973), H. 6, S. 100–120.

Drommel, Raimund: Die Sprechpause als Grenzsignal im Text. Göppingen 1974.

Duden. Grammatik der deutschen Gegenwartssprache. Mannheim [3]1973.

Ehlich, Konrad; Rehbein, Jochen: Halbinterpretative Arbeitstranskriptionen (HIAT). In: Linguistische Berichte (1976), H. 45, S. 21–41.

Eisenmann, Fritz: Die Satzkonjunktionen in gesprochener Sprache. Tübingen 1973.

Elmauer, Ute; Müller, Rolf: Belegung der Freiburger Forschungshypothese über die Beziehung zwischen Redekonstellation und Textsorte. In: Gesprochene Sprache. Jahrbuch des Instituts für deutsche Sprache 1972 (= Sprache der Gegenwart 26). Düsseldorf 1974, S. 98–120.

Engel, Ulrich: Studien zur Geschichte des Satzrahmens und seiner Durchbrechung. In: Studien zur Syntax des heutigen Deutsch (= Sprache der Gegenwart 6). Düsseldorf 1970, S. 45–61.

Engel, Ulrich: Syntaktische Besonderheiten der deutschen Alltagssprache. Paul Grebe zum 65. Geburtstag gewidmet. In: Gesprochene Sprache (= Sprache der Gegenwart 26). Düsseldorf 1974, S. 199–228.

Engel, Ulrich: Syntax der deutschen Gegenwartssprache. Berlin 1977.

Erben, Johannes: Deutsche Grammatik. Ein Abriss. München 1972.

Freigang, Irmela: Untersuchungen zum Anakoluth im gesprochenen Deutsch. Staatsexamensarbeit Saarbrücken 1976.

Fromkin, Victoria: Speculations on performance models. In: Journal of Linguistics 4 (1968), S. 47 ff.

Grubačic, Emilja: Untersuchungen zur Frage der Wortstellung in der deutschen Prosadichtung der letzten Jahrzehnte. (= Zagreber Germanistische Studien 2). Zagreb 1965.

Gülich, Elisabeth: Makrosyntax der Gliederungssignale im gesprochenen Französich. München 1970.

Gülich, Elisabeth; Raible, Wolfgang: Linguistische Textmodelle. Grundlagen und Möglichkeiten. München 1977.

Harweg, Roland: Pronomina und Textkonstitution. München 1968.
Helbig, Gerhard; Buscha, Joachim: Deutsche Grammatik. Ein Handbuch für den Ausländerunterricht. Leipzig 1974.
Helmig, Günter: Gesprochene und geschriebene Sprache und ihre Übergänge. In: Der Deutschunterricht 24 (1972), H. 3, S. 5–25.
Hennig, Jörg; Huth, Lutz: Kommunikation als Problem der Linguistik. Eine Einführung. Göttingen 1975.
Hewer, Bruno: Strategien und Formen der Redebehauptung und Wortergreifung im gesprochenen Deutsch. (Textsorte »Diskussion«). Staatsexamensarbeit Saarbrücken 1976.
Isačenko, Alexander V.: Kontextbedingte Ellipse und Pronominalisierung im Deutschen. In: Beiträge zur Sprachwissenschaft, Volkskunde und Literaturforschung. Festschrift für W. Steinitz. Berlin 1965, S. 163–174.
Jäger, Karl-Heinz: Untersuchungen zur Klassifikation gesprochener deutscher Standardsprache. Redekonstellationstypen und argumentative Dialogsorten. München 1976.
Jecklin, Andreas: Untersuchungen zu den Satzbauplänen der gesprochenen Sprache. Bern 1973.
Kallmeyer, Werner; Schütze, Fritz: Konversationsanalyse. In: Studium Linguistik 1 (1976), S. 1–28.
Leska, Christel: Vergleichende Untersuchungen zur Syntax gesprochener und geschriebener deutscher Gegenwartssprache. In: Beiträge zur Geschichte der deutschen Sprache und Literatur 87 (1965), S. 427–464.
Leska, Christel: Vergleichende Untersuchungen zur Frequenz und Distribution syntaktischer Erscheinungen gesprochener und geschriebener Sprache – durchgeführt an Texten deutscher Gebrauchssprache der Gegenwart. Diss. Leipzig 1966.
Lewandowski, Theodor: Linguistisches Wörterbuch. Bde. 1–3. Heidelberg 1973.
Moser, Hugo: Sprachliche Ökonomie im heutigen deutschen Satz. In: Studien zur Syntax des heutigen Deutsch. Paul Grebe zum 60. Geburtstag. (= Sprache der Gegenwart 6). Düsseldorf 1970, S. 9–25.
Moser, Hugo: Typen sprachlicher Ökonomie im heutigen Deutsch. In: Sprache und Gesellschaft. Beiträge zur soziolinguistischen Beschreibung der deutschen Gegenwartssprache. (= Sprache der Gegenwart 13). Düsseldorf 1971, S. 89–117.

Müller, Klaus: Kommunikative Paraphrasen und Wiederholungen im gesprochenen Deutsch. Staatsexamensarbeit Saarbrücken 1976.

Naess, Arne: Kommunikation und Argumentation. Kronberg/Ts. 1975.

Paul, Hermann: Deutsche Grammatik. Bde. 1–5. Halle a.S. 1916–1920.

Posner, Roland: Theorie des Kommentierens. Eine Grundlagenstudie zur Semantik und Pragmatik. Frankfurt/Main 1972.

Ramge, Hans: Spontane Selbstkorrekturen im Sprechen von Schulanfängern. In: Diskussion Deutsch 4 (1973), S. 165–190.

Ramge, Hans: Zur sprachwissenschaftlichen Analyse von Alltagsgesprächen. In: Diskussion Deutsch 8 (1977), H. 36, S. 391–406.

Rath, Rainer: Trennbare Verben und Ausklammerung. Zur Syntax der deutschen Sprache der Gegenwart. In: Wirkendes Wort 15 (1965), S. 217–232.

Rath, Rainer: Zur linguistischen Beschreibung kommunikativer Einheiten in gesprochener Sprache. In: Linguistik und Didaktik 4 (1973), S. 169–185.

Rath, Rainer (1975a): Kommunikative Paraphrasen. In: Linguistik und Didaktik 22 (1975), S. 103–118.

Rath, Rainer (1975b): Korrektur und Anakoluth im gesprochenen Deutsch. In: Linguistische Berichte 1975, H. 37, S. 1–12.

Rath, Rainer (1975c): »Doch« – Eine Studie zur Syntax und zur kommunikativen Funktion einer Partikel. In: Deutsche Sprache 3 (1975), S. 222–242.

Rath, Rainer: Gesprochenes Deutsch und seine Gliederung. In: Beiträge zu den Fortbildungskursen des Goethe-Instituts für ausländische Deutschlehrer an Schulen und Hochschulen. München 1976, S. 63–76.

Rath, Rainer; Brandstetter, Alois: Zur Syntax des Wetterberichts und des Telegramms. (=Duden–Beiträge 33). Mannheim 1968.

Reis, Ursula: Korrekturen als zentrale Mittel der mündlichen Kommunikation. Staatsexamensarbeit Saarbrücken 1976.

Rhode, Lothar; Roßdeutscher, Norbert: Aufnahme, Transkription und Auswertung spontanen Sprechens. Vorschläge zur methodischen Erforschung sprachlicher Rollen. In: Wackernagel-Jolles, Barbara (Hrsg.): Aspekte der gesprochenen Sprache. Deskriptions- und Quantifizierungsprobleme. Göppingen 1973, S. 25–79b.

Ruoff, Arno: Grundlagen und Methoden der Untersuchung gesprochener Sprache. Tübingen 1973.

Sacks, Harvey; Schegloff, Emanuel A.; Jefferson, Gail: A simplest systematics for the organization of turn-taking for conversation. In: Language 50 (1974), S. 696–735.

Sandig, Barbara: Syntaktische Typologie der Schlagzeile. Möglichkeiten und Grenzen der Sprachökonomie im Zeitungsdeutsch. (= Linguistische Reihe 6). München 1971.

Schank, Gerd: Kurzbericht über den Beitrag der Forschungsstelle Freiburg des Instituts für deutsche Sprache zum Forschungsprojekt »Grundstrukturen der deutschen Sprache«. Ms. Freiburg 1973.

Schank, Gerd; Schoenthal, Gisela: Gesprochene Sprache. Eine Einführung in Forschungsansätze und Analysemethoden. Tübingen 1976.

Seidel, Eugen: Zur Problematik der Satzdefinition. In: Linguistique contemporaine. Hommage à E. Buyssens. Brüssel 1970, S. 213 ff.

Scheflen, Albert E.: Körpersprache und soziale Ordnung. Stuttgart 1976.

Schimanski, Annerose: Zu Fragen der Verkürzung im dialogischen Text. In: Deutsch als Fremdsprache 11 (1974), S. 227–238.

Schöps, Karin: Ausklammerung in Gesprochener Sprache. Untersuchungen zu Interview, Reportage, Diskussion, Unterhaltung. Staatsexamensarbeit Saarbrücken 1977.

Schwitalla, Johannes: Dialogsteuerung. Vorschläge zur Untersuchung. In: Berens, Franz-Josef et al.: Projekt Dialogstrukturen. Ein Arbeitsbericht. München 1976, S. 73–104.

Schulz, Gisela: Die Bottroper Protokolle – Parataxe und Hypotaxe. München 1973.

Slobin, Dan J.: Einführung in die Psycholinguistik. Kronberg/Ts. 1974.

Stammerjohann, Harro: Handbuch der Linguistik. Allgemeine und angewandte Sprachwissenschaft. München 1975.

Steger, Hugo: Eine Reihe mit Texten Deutscher Gesprochener Gebrauchshochsprache – und was wir uns dabei gedacht haben. In: Texte gesprochener deutscher Standardsprache I. München 1971, S. 7–17.

Steger, Hugo: Einleitung zu: Berens, Franz-Josef et al.: Projekt Dialogstrukturen. Ein Arbeitsbericht. München 1976.

Steinitz, Renate: Nominale Pro-Formen. In: Kallmeyer, W. et al.: Lektürekolleg zur Textlinguistik, Band 2: Reader. Frankfurt a. M. 1974, S. 246–265.

Stucky, Bernd: Psycholinguistisch motivierte Ausklammerung im gesprochenen Deutsch. Staatsexamensarbeit Saarbrücken 1977.

Texte gesprochener deutscher Standardsprache I. Erarbeitet im Institut für deutsche Sprache. Forschungsstelle Freiburg i. Br. München 1971.

Texte gesprochener deutscher Standardsprache II. Erarbeitet im Institut für deutsche Sprache. Forschungsstelle Freiburg i. Br. München 1974.

Texte gesprochener deutscher Standardsprache III. Erarbeitet im Institut für deutsche Sprache. Forschungsstelle Freiburg i. Br. München 1975.

Ungeheuer, Gerold: Paraphrase und syntaktische Tiefenstruktur. In: Folia linguistica III (1969), S. 178–227.

Wackernagel-Jolles, Barbara: Untersuchungen zur gesprochenen Sprache: Beobachtungen zur Verknüpfung spontanen Sprechens. Göppingen 1971.

Wackernagel-Jolles, Barbara: »Nee also, Mensch, weißt du ...« Zur Funktion der Gliederungssignale in der gesprochenen Sprache. In: Wackernagel-Jolles, Barbara (Hrsg.): Aspekte der gesprochenen Sprache. Deskriptions- und Quantifizierungsprobleme. Göppingen 1973, S. 159–182.

Watzlawick, Paul; Beavin, Janet H.; Jackson, Don D.: Menschliche Kommunikation. Formen, Störungen, Paradoxien. Bern 1972.

Weiss, Andreas: Syntax spontaner Gespräche. Einfluß von Situation und Thema auf das Sprachverhalten. Düsseldorf 1975.

Wender, Herbert: Probleme der Kohärenz in Texten gesprochener deutscher Standardsprache. Staatsexamensarbeit Saarbrücken 1976.

Werner, Otmar: Zum Problem der Wortarten. In: Sprachsystem und Sprachgebrauch. Festschrift für Hugo Moser. Teil 2. (= Sprache der Gegenwart 34). Düsseldorf 1975, S. 432–471.

Wunderlich, Dieter: Fragesätze und Fragen. In: Wunderlich, Dieter: Studien zur Sprechakttheorie. Frankfurt/Main 1976, S. 181–250.

Wygotski, Lew Semjonowitsch: Denken und Sprechen. 4. korrigierte Auflage. Stuttgart 1972.

Zimmermann, Heinz: Zu einer Typologie des spontanen Gesprächs.

Syntaktische Studien zur baseldeutschen Umgangssprache. (= Basler Studien zur deutschen Sprache und Literatur 30). Bern 1965.